프라하 홀리데이

프라하 홀리데이

2023년 4월 25일 개정 3판 1쇄 펴냄

지은이	맹지나, 김준완
발행인	김산환
책임편집	윤소영
편집	박해영
디자인	윤지영
지도	글터
펴낸 곳	꿈의지도
인쇄	다라니
종이	월드페이퍼

주소	경기도 파주시 경의로 1100, 604호
전화	070-7535-9416
팩스	031-947-1530
홈페이지	blog.naver.com/mountainfire
출판등록	2009년 10월 12일 제82호

979-11-6762-051-4-14980
979-11-86581-33-9-14980(세트)

지은이와 꿈의지도 허락 없이는 어떠한 형태로도 이 책의 전부, 또는 일부를 이용할 수 없습니다.
※ 잘못된 책은 구입한 곳에서 바꿀 수 있습니다.

PRAHA
프라하 홀리데이

글·사진
맹지나·김준완

꿈의지도

prologue

프라하는 비현실적인 공간으로 떠나고 싶은 사람들에게 더없이 좋을 도시다. 유럽 대륙 동쪽 한가운데 보석처럼 박혀 있어 1년 내내 여러 가지 색으로 빛난다. 유명 관광지가 된 지 오래되었지만, 기특하게도 아직은 덜 상업적이다. 우리가 유럽 여행에서 누리고 싶은 소소하고 낭만적인 호사들도 많이 간직하고 있다.

'동유럽의 파리'라는 별명을 가지고 있지만 막상 가보면 닮은 구석을 좀처럼 찾을 수 없어 의아하다. 유일하고 독보적인 매력의 프라하! 작지만 어느 하나 그냥 지나칠 수 없는 알찬 여행지이다.

프라하는 문화도 음식도 언어도 사람들도 너무나 생소하고 낯설다. 이곳에서는 먹고 마시고 걷는, 일상의 일들을 다시 처음부터 하나씩 배워 나가는 기분이다. 그렇기 때문에 다른 여행지보다 시간을 더 할애하여 걸음마부터 천천히 익숙해져야 한다.

수 세기에 걸쳐 돌 하나하나를 쌓아올려 만든 이 도시는 느긋하게 여행자들을 기다려준다. 프라하를 구성하고 있는 각기 다른 분위기의 동네들을 모두 천천히 돌아보자. 작고 전원적인 근교 도시들까지 여행하고 나면 좀 더 긴 시간을 보낼 수 없는 것에 대한 아쉬움이 가득할 것이다.

평생을 프라하에서 보냈던 카프카는 '프라하가 뾰족한 손톱으로 단단히 잡고 영원히 놓아주지 않는다'고 했다. 아무리 오래 여행해도 충분하지 않고, 매 순간을 선명하게 기억에 새겨도 아쉬움으로 가득한 프라하 여행에 〈프라하 홀리데이〉가 부디 좋은 길벗이 되었으면 한다. 책장을 넘기다 보면 어느새 구시청사 시계의 댕댕 종소리를 들으며 프라하 햄과 필스너 맥주로 점심 식사를 하고 있을 것이다.

맹지나

평범한 직장인으로 살다 스물아홉 살 늦은 나이에 연극을 시작했다. 정말 좋아하는 일을 하면서 살고 싶은 마음에서였다. 극단 '여행자'에서 배우로 일하던 2004년. 폴란드 공연 축제에 참가했다가 체코 극단 'Farm in the Cave'를 만나면서 인생 행로가 바뀌었다. 체코 극단 단장의 두 번에 걸친 입단 제의를 뿌리치지 못하고 2007년 1월 체코 프라하로 이주했다. 그렇게 시작된 프라하 생활이 17년이나 됐다.

프라하에 정착한 뒤 연극배우는 물론 다방면으로 활동했다. 영화에도 조연으로 출연하고, 스턴트맨으로도 활약했다. 무용수로 무대에 서기도 했다. 또 사진 찍는 재미에 빠져 시간 날 때마다 카메라를 들고 프라하 구석구석을 누볐다. 프라하의 이름난 여행지는 기본이고, 진짜 체코를 만날 수 있는 작고 알찬 여행지도 찾아다녔다. 예술가 친구들과 소통하면서 함께 다녔던 카페와 레스토랑 등 현지인들만 아는 맛집도 섭렵했다. 이렇게 오랜 시간 '프라하 라이프'를 즐기다 보니 자연스럽게 여행 가이드도 하게 됐다. 지금은 프라하는 물론 동유럽 여러 국가를 안내하며, 마이리얼트립에 여행 상품도 운영한다.

프라하는 동유럽의 보석 같은 도시다. 프라하에 도착하는 순간 어지간한 아름다움에는 흥분하지 않던 여행자도 숨을 멈추게 될 것이다. 현지인들의 따뜻한 환대도 프라하 여행을 행복하게 해 줄 것이다. 〈프라하 홀리데이〉가 프라하를 꿈꾸는 여행자들에게 큰 설렘이 되었으면 좋겠다.

김준완

〈프라하 홀리데이〉 100배 활용법

프라하 여행 가이드로 〈프라하 홀리데이〉를 선택하셨군요. '굿 초이스'입니다.
프라하에서 뭘 보고, 뭘 먹고, 뭘 하고, 어디서 자야 할지 더 이상 고민하지 마세요.
친절하고 꼼꼼한 베테랑 〈프라하 홀리데이〉와 함께라면 당신의 프라하 여행이 완벽해집니다.

01
프라하를 꿈꾸다

STEP 01 » PREVIEW 를 먼저 펼쳐 보세요. 여행을 위한 워밍업. 당신이 프라하에 왔다면 꼭 봐야 할 것, 해야 할 것, 먹어야 할 것을 알려 줍니다. 놓쳐서는 안 될 핵심 요소들을 사진으로 만나 보세요.

02
여행 스타일 정하기

STEP 02 » PLANNING 을 보면서 나의 여행 스타일을 정해 보세요. 프라하 여행의 목적이 단순 관광인지, 전시 관람인지, 또 누구와 함께 여행을 할 것인지에 따라 여행 일정과 스타일이 달라집니다.

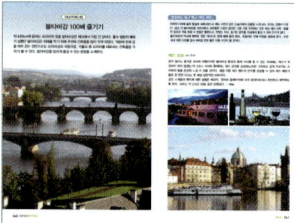

03
할 것, 먹을 것, 살 것 고르기

STEP 03 » ENJOYING 에서 STEP 05 » SHOPPING 까지 펜과 포스트잇을 들고 꼼꼼히 체크해 두세요. 프라하의 동화 같은 풍경과 음악 축제, 박물관, 인형극, 꼭 먹어 보고 싶은 음식, 꼭 사야 할 쇼핑 아이템 등을 찜해 두세요.

04
숙소 정하기

STEP 06 » SLEEPING 을 보면서 내가 묵고 싶은 프라하의 숙소들을 고르세요. 프라하는 다른 유럽 도시들에 비해 훨씬 저렴한 가격대로 최고급 호텔을 즐길 수 있는 곳입니다. 숙소에 따라 여행 일정이 달라집니다.

05
지역별 일정 짜기

여행의 콘셉트와 목적지를 정했다면 이제 도시별로 묶어 동선을 짜봅니다. PRAHA BY AREA 에서 프라하 구석구석까지 모아 놓은 지역별 관광지와 쇼핑할 곳, 레스토랑을 보면 이동 경로를 짜는 것이 수월해집니다. 여행 일정이 허락한다면 PRAHA SUBURBS BY AREA 를 통해 프라하 근교에 위치한 깨알 같은 도시에서의 여행 일정을 짜 보세요.

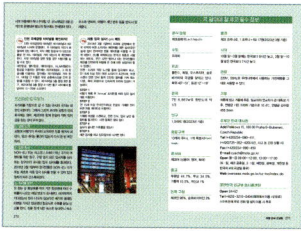

06
D-day 미션 클리어

여행 일정까지 완성했다면 책 마지막의 여행 준비 컨설팅 을 보면서 혹시 빠뜨린 것은 없는지 챙겨 보세요. 여행 80일 전부터 출발 당일까지 날짜별로 챙겨야 할 것들이 리스트 업 되어 있습니다.

07
홀리데이와 최고의 여행 즐기기

여행 준비가 끝났다고 〈프라하 홀리데이〉를 내려놓지 마세요. 여행 일정이 틀어지거나 계획하지 않은 모험을 즐기고 싶을 때 언제라도 펼쳐 봐야 하니까요. 〈프라하 홀리데이〉는 당신의 여행을 끝까지 책임집니다.

일러두기

이 책에 실린 정보는 2023년 3월까지 수집한 정보를 기준으로 했으며 이후 변동될 가능성이 있습니다. 특히 교통편의 운행 일정과 요금, 레스토랑의 요금 및 영업시간 등은 현지 사정에 따라 변동될 수 있으니, 여행 전 홈페이지를 통해 검색하거나 현지에서 다시 한번 확인하시길 바랍니다.

CONTENTS

- 006 프롤로그
- 008 〈프라하 홀리데이〉 100배 활용법

PRAHA BY STEP
여행 준비&하이라이트

STEP 01
Preview
프라하를 꿈꾸다
014

- 016 01 프라하 MUST SEE
- 020 02 프라하 MUST DO
- 024 03 프라하 MUST EAT

STEP 02
Planning
프라하를 그리다
026

- 028 01 프라하 오리엔테이션
- 031 02 프라하 여행 체크리스트
- 034 03 열심히 걸으면 충분해요! 2박 3일 코스
- 038 04 프라하 근교까지 돌아보는 5박 6일 코스
- 040 05 연인들을 위한 +1day
- 042 06 친구들과 함께 즐기는 +1day
- 044 07 나 혼자 프라하 +1day
- 046 08 이때 가면 더 좋다! 프라하 축제 캘린더
- 050 09 프라하로 가기
- 054 10 프라하 대중교통 완전 정복

STEP 03
Enjoying
프라하를 즐기다
056

- 058 01 프라하의 젖줄, 블타바강을 가로지르는 카를교
- 060 02 블타바강 100배 즐기기
- 063 03 멋진 가면의 향연, 봄의 보헤미안 카니발레
- 064 04 체코의 역사와 예술을 만나는 프라하 박물관 BEST 3
- 066 05 어른도 아이도 즐거운 인형극
- 068 06 영화보다 더 영화 같은 영화 속 프라하

	070	07 당신이 원하는 황홀한 프라하의 밤
	072	08 음악과 떼어놓을 수 없는 선율의 도시
	074	09 프라하가 배출한 대문호들! 카프카, 흐라발, 쿤데라
	076	10 12월의 크리스마스 마켓

STEP 04
Eating
프라하에서 맛보다
078

- 080   01 프라하에서 반드시 먹어 봐야 할 체코 전통 음식
- 086   02 여행자는 배고플 틈이 없다! 프라하 골목길에서 만나는 맛
- 088   03 프라하의 밤을 더욱 무르익게 하는 알코올 한잔
- 092   04 사색과 독서의 장소, 프라하 카페 BEST 5
- 094   05 잊을 수 없는 저녁을 선사하는 프라하의 미슐랭 레스토랑

STEP 05
Shopping
프라하에서 사다
096

- 098   01 가족과 친구를 위한 프라하 기념품 BEST 5
- 100   02 프라하의 시장
- 102   03 여기 아니면 안 되니깐! 체코 화장품
- 104   04 놓치면 아쉬운 프라하 공항 쇼핑

STEP 06
Sleeping
프라하에서 자다
106

- 108   01 여행자들이 가장 많이 애용하는 2~3성급 호텔
- 110   02 특별한 밤을 위한 별 4~5개의 부티크 호텔
- 112   03 혼자 여행해도 절대 외롭지 않아요! 호스텔
- 113   04 정이 넘치는 따뜻한 잠자리 한인 민박

PRAHA BY AREA
프라하 지역별 가이드

01 구시가지
116

- 118   구시가지 미리 보기
- 119   구시가지 추천 코스
- 120   구시가지 MAP
- 121   SEE
- 131   EAT
- 138   BUY
- 140   SLEEP

02 신시가지
146

- 148   신시가지 미리 보기
- 149   신시가지 추천 코스
- 150   신시가지 MAP
- 152   SEE
- 160   EAT
- 166   BUY
- 170   SLEEP

03 유대인 지구 **172**	174 175 176 177 186 191 192	유대인 지구 미리 보기 유대인 지구 추천 코스 유대인 지구 MAP SEE EAT BUY SLEEP
04 프라하성& 말라 스트라나 **194**	196 197 198 199 210 212	프라하성&말라 스트라나 미리 보기 프라하성&말라 스트라나 추천 코스 프라하성&말라 스트라나 MAP SEE EAT SLEEP
05 페트린 **214**	216 217 218 220 229	페트린 미리 보기 페트린 추천 코스 페트린 MAP SEE EAT

PRAHA SUBURBS BY AREA
프라하 근교 지역별 가이드

01 체스키 크룸로프 **236**	237 238 239 243	체스키 크룸로프 미리 보기 체스키 크룸로프 MAP SEE EAT

02
플젠
244

245	플젠 미리 보기
246	플젠 MAP
247	SEE
251	EAT

03
카를로비 바리
252

253	카를로비 바리 미리 보기
254	카를로비 바리 MAP
255	SEE
259	EAT

260	여행 준비 컨설팅
272	인덱스

체코 전도

독일 · 폴란드 · 데친 · 리베레츠 · 우스티 나트 라벰 · 이친 · 카를로비 바리 · 흐라데츠 크랄로베 · ★ 프라하 · 오스트라바 · 플젠 · 스비타비 · 올로모우츠 · 타보르 · 브르노 · 체스케 부데요비체 · 체스키 크룸로프 · 브르제출라프 · 독일 · 슬로바키아 · 오스트리아

덴마크 · 아일랜드 · 영국 · 폴란드 · 벨로루시 · 독일 · 체코 · 우크라이나 · 프랑스 · 오스트리아 · 루마니아 · 포르투갈 · 스페인 · 이탈리아 · 그리스

Step 01
Preview

프라하를
꿈꾸다

01 프라하 MUST SEE
02 프라하 MUST DO
03 프라하 MUST EAT

PREVIEW 01

프라하 MUST SEE

프라하의 여행자는 아름다운 것들로만 빼곡히 채운 비현실적이고 동화 같은 도시를 만나게 될 것이다. 수많은 볼거리와 따뜻한 동유럽의 인심을 만끽해 보자. 프라하에서 반드시 보고 가야 할 명소들을 소개한다.

1 바츨라프 광장 Václavské náměstí

프라하의 역사와 문화가 교차하는 곳.
▶ 152p

2 구시청사 천문시계 Pražský orloj

매 시각 정시마다 탑 아래 구경꾼의 감탄과 카메라 셔터 소리를 들을 수 있는 곳. ▶ 122p

3 카를교 Karlův most

프라하성과 구시가 광장을 잇는 600년이 넘은 다리. 건널 때마다 수천 가지 감정과 생각이 교차하는 곳. 아침에도 밤에도 아름다운 이곳은 세계문화유산으로 등재되었다. ▶ 199p

4 댄싱하우스 Tančící dům

프라하를 대표하는 현대적인 건축물. 블타바 강변에 있는 춤추는 빌딩을 찾아보자. ▶ 157p

5 캄파섬 Na Kampě

블타바강 위 작은 섬. 15세기 물레방아가 아직도 돌아가고 있다. ▶ 220p

6 황금소로 Zlata ulicka
카프카의 작업실이 있는 동화 같은 거리.
카프카의 흔적을 진하게 느낄 수 있다. ▶ 205p

7 유대인 지구 Jewish Quarter
체코 유대인의 생활상을 엿볼 수 있는 곳. ▶ 172p

8 프라하성 Pražský hrad

체코를 대표하는 상징적인 건축물. 유럽에서도 최고의 성 중 하나로 손꼽힌다. 야경도 무척 아름다우니 놓치지 말자. ▶ 200p

9 페트린 Petřín

높이 327m에 위치한 언덕. 도시를 떠나지 않고도 푸르름을 만끽할 수 있는 넓고 쾌적한 곳. ▶ 214p

> PREVIEW 02

프라하 MUST DO

그림 같은 프라하는 사진 찍기에만 좋다? 절대 그렇지 않다! 아침부터 밤늦게까지, 프라하에는 24시간이 모자랄 정도로 다양한 즐길 거리가 있다.

프라하 곳곳의 아름다운 풍경과 야경 뿐만 아니라, 계절마다 열리는 다양한 축제, 그리고 프라하에서 꼭 한 번은 봐야 할 클래식 공연과 인형극 등 놓칠 수 없는 것들이 정말 많다.

2 프라하의 봄, 보헤미안 카니발레 구경하기 ▶ **063p**

1 프라하의 젖줄, 블타바강 감상하기 ▶ 060p

3 프라하의 대문호, 프란츠 카프카 박물관 가보기 ▶ 208p

프리뷰 021

4 체코를 대표하는 음악가,
스메타나의 아름다운 선율이 흐르는 '프라하의 봄' 축제 즐기기 ▶ 072p

5 프라하 명물! 인형극 〈돈 조반니〉 감상하기 ▶ 126p

6 체코를 대표하는 화가,
무하 박물관 방문하기 ▶ 124p

7 동유럽에서 가장 큰 클럽, 카를로비
라즈니에서 신나는 밤 불태우기 ▶ 130p

8 강 위의 작은 보석, 캄파섬에서 여유로운 오후 보내기 ▶ 220p

프리뷰 023

PREVIEW 03
프라하 MUST EAT

큰직한 고기와 감자 덩어리가
듬뿍 담겨 있어 든든한
굴라소바 Gulášová

체코 사람들이 출출할 때 가장 먼저 찾는
체코 전통 빵
트르들로 Trdlo

오랜 전통과 간단한 요리법
그래서 더욱 맛있는
체코 햄 Šunka

프라하에서 맛볼 모든 음식과
잘 어울리는
맥주 Pivo

마냥 낯설기만 했던 체코 요리를 드디어 맛보게 된다! 육류를 주로 하며, 매콤 달콤한 소스를 사용하는 전통 체코 음식은 한국인의 입맛을 사로잡을 것이다. 어떤 것을 먹어도 맥주가 끌린다는 점도 특징. 바삐 돌아다닌 여행자일수록 식욕이 더 돌기 마련이니 열심히 여행하고 더 열심히 먹자!

사색과 독서가 잘 어울리는
동유럽의 우아한 카페에서 즐기는
비엔나 커피 Vídeňská káva

돈가스가 다이어트를 해서 납작해지면?
색다른 돼지고기 튀김
지젝 Řízek

빵가루와 치즈의 완벽한 조화,
따끈따끈 짭조름한
스마제니 시르 Smažený sýr

브런치족들의
달콤한 입맛에 딱 맞을
팔라친키 Palačinky

01 프라하 오리엔테이션
02 프라하 여행 체크리스트
03 열심히 걸으면 충분해요! 2박 3일 코스
04 프라하 근교까지 돌아보는 5박 6일 코스

Step 02
Planning

프라하를 **그리다**

05 연인들을 위한 +1day
06 친구들과 함께 즐기는 +1day
07 나 혼자 프라하 +1day
08 이때 가면 더 좋다! 프라하 축제 캘린더
09 프라하로 가기
10 프라하 대중교통 완전 정복

PLANNING 01

프라하 **오리엔테이션**

동유럽에서 가장 빛나는 보석, 프라하. 어떤 날은 화려하고, 어떤 날은 평온하며 어떤 날은 활기찬 도시. 여행을 떠나기 전에 여러 가지 매력을 품고 있는 이 보헤미안의 도시를 알아보자.

체코의 역사

6세기 슬라브계의 체코인이 정착했다.
9세기 체코, 슬로바키아 민족이 통일 국가를 수립했다.
10세기 헝가리가 슬로바키아 지역을 점령하고 약 천 년 동안 체코와 분리되었다.
1620년 오스트리아-헝가리 제국에 합병되어 지배를 받았다. 1차 세계 대전(1914~1918) 이후까지 합스부르크 제국의 일부였다.
1918년 10월 28일 독립 선포, 체코슬로바키아 공화국이 성립되었다.
1948년 공산당이 무혈 혁명으로 실권을 잡았다. 국명은 체코슬로바키아 인민 사회주의 공화국으로 바뀌었다.
1968년 자유화 운동 '프라하의 봄'이 발발하나 좌절되었다. 체코와 슬로바키아, 2개의 공화국으로 구성된 연방제 국가가 되었다.

1989년 혁명이 비교적 평화롭게 이루어져서 이름 붙은 벨벳 혁명. 프라하의 봄을 기리는 행사를 경찰이 크게 진압하자, 이에 맞서 전국적인 시위가 발생한다. 시위를 이끈 하벨Havel은 정부가 물러나는 협상을 이끌어낸 탁월한 지도자로 인정받아 대통령으로 선출되었다.
1990년 공산 정권이 붕괴되고 지역주의 현상이 두드러지게 나타나며 연방 분리 운동이 일어났다.
1992년 국가원수 대통령 임기는 5년(연임 가능), 양원 합동회의에서 간접 선거 선출 등의 사항들을 담은 신新헌법이 채택되었다.
1993년 체코슬로바키아 연방은 평화롭게 분리되고, 체코는 체코 공화국으로 독립한 후, UN에 가입했다.
1999년 NATO에 가입했다.
2004년 EU에 가입했다.
2008년 쉥겐 조약에 가입했다.

|Theme|
프라하의 봄 Pražské jaro

체코슬로바키아 사회주의 공화국 당 제1서기 알렉산데르 두브체크Alexander Dubček가 시작한 자유화 운동으로, 체코 근현대사에서 가장 중요한 사건이다. 1956년 소련에서는 스탈린 격하 운동이 있었지만 체코슬로바키아에서는 여전히 보수 정책이 계속된다. 경제 발전이 더딘 것에 대한 국민들의 불만이 컸고, 슬로바키아와의 민족 감정도 악화되었다.

갈등이 고조되던 1968년, 개혁파 두브체크가 당의 1서기를 맡으면서 국가 주요 보직에 본인과 같은 개혁파를 임명하고, 민주적 선거법을 통한 의회 제도 확립, 검열 철폐, 경찰 정치 종식, 언론, 집회, 출판, 여행의 자유를 보장하는 '인간의 얼굴을 한 사회주의' 운동을 시작한다. 두브체크는 사회주의에 대한 신념은 있었으나 억압적인 사회주의와 무능한 공산당을 배척하고자 했으며, 소련은 확실하되 인명 피해를 최소화하는 진압을 하여 사태를 마무리하고자 했다. 체코슬로바키아 정부 역시 유혈사태를 막기 위해 군과 국민들에게 저항하지 말 것을 당부했다.

그러나 국민들은 평화적인 방법으로 운동에 적극 가담했다. 종일 모든 성당의 종을 울리고, 탱크를 맨몸으로 저지하고, 길거리의 표지판을 모두 바꿔 달고, 소련군에게 음식 팔기를 거부하는 등 온마음으로 저항하였다. 또, 많은 사람들이 분신을 하는 등 소신을 드러내고자 희생했다. 프라하 중심 대로인 바츨라프 대로에 동판과 조형물로 넋을 기리는 얀 팔라흐Jan Palach, 얀 자이츠Jan Zajíc 등이 대표적인 인물이다. 두브체크를 포함한 주요 개혁파 인물들은 소련으로 연행되었다. 두브체크는 곧 풀려나 체코의 완전한 민주화를 목도했지만, 1992년 교통사고로 사망했다.

대중문화 속 프라하의 봄

체코의 저명한 소설가 밀란 쿤데라 역시 프라하의 봄 운동에 참여하였고, 그의 책들이 대부분 금서로 지정되며 쿤데라는 프랑스로 넘어가 프라하의 봄을 배경으로 하는 소설 〈참을 수 없는 존재의 가벼움〉을 집필한다. 줄리엣 비노쉬와 다니엘 데이 루이스 주연의 동명의 영화도 크게 인기를 끌었다(069p). 체코가 민주화를 달성한 1990년에 첫 번째 프라하의 봄 축제가 열렸다. 지금까지도 해마다 프라하의 봄을 아름답고 성대하게 축복하는 축제인데, 전야제 행사인 콘서트가 정말 볼 만하다(072p). 대한민국의 조성진을 비롯한 세계 유수의 연주자들이 공연을 하고, 스메타나의 '나의 조국'을 매년 피날레에서 연주한다.

© Pražské jaro / Prague Spring Festival 2017- Petra Hajská

© Pražské jaro / Prague Spring Festival 2017- Petra Hajská

프라하 역사

BC 5500~BC 4500 다양한 게르만족, 켈틱족들이 살았던 근거가 있다.
BC 500 볼리Boli족이 프라하 일대를 '보헤미아Bohemia'라고 이름 짓고 강을 '블타바Vltava'라 이름 지었다.
6세기 슬라브인이 프라하에 입성했다.
9세기 프라하성을 축조했다.
11세기 구시가지에서 교역이 시작되었다.
12세기 중부 유럽에서 최대 번영을 누리는 도시 중 하나로 발전했다.
1230년 구시가지를 조성했다.
1346~1378년 카를 4세가 집권하고, 프라하는 보헤미아 왕국과 로마 제국의 수도가 되었다. 더욱 발전하여 전성기를 누렸다.
15세기 후스 전쟁(1419~1434년까지 보헤미아의 후스파가 독일 황제이자 보헤미아 왕의 군대와 싸운 종교 전쟁)이 발발했다.
15~16세기 고딕 건축이 전성기를 맞았다.
17세기 바로크 건축이 번성했다.
18세기 경제적인 회복을 겪고 인구가 늘어 오스트리아-헝가리 제국 최대 공업 도시로 성장했다.
1918년 체코슬로바키아가 독립하고 수도가 되었다.
1968년 자유화 운동, '프라하의 봄'이 발발했다.
1993년 1월 1일, 체코와 슬로바키아가 분리될 때 체코의 수도가 되었다.

프라하 개요

- **인구** 약 126만 명
- **위치** 체코 중서부
- **화폐** 체코 화폐 코루나koruna 사용. 통화 코드는 Czech.
- **언어** 체코어
- **종교** 가톨릭교의 비율이 가장 높다.
- **시차** 10월 말~3월 말에는 한국보다 8시간 늦고, 3월 말~10월 말은 한국보다 7시간 늦다(서머타임 제도 실시).
- **면적** 495km² (2023년 3월 기준, 행정구역으로 따지면 서울보다 조금 작지만 여행객들이 돌아보는 프라하 시내 면적은 훨씬 작다)
- **기후** 해양성 기후와 대륙성 기후를 모두 갖고 있다.
- **전압** 220V, 50Hz. 우리나라에서 사용하는 전자제품을 그대로 사용할 수 있다.

> **Talk 프라하의 별칭, 황금 도시**
> 프라하의 별칭이다. 체코왕 카를 4세가 집권할 때, 프라하의 성 탑이 금으로 덮여 있었기 때문이라는 설도 있고, 루돌프 2세가 집권할 때 연금술사들을 대거 고용하여 금속을 금으로 만드는 시도가 대대적으로 있었기 때문이라는 설도 있다.

PLANNING 02
프라하 여행 체크리스트

프라하 여행 적기는?

프라하 여행의 최적기는 돌아다니기 좋고, 많은 축제가 집중된 봄과 가을. 그러나 여름 성수기에도 서유럽에 비하면 붐비지 않고, 겨울에는 크리스마스 마켓이 성대하게 열려, 언제 찾아도 '가장 예쁜 모습의 프라하를 보았노라' 자부하고 돌아갈 수 있는 곳이 바로 프라하다. 가장 추운 때는 평균 기온 -3℃인 1월, 가장 해가 많이 나는 달은 6월이다. 5월에는 평균 강수량이 70mm 정도로, 가장 비가 많이 오는 달이니 참고하자.

환전은 어떻게 할까?

체코 공식 화폐는 코루나. 지폐는 100, 200, 500, 1,000, 2,000, 5,000코루나가 있고, 동전은 1, 2, 5, 10, 20, 50코루나가 있다. 한국 은행의 모든 지점에서 환전이 가능한 것은 아니므로, 반드시 환전이 가능한지 확인 후 방문하자. 환전을 하지 못한 경우 해외 출금이 가능한 신용카드를 이용해 현지 ATM에서 출금을 하고 출금 수수료만 내는 편이 유리하다. 그러나 EURONET이라고 써 있는 ATM기는 피하는 게 좋다. 외국 은행 카드로 출금을 하면 출금 수수료 폭탄을 맞을 수 있다. 환율은 1코루나가 2023년 3월 기준으로 59.17원이다. 시내에도 많은 환전소가 있는데, 'No Charge(수수료 없음)'라고 광고하는 곳을 조심하자. 그런 곳은 현재 환율보다 높은 고정 환율로 환전해 주면서 이익을 챙기는 곳이다. 꼭 당시 환율을 확인해 보고 저렴한 곳을 찾도록 한다. 공항이나 기차역 근처의 환전소는 수수료가 높은 편이다. 시내 환전소보다 ATM 출금이 더 이득이니 환전할 때 참고하자.

비자는?

체코는 쉥겐 협정국(유럽 26개 국가가 여행과 통행의 편의를 위해 체결한 협약. 가입국에 최초로 입국한 날로부터 180일 기간 중 최장 90일 동안 무비자 여행 가능)이지만, 1994년 11월부터 체코와 한국 간 비자 면제 협정의 발효로 쉥겐 협정보다 한-체 간 90일 무비자 협정이 우선 적용된다. 체류 기간이 90일이 되기 전에 주변국으로 이동하여 체코를 출국하였다는 증명 서류 등을 가지고 재입국할 경우, 재입국 시점부터 다시 90일 동안 무비자로 체코에 체류할 수 있다.

프라하의 물가는?

동유럽 여행의 최대 장점은 바로 착한 물가다. 평균 식대는 끼니 당 250코루나. 식당에서 주문하는 탄산음료 50코루나, 트르들로 1개에 70코루나 정도다. 1일 여행 예상 경비는 개인 편차가 큰 숙소비와 교통비를 제하고 식사와 박물관, 미술관 등 관광 명소 입장권, 간단한 기념품 쇼핑 등을 포함해 약 1,000~3,000코루나 정도로 잡으면 적당하다. 숙소도 서유럽의 3성 호텔에 해당하는 비용이면 프라하의 4성 호텔에서 묵을 수 있다.

프라하의 치안은 괜찮을까?

프라하는 치안이 좋은 편이기 때문에 특별히 유의해야 할 점은 없다. 밤거리를 걷는 것도 크게 위험하지 않다. 다만, 강력 범죄는 드물지만 소매치기는 꽤 있다는 점을 기억하자. 구시가지에서 시계가 움직이는 것을 보려고 매시간 정각에 모여드는 사람들 사이에 숨어 있다가, 사람들이 시계탑에 정신이 팔린 사이 주머니에서 지갑을 훔쳐 가는 식이다. 주의하도록 하자.

> **Tip 프라하에서는 흡연 시 주의할 것**
> 2017년부터 체코의 모든 공공장소와 폐쇄 공간에서 흡연을 금지하기 시작했다. 흡연자는 호텔 예약 시 'Smoking Room'을 요청하고, 지정된 흡연 구역에서 흡연해야 한다. 위반 시 최대 5천 코루나의 벌금을 내야 하니 유의하자.

프라하의 언어는?

공식 언어는 체코어지만 많은 식당과 박물관 등 주요 명소와 시내 중심부에는 영어 안내판과 영어 메뉴판이 있어 기본 영어 회화로만 여행하는 데 어려움이 없다. 호텔 직원들도 모두 영어에 능숙하다. 그래도 간단한 체코어를 익히면 프라하 여행 시 도움이 된다.

체코어는 32개의 알파벳으로 구성되어 있고, 영어처럼 발음하기 때문에 어려운 점은 많지 않다. 다만, 자음이나 모음 위에 강세 표시가 있는 경우가 낯설어 발음을 어떻게 해야 할지 머뭇거리게 되는데, 모음에 강세가 붙은 경우는 '예'로 발음되는 ě를 제외하고는 모두 장음으로 발음하고, 자음(š, č, ř, ž, ě)은 발음이 약간 변형된다.

Š – 쉬(sh) / Č – 취(tsh) / Ř – 스페인어의 r 처럼 센 ㄹ로 발음한다 / Ž – 쥐(3)

알아 두면 좋은 체코어

혹시 모를 긴급 상황에 대비하여 간단한 단어와 표현들은 알아두면 유용하다.

일상 회화

뜻	체코어	발음
안녕하세요.	Dobrý den	도브리 덴
좋은 아침입니다.	Dobré ráno	도브레 라노
즐거운 저녁입니다.	Dobrý večer	도브리 베체르
잘자요.	Dobrou noc	도브로우 노츠
부탁합니다.	Prosím	쁘로심
감사합니다.	Děkuji	게꾸이
천만예요.	Není zač	네니 자취
네.	Ano	아노
아니오.	Ne	네
실례합니다.	Promiňte	쁘로민떼
죄송합니다.	Omlouvám se	오믈루밤 세
이해하지 못했습니다.	Nerozumím	네로주밈
영어 할 줄 아세요?	Mluvíte anglicky?	믈루비떼 앙글리츠끼
~은 얼마입니까?	Kolik to stojí?	꼴릭 또 스토이?
~은 어디에 있습니까?	Kde je…?	크데 예
언제?	Když?	크디시

식당에서

뜻	체코어	발음
맥주	Pivo	피보
와인	Víno	비노
물	Voda	보다
저는 ~를 먹지 않습니다.	Nejiji…	네이
저는 베지테리언입니다.	Jsem vegetarian	이샘 베게타리안
계산서 주세요.	Účet, prosím	우쳇 프로심

길 위에서

뜻	체코어	발음
왼쪽	Vlevo	블레보
오른쪽	Pravo	쁘라보
직진	Rovně	로브녜
버스 정류장	Autobusová zastávka	아우토부소바 자스타브카
기차역	Vlakové nádraží	블라코베 나드라지
공항	Letiště	레끼쉬께
입구	Vchod	브호트
출구	Výstup	비스툽

숫자

뜻	체코어	발음
1	Jeden	예덴
2	Dva	드바
3	Tři	트리
4	Čtyři	치트리
5	Pět	피예트
6	Šest	쉐스트
7	Sedm	세듬
8	Osm	오슴
9	Devět	데벳
10	Deset	데셋

뜻	체코어	발음
20	Dvacet	드바쳇
30	Třicet	트리쳇
40	Čtyřicet	치트리쳇
50	Padesát	파데삿
60	Šedesát	쉐데삿
70	Sedmdesát	세듬데삿
80	Osmdesát	오슴데삿
90	Devadesát	데바데삿
100	Sto	스토

요일

뜻	체코어	발음
월요일	Pondělí	뽄겔리
화요일	Úterý	우테리
수요일	Středa	스트레다
목요일	Čtvrtek	취뜨브르떽
금요일	Pátek	빠떽
토요일	Sobota	소보타
일요일	Neděle	네겔레

비상 상황 시

뜻	체코어	발음
도와주세요.	Pomoc	뽀모츠
의사가 필요합니다.	Potřebuju doktora	뽀뜨레부유 독토라
경찰을 불러주세요.	Zavolat policii	자볼랏 폴리치
불이야!	Oheň!	오헹

PLANNING 03

열심히 걸으면 충분해요!
2박 3일 코스

프라하에서 3일 동안 머무를 수 있다면 도시의 주요 명소들은 모두 볼 수 있다. 꼼꼼히 계획을 세워 프라하를 구석구석 여행해 보자.

유대인 지구

스타로메스카 레스토라스

구시청사 천문시계

국립마리오네트극장

1일차

숙소 체크인 후 구시가지로 달려가 구시청사 천문시계의 신기한 종소리를 들어보자. 동시다발적으로 움직이는 시계탑을 보느라 정신이 하나도 없는 이때 주의해야 할 것은 소매치기. 시계탑이 울리는 것을 볼 때 특히 유의하자.

↓ 도보 1분

스타로메스카 레스토라스에서 첫 식사를 하자. 한국인 입맛에도 잘 맞는 지젝을 추천한다. 소화도 시킬 겸 유대인 지구를 천천히 돌아보며 각기 다른 여러 시나고그를 돌아본다.

↓ 도보 20분

블타바강을 따라 천천히 산책을 즐겨 보자. 산책 후에는 강 건너편으로 넘어가 페트린 언덕에 올라 경치를 감상한다.

↓ 도보 10분

우 크로카에서 체코 돼지구이와 함께 목 넘김이 짜릿하고 시원한 필스너 우르켈 맥주를 먹어 보자.

↓ 도보 10분

국립마리오네트극장에서 〈돈 지오반니〉를 인형극으로 즐기자.

↓ 도보 10분

낮과는 확연히 다른 카를교 야경을 감상하자.

1st DAY 구시청사 천문시계 → 스타로메스카 레스토라스 → 유대인 지구 → 페트린 → 우 크로카 → 국립마리오네트극장 → 카를교

프라하 성탑

존 레논 벽

캄파섬

2일차

프라하성과 황금소로를 둘러보자. 기내에서 프란츠 카프카의 〈성〉을 읽었다면 감회가 남다를 것이다.

↓ 도보 10분

프라하성 부근에 위치한 아기자기한 동네 말라 스트라나를 둘러본 후, 올림피아에서 점심 식사를 하자.

↓ 도보 10분

맑은 날 오후를 보내기에 안성맞춤인 캄파섬! 캄파 박물관, 캄파 공원을 둘러보고, 프라하의 명물인 존 레논 벽 앞에서 기념사진을 남기자.

↓ 도보 5분

캄파섬에서 가까운 곳에 위치한 프란츠 카프카 박물관에 들러 프라하의 문학적 감성을 느껴 보자.

↓ 도보 20분

맥주가 유명한 우 핀카수 펍에서 저녁 식사를 하자.

↓ 도보 10분

수많은 예술가들이 매료된 술 압생트를 마셔보자. 한국에서는 접하기 어려운 술이다. 프라하에서 추천하는 압생트 바는 압생테리다.

↓ 도보 10분

동유럽 최대 클럽 카를로비 라즈니에서 신나는 밤을 즐겨 보자.

2nd DAY 프라하성 → 황금소로 → 말라 스트라나 지구 → 올림피아 → 캄파섬 → 존 레논 벽 → 프란츠 카프카 박물관 → 우 핀카수 → 압생테리 → 카를로비 라즈니

3일차

숙소 체크아웃 후 바츨라프 광장을 걸어 보자. 카페 루브르의 넓은 홀에 놓인 수많은 테이블 중 하나에 자리를 잡고 앉아 브런치로 아침 겸 점심 식사를 하자.

↓ 도보 10분

체코 전통 빵, 바삭한 트르들로를 뜯으며 신시가지에서 아이쇼핑을 즐기자. 기념품으로 보헤미안 글라스를 추천한다.

↓ 도보 5분

춤을 추는 듯한 건물, 댄싱 하우스 앞에서 기념사진을 찍은 후, 국립극장에서 클래식 공연을 감상하자. 프라하에 왔으면 보헤미아의 음악가, 스메타나의 음악을 한번 들어보는 것도 좋은 추억이 된다.

↓ 도보 10분

프라하에서 가장 유명한 펍 우 메드비드쿠에서 시원한 맥주를 마셔 보자.

↓ 도보 10분

구시가지에서 가장 전망이 좋다는 아 살롱키에서 여행을 마무리한다.

3rd DAY 바츨라프 광장 → 카페 루브르 → 신시가지 → 댄싱 하우스 → 국립극장 → 우 메드비쿠 → 아 살롱키

주의사항 어떤 도시를 여행하든 2박 3일의 일정이라면 동선을 최소한으로 줄여 효율적으로 움직여야 한다. 체력과 컨디션 안배가 중요하다. 프라하는 치안이 좋은 편이기 때문에 소매치기에 특별히 유의해야 한다거나 밤거리를 걷는 것이 위험하지 않다. 한국과 동일한 수준의 조심성이라면 문제없다.

호텔 우 프린스 옥상 바 테라스

신시가지

국립극장

우 메드비드쿠

PLANNING 04

프라하 근교까지 돌아보는 5박 6일 코스

대도시들에 비하면 프라하에서의 5박 6일은 매우 여유롭다. 프라하에서 시간을 보낸 후 주변 근교까지 둘러보면 좋다. 쉬는 시간도 넉넉하게, 식사 시간도 여유롭게 계획하니 여행하는 내내 마음이 너그러워진다. 한결 편안한 마음과 반 박자 느린 발걸음으로 오래된 시가지의 돌길을 천천히 거닐어 보자.

1~3일차

2박 3일 코스와 동일하다(034~037p).

4일차

체스키 크룸로프로 당일치기 여행을 떠난다. 프라하 못지않게 인기 많은 체코 제2의 도시를 여행하면, 체코 여행이 더욱 풍성해진다.

↓ 버스 3시간

프라하로 돌아와 우 즐라테호 티그라에서 저녁 식사를 한다. 근교로 다녀오느라 에너지 소모가 많았을 테니 든든하게 먹고, 마시자.

4th DAY 체스키 크룸로프 → 우 즐라테호 티그라

5일차

맥주의 도시 플젠 또는 동유럽의 소문난 온천 도시 카를로비 바리로 당일치기 여행을 떠나자. 비슷한 듯 완전히 다른 두 도시를 취향에 따라 골라보자. 프라하와는 다른 체코 도시의 매력에 빠질 차례다.

↓ 버스 1시간 또는 기차 1시간 30분

프라하로 돌아와 빌라 크라바에서 저녁 식사를 한다. 체코에서 맛있는 프랑스식 스테이크를 맛보자.

5th DAY 플젠 or 카를로비 바리 → 빌라 크라바

6일차

숙소 체크아웃 후 알폰스 무하 박물관을 관람한다. 화려한 아르누보의 세계를 엿보자.

↓ 도보 10분

파리지주스카에서 마지막 쇼핑을 한다. 명품 브랜드 숍과 셀렉트숍이 즐비하다.

↓ 도보 10분

프라하에서 보내는 마지막 오후다. 가고 싶었던 곳이 있다면 다시 찾아보자. 한 번으로는 부족한 구시청사 천문시계를 다시 보는 것도 추천한다. 정시에 칼같이 합을 맞추어 움직이는 인형들에게 작별 인사를 건네며 여행을 마무리한다.

6th DAY 무하 박물관 → 파르지주스카 → 구시청사 천문시계

PLANNING 05
연인들을 위한 +1day

프라하를 단 하나의 단어로 설명하라면 망설임 없이 '로맨스'라고 답할 수 있다. 여행 중 만나는 사소한 순간들마다 그 이유를 알게 될 것이다. 연인과 왔다면 주목해 보자! 단, 여기에서 추천하는 하루 일정은 날씨가 맑아야 가능한 것들이 대부분. 스케줄을 정할 때 반드시 일기 예보를 꼭 챙겨야 한다.

로맨틱한 분위기를 더욱 돋우는 점심 식사
알크론 The Alcron

점심 식사는 큰맘 먹고 분위기 좋은 미슐랭 레스토랑 알크론에서 먹어 보자. 맛있는 것을 함께 먹는 것만큼 기분 좋아지는 일이 있을까? 3코스 점심 식사가 1인당 1,400코루나로 우리나라 돈으로 환산하면 7만 5천 원 정도이니 저녁 식사에 비해 저렴하게 미슐랭 레스토랑을 즐길 수 있다. ▶ 163p

둘이 함께 떠나는 시간 여행
노스탤지어 트램 41 Nostalgická Linkač 41

4월부터 11월 중순까지 운행하는 노스탤지어 트램 41은 체코 전통 의상을 갖추어 입은 운전수가 운전하며, 목재 좌석과 독특한 인테리어로 고풍스러운 분위기가 짙다. 트램은 정오부터 오후 5시까지, 매 시각 정시에 기차역을 출발하여 프라하의 주요 역들을 모두 지난다.
시간에 구애받지 않고 도시 곳곳의 경치를 감상하기 더없이 좋다. 사진 찍기에도 훌륭한 코스. 프라하의 모습을 더욱 낭만적으로 돌아볼 수 있어 연인들에게 추천한다.

Data **Access** 메트로 C선 타고 Vltavská 또는 Nádraží Holešovice역 하차, 도보 5분. 트램 종착역 Výstaviště Holešovice 정류장 도착 **Open** 4~11월 중순 토·일·공휴일 12:00, 13:00, 14:00, 15:00, 16:00, 17:00 출발 **Cost** 성인 100코루나, 15세 이하 65세 이상 유모차 동반 부모 장애인 60코루나 **Web** www.dpp.cz/en/historical-tram-line-no-41

프라하 동물원으로 가는
보트 Pražská Paroplavební Společnost, a.s.

파로플라브바Paroplavba 다리와 이라스쿠프Jiráskův 다리 사이에 위치한 라슈이노보 나브르제지 Rašínovo Nábřeží 강둑에서 출발하여 약 75분간 트로야성, 프라하 식물원, 프라하 동물원을 돌아본다. 보트에서 내려 트로야 마구간을 지나 다리를 건넌 후 성과 정원을 지나 동물원에 입장한다. 이 길은 동물원에서 보내는 시간 못지않게 즐겁고 동화 같다. 프라하의 데이트 코스 중 연인들을 위한 강추 코스다.

Data **Access** 메트로 B선 타고 Karlovo Náměstí역 하차, 강둑으로 도보 7분 **Add** Rašínovo Nábřeží, 128 00 Praha 2 **Tel** 224-931-013, 224-930-017 **Open** 매일 운행하나 겨울은 제한적 운행(정확한 요일별 시간은 홈페이지에서 확인 가능) **Cost** One way 성인 240코루나, 아동 150코루나 Return 성인 350코루나, 아동 200코루나, 3세 이하 무료 **Web** www.praguesteamboats.com

음악과 함께 애정이 무르익는
재즈 보트 Jazz Boat

저녁 식사와 함께 재즈 공연을 즐길 수 있는 재즈 보트. 그윽하고 깊게 무르익는 프라하의 밤을 온전히 느낄 수 있다. 대화 없이 조용히 음악을 들으며 강 위를 돌아보는 것만으로도 사랑이 깊어짐을 느낄 수 있을 것이다. ▶ 185p

사랑을 속삭이는
레텐스케 공원 Letenské sady

야경으로 유명한 곳이지만 레텐스케 공원은 낮에 거닐어도 좋다. 프라하의 독특한 설치 예술품인 메트로놈에서 기념사진은 꼭 남겨 보자. 잊지 못할 '커플샷'을 찍을 수 있는 아름다운 배경이다. ▶ 184p

PLANNING 06
친구들과 함께 즐기는 +1day

사랑의 밀어를 속삭이는 연인의 여행만큼이나 즐거운 여행이 왁자지껄 시끄럽고 요란한 친구들과의 여행이다. 소중한 친구들과 함께 젊음을 불사르는 청춘들의 유럽 여행 로망을 충족시켜줄 일정이다. 경비도 경제적인 프라하는 청춘 여행에 적격이다.

열기구 타고 프라하를 내려다보는
스카이 파트너 Sky Partner

프라하에서 약 50km 떨어진 곳에서 열기구가 뜬다. 간단한 안전 교육을 거쳐 열기구를 타고 떠올라 있는 시간은 약 1시간. 이동 시간까지 모두 포함하면 총 4~6시간이 소요된다. 부근의 코노피스테Konopiště 성도 옵션으로 추가하여 돌아볼 수 있다. 열기구에서 내리면 간단한 다과를 함께 즐기고, 열기구 체험 인증서도 받게 된다. 일 년 내내 운영하지만 날씨 상태에 따라 기구가 뜨는 것이 결정된다. 예약일 24시간 전에 확정 연락을 받게 된다. 물론 열기구가 뜨지 않게 되면 예약금은 100% 환불.

Data **Access** 예약 시 숙소로 픽업 **Add** Felbabka 102, 268 01 Hořovice **Tel** 311-510-394, 724-557-407 **Open** 연중무휴 **Cost** 다른 승객과 함께 이용 (1인) 4,250코루나, 프라이빗(2인) 14,500코루나, 모든 금액에는 픽업과 세금, 보험료 포함. 12~15세는 반드시 성인과 동승 **Web** www.skypartner.cz, info@skypartner.cz

스릴을 즐기는 여행자를 위한 곳
봅슬레이 트랙 프라하 Bobsleigh Track Prague

1km 길이의 역동적인 봅슬레이 트랙이다. 루프, 커브와 같은 다양한 장치가 있어 스릴이 넘친다. 특수 조명 장치를 달아 밤에 타는 것도 매우 즐겁다. 봅슬레이를 타고 빠르게 내려오며 프라하 시가지의 야경을 감상해 보는 것도 좋다.

8세 이상이면 누구나 탑승 가능한 안전한 놀이 기구다. 최대 속도 62km/h를 자랑하는 2인용 봅슬레이는 레버로 속도를 조절할 수 있다. 봅슬레이 외에도 야외에 위치한 밧줄 공원이나 트램펄린도 마련되어 있다. 도심과는 약간 떨어져 있는 편이다.

Data **Access** 메트로 C선 타고 Prosek역 하차, 도보 7분 **Add** Prosecká906/34b, 190 00 Praha 9 **Tel** 284-840-520 **Open** 평일 12:00~20:00, 주말 10:00~22:00 (겨울 시즌 Closed) **Cost** 1회 성인 80코루나, 100cm 이하 또는 8세 미만 무료(보호자와 함께 탑승시), 밧줄 공원(트램펄린 포함) 100코루나 **Web** www.bobovadraha.cz

오늘은 나도 프로 골퍼!
어드벤처 미니어처 골프 쿤라티스 Adventure Miniature Golf Kunratice

2009년 10월 개장한 쿤라티스는 체코 최초의 미니어처 골프장이다. 미니어처 골프 코스 17홀 중간중간에는 인공적으로 만든 언덕과 모래 트랩, 해저드가 있다. 메인 코스 외에도 5개 홀로 이루어진 야외 코스, 테니스 코트, 탁구 코트, 트램펄린과 보물찾기를 할 수 있는 캡틴 훌Captain Hool 놀이도 있다. 이곳에 있는 시설을 모두 이용하려면 반나절 이상 보내야 한다. 도심과는 약간 떨어져 있지만 활동적인 일정을 원하는 사람들이라면 주저하지 말고 가보자.

Data **Access** 메트로 C선 타고 Chodov역 하차 후 버스 197번 환승해 U Studánky 정류장 하차하여 도보 5분 **Add** Kunratická spojka 1637, Kunratice, 148 00 Praha 4 **Tel** 244-913-084, 728-190-933 **Open** 화~금 13:00~21:00, 토요일 11:00~21:00, 일요일 11:00~20:00 **Cost** 한 시간 기준 성인 159코루나, 학생과 65세 이상 성인, 6~15세 청소년 119코루나, 3~6세 아동 65코루나 **Web** www.adventureminigolf.cz

물놀이와 휴식을 모두 즐기는
아쿠아파크 바란도프 Aquapark Barrandov

가족 단위, 친구들이 무리 지어 자주 가는 도시 외곽에 위치한 대형 수영장. 활동적인 것을 좋아하는 친구들을 위한 곳이다. 월 풀, 마사지 제트 풀, 25m 풀장, 비치 배구 코트, 선탠 베드, 마사지 베드 등 다양한 기구와 설비가 마련되어 있는 크고 넓은 실내외 수영장. 유명한 바란도프 영화 스튜디오 바로 옆에 위치하고 있다. 2층에는 피트니스 센터가, 3층에는 사우나가 마련되어 있어 한바탕 물놀이를 즐긴 후 다른 운동을 하거나 편히 몸을 풀 수 있다.

Data **Access** 트램 12번 타고 종착역 Sídliště Barrando 정류장 하차, 도보 5분 **Add** K Barrandovu 1173/8, 152 00 Praha 5 **Tel** 251-550-259 **Open** 09:00~21:00 **Cost** 성인 1시간 139코루나, 100분 219코루나, 190분 289코루나, 종일 359코루나, 3~15세, 26세 이하 학생(학생증 제시) 장애인, 65세 이상 성인 1시간 89코루나, 100분 139코루나, 190분 159코루나, 종일 229코루나, 3세 이하 무료 **Web** www.aquadream.cz

PLANNING 07

나 혼자 프라하
+1day

나 혼자 온전히 사용할 수 있는 24시간이 주어졌다. 여행 중에 쌓인 피로를 말끔히 떨칠 수 있는 스파를 해도 좋고, 친구들이 겁이 난다며 함께 하지 않겠다는 익스트림 액티비티를 즐겨도 좋다. 프라하에서 혼자 하면 좋을 활동들을 추천하니 알차고 후회 없는 24시간을 만들어 보자.

씩씩한 여행자에게 강력 추천하는
스카이 서비스 Sky Service

프라하 하늘을 날아 보자! 어떤 프로그램을 선택해도 모두 사진과 영상으로 남길 수 있으니 더욱더 기념이 될 수 있겠다. 초보자, 전문가를 포함하여 다양한 수준의 탑승자를 위한 패러글라이딩, 스카이다이빙, 비행 프로그램을 마련해 두고 있다. 도심에서 100km 가량 떨어진 모스트Most 공항에서 자체 비행기를 타고 올라가 숙련된 스태프의 도움을 받아 다이빙한다. 출발지인 모스트 공항뿐 아니라 다이빙을 마친 후 다시 도심으로 데려다주는 픽업 서비스도 해 준다.
프리브람Příbram 공항에서 출발하여 프라하 경치를 감상하는 비행 코스도 있다. 일반 비행기, 글라이더 비행기, 빈티지 비행기, 그리고 묘기를 부리며 나는 에어로바틱 비행기 중 하나를 골라 탈 수 있다. 시내 중심가 들루하Dlouhá 거리에 위치한 지점을 방문하거나 온라인으로 프로그램 문의 및 예약이 가능하다. 홈페이지가 한글로 지원되며 실제로 많은 한국인 관광객들이 이용한 바 있고 평도 좋다.

들루하 지점
Data Map 120p-B, 176p-E
Access 메트로 A선 타고 Staroměstská역 하차, 도보 5분
Add Dlouhá 10, 110 00 Praha 1 **Tel** 724-002-002
Cost 스카이 다이빙(텐덤) 5,000코루나, DVD 영상과 사진 2,500코루나 추가, DVD 영상과 사진, 셀피 영상 3,000코루나 추가 **Web** www.skyservice.cz

여행의 고단함을 해소시키는
엑소티카 스파&헬스클럽 Ecsotica Spa&Health Club

프라하에서 제일로 꼽히는 알키미스트 그랜드 호텔&스파Alchymist Grand Hotel&Spa의 엑소티카 스파&헬스클럽에서는 발리에서 기술을 배워 온 테라피스트가 5개의 프라이빗 마사지룸에서 시그니처 인도네시아 근육 마사지를 비롯하여 다양한 스파 서비스를 제공한다.
스파 내 제품은 달팽Darphin을 사용한다. 발리, 스웨덴, 하와이, 타이, 스톤 마사지, 아로마 테라피 등 다양한 마사지 프로그램뿐만 아니라 매니큐어, 페디큐어도 가능하다.

Data Map 198p-E, 218p-B
Access 메트로 A선 타고 Malostranská역 하차, 도보 10분 **Add** Tržiště 19, 118 00 Praha 1
Tel 257-286-011 **Open** 09:00~21:00
Cost 전통 발리 마사지 60분 2,250코루나, 90분 2,900코루나, 알키미스트 마사지 60분 2,250코루나, 90분 2,900코루나, 발 마사지 30분 1,100코루나
Web www.alchymisthotel.com

PLANNING 08

이때 가면 더 좋다!
프라하 축제 캘린더

프라하의 사계절이 모두 즐거운 이유는 일 년 내내 즐거운 행사들이 많은 덕분이기도 하다. 언제 가도 신나는 프라하 여행을 만들어주는 행사 중 참여해 보고 싶은 것이 있다면 이에 맞추어 여행을 계획해 보자.

1월

세 왕의 날 Svátek Tří Králů (1월 6일)

인도의 카스파르Kašpar, 아라비아의 발타자르Balthazar, 페르시아의 멜리차르Melichar 왕의 날. 세 왕으로 분장을 한 이들이 프라하 도시 곳곳을 누비며 동전을 모아 자선 단체에 기부한다. 사람들의 친절에 답하기 위해 3명의 왕으로 분장한 이들은 들르는 곳의 문에 분필로 왕의 이니셜을 새겨 축복을 내린다. 11월과 12월의 어둠을 걷고 더 밝은 날을 향해 간다는 뜻이 담겨 있다.

2월

마소푸스트 Masopust

유럽, 오세아니아의 여러 국가에서 즐기는 '고기여, 안녕'이라는 뜻의 마디 그라Mardi Gras 축제 체코 버전. 가면을 쓴 12명의 노래하는 그룹이 골목을 누비며 가톨릭에서 사순절의 첫 날인 '재의 수요일Ash Wednesday' 바로 전날 '참회의 화요일Shrove Tuesday'을 기념한다. 노래하는 이들을 만나는 사람들은 저녁에 열리는 만찬에 초대를 받게 되고 막 잡은 돼지고기를 먹으며 재의 수요일을 맞는 전통이 있다.

보헤미안 카니발레 Bohemian Carnival

보헤미안 시대의 복장과 정교한 마스크를 쓰고 프라하 시내를 누비는 축제. 보헤미안 시대를 재현하기 위한 갖가지 이벤트와 공연이 도시 곳곳에서 열린다. 구시가지 광장에 먹을거리 가판이 많이 들어서 입이 행복하다. 매해 축제 기간이 다르므로 체코 관광청을 통해 문의하여 정확한 일정을 체크하자.

4월

마녀들의 밤 Pálení čarodějnic (4월 30일)

프라하뿐 아니라 체코 전역에서 열리는 행사로 미국의 할로윈과 유사하다. 겨울이 완전히 끝나고 새로운 봄이 왔음을 자축하는 것으로 야외에서 모형 마녀들을 화형시키는 퍼포먼스를 한다. 법으로는 프라하 시내에서 방화를 하는 것이 금지되어 있기 때문에 비공식적으로 페트린에서 해마다 열린다.

부활절 Velikonoce

체코의 부활절 풍습은 조금 특이하다. 남자들은 버드나무 가지를 들고 여자들 꽁무니를 때리려는 시늉을 하며 쫓아가고, 여자들은 이런 남자들에게 찬물 세례를 퍼붓고는 예쁘게 색칠한 달걀을 선물한다. 그리고는 남녀 가릴 것 없이 진탕 술을 마신다. 이렇게 하면 자식을 많이 낳을 수 있다고 믿었다. 요즘 들어서는 거의 볼 수 없는 풍습이지만 색칠한 달걀과 버드나무 가지, 폼라즈카 Pomlázka를 선물하는 것으로 바뀌었다.

5월

프라하 국제 마라톤 Prague International Marathon

날씨가 좋으니 어찌 뛰지 않을 수 있는가! 엉덩이가 근질거리는 사람들에게는 무척 반가울 마라톤 행사가 5월에 열린다. 이 기간 동안에는 시내 중심부의 대중교통을 이용할 수 없게 되니 유의할 것.
Web www.runczech.com

프라하의 봄 Pražské jaro

애국심을 고취시키는 스메타나의 〈나의 조국 Má Vlast〉을 연주하는 것으로 포문을 여는 프라하 최대 음악 축제. 축제의 마지막 곡은 베토벤의 9번 교향곡이다. 5, 6월에 걸쳐 진행되는 국제적인 클래식 음악 행사다. 프라하 내 다양한 장소에서 공연이 열리고, 최근에는 더 많은 관객들을 모으려 허비 행콕 Herbie Hancock 등 현재 음악 트렌드와 발맞추려는 모습을 보인다. 주요 공연의 표는 빠르게 팔려 나가니 미리 예매를 해 두는 것을 추천한다. 매표는 축제 약 한 달 전쯤부터 가능하다.
Web www.festival.cz

메이 데이 May Day (5월 1일)

체코의 연인들은 사랑이 영원하기를 바라며 메이 데이에 카렐 마하 Karel Hynek Mácha 동상을 찾아 페트린 언덕을 오른다. 19세기 낭만주의 시인 마하는 근대 체코 시의 창시자로, 대표작인 '5월'로 잘 알려져 있다.

해방기념일 Den osvobození (5월 8일)

1945년 5월 9일, 붉은 군대가 프라하에 도착함으로써 체코는 파시즘에서 해방되었다. 그러나 유럽 여러 국가의 해방기념일이 5월 8일인 관계로 체코 정부는 다른 국가들과 해방기념일을 통일하고자 체코의 해방을 하루 앞당겨 기념한다. 해방기념일에는 구소련 탱크가 주둔하던 스미호프Smíchov의 관련 유적에 꽃과 화환을 놓는다.

6월

박물관의 밤 Muzejní noc

6월 중 하루, 오후 7시에서 새벽 1시까지 프라하의 수많은 박물관과 미술관이 무료로 문을 연다. 일 년 중 딱 하루만 허락되는 날이므로 사람들이 몰릴 것은 각오해야 한다. 매해 날짜가 다르므로 홈페이지에서 확인하자.

Web www.prazskamuzejninoc.cz

댄스 프라하 Tanec Praha

프라하에서 가장 크고, 가장 오랫동안 열리는 무용 축제. 세계적인 무용 컴퍼니들이 참여하기 때문에 다양한 공연을 접할 수 있다. 비교적 잘 알려지지 않은 체코나 타 유럽 국가들의 전통 무용 공연도 열리며, 무용과 관련한 워크숍과 심포지엄도 함께 마련된다. 매해 축제 기간이 다르므로 홈페이지에서 확인하자.

Web www.tanecpraha.cz

유나이티드 아일랜즈 오브 프라하 United Islands of Prague

'요즘' 노래를 실컷 들을 수 있는 축제로 체코 지역 뮤지션들은 물론 이기 팝Iggy Pop, 플라시보Placebo와 같은 세계적인 뮤지션들이 공연하는 것을 감상할 수 있다. 매해 축제 기간이 다르므로 홈페이지에서 확인하자.

Web www.unitedislands.cz

9월

프라하 와인 축제 Praha Pije Víno

8월 말부터 9월 초까지 와인 관련 축제가 많이 열린다. 그중 '프라하는 와인을 마신다'라는 재치 있는 슬로건의 이 축제에서는 유럽 여러 와인 메이커가 참여하며, 체코의 가을 와인을 시음할 수 있다. 9월이 부르착Burčák을 마시기 최적인 시기라고 하니 축제 기간 동안 시내 곳곳의 바에서 권하는 부르착을 시음해 보자.

Web praguedrinkswine.cz

프라하의 가을 Pražsky podzim

프라하의 봄 축제가 끝나고 클래식 음악이 그리운 사람을 위한 축제. '어떻게 내년 봄까지 기다리나' 하는 생각이 들 때쯤 성대히 열리는 국제 클래식 음악 축제이다. 프라하의 봄 못지않은 화려한 라인업으로 해를 거듭할수록 주목받는 축제. 매해 축제 기간이 다르므로 홈페이지에서 확인하자.
Web www.strunypodzimu.cz

11월

벨벳 혁명기념일 Mezinárodní den studentstva (11월 17일)

1989년, 체코의 공산 정권 붕괴를 불러온 시민 혁명 벨벳 혁명은 피를 흘리지 않은 무혈 혁명이다. 부드러운 벨벳처럼 피를 흘리지 않고 평화적 시위로 정권 교체를 이루어 내었다고 하여 붙여졌다. 기념일을 전후로 바츨라프 광장에는 프라하 시민들이 두고 가는 꽃과 초가 수없이 놓인다.

12월

크리스마스 Vánoce

크리스마스 주간에는 거의 모든 레스토랑이 체코 전통 크리스마스 메뉴인 잉어 요리를 선보인다. 구시가지 광장과 바츨라프 광장에는 크리스마스 마켓이 서고, 선물을 주고받으며 성탄 만찬을 즐긴다. 크리스마스 분위기가 최고조에 이르는 때는 12월 24일 저녁이다. 이날 자정에는 성 비투스 성당에서 대규모의 성탄 미사를 연다. 크리스마스부터 27일까지는 많은 상점과 식당이 영업을 하지 않는다.

성 니콜라스 이브 Predvečer sv. Mikuláša (12월 5일)

성인 남성들이 성 니콜라스(산타)와 천사, 악마 등의 분장을 하고 꼬마 아이들을 놀라게 하는 짓궂은 날. 프라하의 산타는 붉은 망토 대신 흰 조끼를 입고 지팡이를 짚고 사탕을 나누어준다. 무서운 표정을 하고 아이들을 쫓는 것은 악마 분장을 한 아저씨들!

1년의 마지막 날, 새해 전날 (12월 31일)

바츨라프 광장, 구시가지 광장 등 사람들이 많이 모일 수 있는 곳에서 휘황찬란한 불꽃놀이로 새해를 맞이한다. 분위기가 고조되면 샴페인 병을 깨면서 흥을 표하기도 한다.

PLANNING 09
프라하로 가기

비행기 티켓을 예매했다면 이제는 프라하를 동경해 온 마음을 실행으로 옮겨야 할 때!
첫 단추를 잘 꿰어야 행복한 여행이 된다. 차근차근 여행 계획을 세워 보자.

한국에서 프라하 가기

대한항공에서 2023년 3월 27일부터 주 3회 직항편을 운영한다. 아시아나 항공은 프랑크 푸르트를 1회 경유하는 노선을 운영한다. 에어프랑스, KLM네델란드항공, LOT폴란드항공, 루프트한자, 터키항공, 아랍에미레이트항공, 카타르항공 등 1회경유를 하는 유럽, 아시아권 항공사가 많으니 가격과 요금 조건 등을 비교하자.

대한항공	인천 ↔ 프라하	주 3회 운항(월, 수, 금) 11시간 10분 소요

기타 유럽 도시 경유해 프라하 가기

1회 경유를 하는 항공사로는 아시아나항공, 루프트한자, KLM네델란드항공, 에어프랑스, 터키항공, 핀에어, 에미레이트항공, 싱가포르항공, 영국항공, 러시아항공이 있다. 2회 경유하는 항공사로는 스위스항공, KLM네델란드항공, 알이탈리아항공, 오스트리아항공, 스칸디나비아항공, 영국항공, 말레이시아항공, JAL일본항공이 있다. 그러나 허비하게 되는 시간을 생각하면 2회 경유는 추천하지 않는다.

<u>런던 → 프라하 약 1시간 50분 소요</u>
<u>파리 → 프라하 약 1시간 40분 소요</u>
<u>빈 → 프라하 약 55분 소요</u>

> **Tip** 2019년 3월 1일부터 한국 국적 여권 소지자는 자동 입국 심사로 간편하게 프라하로 입국할 수 있게 되었다. 자세한 사항은 270p 참고.

Talk 프라하 바츨라프 하벨 공항
Václav Havel Airport Prague (Letiště Václava Havla Praha, PRG)

프라하 시내에서 서쪽으로 12km 떨어진 곳에 위치한 체코 주 공항. 체코 항공과 스마트윙스, 라이언에어 등 66개의 항공사들이 프라하 공항을 거쳐 유럽, 아시아, 아프리카, 북미로 향하는 154개의 노선을 취항하는다.
쉥겐 조약 외 국가에서 취항하는 편은 1 터미널을, 쉥겐 조약 내 국가에서 취항하는 편은 2 터미널을 이용한다. 입출국이 수월하고 교통편 등 편의 시설을 찾는 것도 쉽다. 공항 내에서 무료 와이파이도 사용 가능하다.

Web www.prg.aero/en

프라하 바츨라프 하벨 공항에서 프라하 시내로 이동하기

렌터카
허츠Hertz, 유롭카Europcar, 식스트Sixt, 에이비스Avis 등 여러 렌터카 업체의 사무실에서 차를 빌려 이동할 수 있다.
허츠 www.hertz.co.kr/rentacar/reservation
유롭카 www.europcar.com

에어포트 익스프레스 Airport Express
1, 2 터미널 앞에서 출발하여 프라하 중앙역과 연결된다. 25분 소요. 에어포트 익스프레스 노선은 30분과 정각에 30분 간격으로 운행하고, 여름 시즌에는 증설된다. 플랫폼이 낮은 차량을 사용해서 승차가 쉽고 충분한 수하물 보관 공간을 보장한다. 표는 도착 층 비지터 센터Visitor Center에서 구입해 탑승할 수 있다(카드 사용 가능).

운행시간
프라하 공항에서 출발하는 노선 05:30~20:53 /
프라하 공항으로 가는 노선 05:30~22:00(30
분 간격으로 운행)
가격 성인 100코루나, 6~15세 50코루나, 6세
미만 및 장애인 무료

버스

1 터미널과 2 터미널 앞에서 탑승 가능한 일
반 시내 버스로, 숙소가 중앙역과 꽤 떨어져 있
다면 오히려 에어포트 익스프레스보다 더 편리
할 것이다. 일반 교통권으로 탑승 가능하며 30
분 티켓 30코루나, 90분 티켓 40코루나, 24
시간 티켓 120코루나, 72시간 티켓 330코루
나 중 하나를 구입하여 탑승한다(30분 이상 걸
리기 때문에 90분 티켓부터 고려하도록 한다).
티켓은 공항 내 출구 쪽 기계에서 구입하거나
정류장 바로 뒤에 있는 노란 버스표 기계에서
구입 가능하다.

119번
보통 나드라지 벨레슬라빈Nádraží Veleslavín역
까지 이동 후, 지하철을 타고 시내 목적지로 향
한다.
목적지 메트로 A선과 연결되는 데이비츠카
Dejvická역
배차 간격 5~20분
소요 시간 22분

100번
보통 즐리친Zličín역까지 이동 후, 지하철을 타
고 시내 목적지로 향한다.
목적지 메트로 B선과 연결되는 즐리친역
배차 간격 7~30분
소요 시간 16분

179번
목적지 메트로 B선과 연결되는 노베 부토비체
Nové Butovice역
배차 간격 12~30분
소요 시간 38분

택시
기본 요금 40코루나. 공항서 시내까지는 700~
800코루나 정도 나온다.

 Tip 모든 체코 여행자, 여권과 영문 보험 증서 지참 필수

여권 소지 의무
체코에서 외국인은 여권을 항상 소지하여야 한다.
현지 경찰이 여권 제시 요구 시 이를 충족하지 못하
면 체코 외국인 국적 체류법 326조 157항에 의거하
여 최대 3,000코루나까지 벌금이 부과된다. 비자카
드, 학생증, 운전면허증으로 대체할 수 없다.

해외여행자 보험 소지 의무
90일 이하 체류 외국인 여행자는 체코 체류 중 사고
시 보험 처리가 가능함을 입증하는 해외여행자 보험
증을 항상 소지해야 한다.

1) 질병, 사고, 상해 등에 대한 해외 의료 서비스
2) 사망 보장 금액
3) 본국 송환 보장 금액

각각의 항목 당 최소 3만 유로 이상으로 명시된 보험
증서(영문)가 필요하다. 출국 전 EU 국가에 본사 혹
은 지사가 있는 보험 회사 가입이 필수이며, 유효 가
능 국가 또는 영역, 지역이 반드시 명시되어야 한다.
위반 시 체코 외국인 체류법 326조 103조항에 의거
하여 최대 3,000코루나의 벌금이 부과된다.

티켓 예매 시 주의 사항
같은 항공사라도 공동 운항 등 운임에 따른 취항 요
일이 상이하고, 요일에 따라 스톱오버나 마일리지
업그레이드, 무료 수화물, 취소, 변경 수수료 등 조
건이 각각 다르니 반드시 항공권 예매 시 함께 제공
되는 규정을 확인해야 한다. 1회 경유 항공권으로
프라하 행 티켓을 비교할 때 현지 도착 시간을 확인
하도록 한다. 공항에 도착하여 짐을 찾고 입국 심사
를 한 다음 숙소까지 걸리는 시간을 고려하자.

스톱오버Stopover, 할까 말까?

스톱오버란?
24시간 이상 경유 도시에 머무르는 것을 말한
다. 24시간 내 환승 편에 탑승하는 경우는 트랜싯
Transit으로 구분한다. 프라하 행 비행편이 경유하
는 도시는 주로 큰 공항을 갖추고 있는 영국의 런던,
프랑스의 파리, 독일의 프랑크푸르트 등 유럽 여행
시 빼놓을 수 없는 주요 도시들이다.

스톱오버를 추천하는 경우
항공편 구매 규정에 스톱오버가 허용되고, 여행 일정
이 허락한다면 하루나 이틀 정도는 경유지에 머무는
것도 나쁘지 않다.

|Theme|
기차 타고 프라하로 떠나자

프라하만 단독으로 여행하는 것이 아니라면 다른 도시에서 프라하로 이동할 때 비행기보다 기차를 추천한다. 차창 밖으로 스치는 풍경들과 함께 하며 덜컹이는 기차에 몸을 맡기는 것은 유럽 여행에서 빼놓을 수 없는 즐거움이다. 역이 시내에 위치해 공항에서 시내까지 이동할 필요 없이 내리자마자 바로 여행지에 다다른 기분을 낼 수 있다.

프라하 여행에 적용 가능한 다양한 열차 패스

프라하 및 체코의 다른 도시와 함께 유럽을 여행하는 사람들은 기차를 최소한 한 번 이상 타게 된다. 자신의 여행 루트와 스케줄에 따라 가장 합리적인 교통비를 소비할 수 있는 기차 이용권을 구매하자. 보통의 다구간 패스의 경우 좌석 예약을 포함하고 있지 않아 별도로 예약해야 한다. 아래 소개하는 유레일 패스 중 프라하가 경유지로 포함된 여러 패스에 대한 자세한 설명은 유럽 철도 패스를 주관하는 유레일 공식 사이트(www.eurail.com/kr)에서 찾아볼 수 있다.

동유럽 패스
체코, 슬로바키아, 오스트리아, 헝가리의 국철 네트워크를 자유롭게 이용하며 여행할 수 있는 패스. 2등석 5일권(성인 183유로)을 포함하여 2개월 내 사용해야 하는 동일한 조건으로 6일, 8일, 10일권도 있다.

체코 패스
체코의 국철 네트워크를 제한 없이 이용할 수 있다. 2등석 3일권(성인 53유로)을 포함하여 1개월 내 사용해야 하는 동일한 조건으로 4, 6, 8일권이 있다.

폴란드↔체코 야간
폴란드 바르샤바와 체코 프라하를 잇는 야간 열차로 중간에 위치한 폴란드 크라카우와 체코 오스트라바를 거친다.

중앙 유럽 트라이앵글 패스
부다페스트, 프라하, 잘츠부르크, 비엔나를 포함하는 2개의 여정(비엔나-프라하-부다페스트-비엔나 or 비엔나-프라하-잘츠부르크-비엔나) 중 하나를 선택할 수 있다. 성인 요금은 124유로로, 성인과 동반 좌석을 공유하는 만 4세 미만의 어린이는 무료. 2등석만 제공한다.

유로 나이트 메트로폴
멀리 떨어져 있는 도시 간의 이동을 밤사이에 운행하는 야간열차. 주요 운행 도시는 베를린, 프라하, 빈, 브라티슬라바, 부다페스트 등이 있다.

Tip 야간열차의 좌석 종류가 많아 여행자의 예산과 편의성에 따라 선택할 수 있다. 6인 쿠세트(접이식 침대), 4인 쿠세트, 3인, 2인, 1인 침실과 좌석 칸이 있는 것이 보통이다. 좌석으로 쓰다가 침대로 변형하여 사용하는 쿠세트는 잠자는 데 크게 불편함이 없어 가장 많이 이용하는 칸이다.

편도 티켓으로 프라하 오기

여러 나라가 묶여 있는 다구간 패스가 아닌 한 도시에서 프라하로 이동하는 편도권이 필요한 여행자라면 패스가 아닌 편도권을 구매하면 된다. 유레일(www.eurail.com), 레일유럽(www.raileurope.co.kr) 등의 웹사이트에서 출발, 도착지, 날짜와 시간을 지정하여 검색하면 가격과 소요 시간 등을 미리 알아볼 수 있다. 운행일에 임박하면 가격이 더 오르기 때문에 성수기에 타야 하는 경우 몇 달 전 표를 구입해 두는 것이 훨씬 더 저렴하다. 프라하행 기차표를 알아볼 때 주의할 것은 기차가 불필요한 경유를 하는지, 나의 여행 일정에 맞는 시간대에 기차가 있는지, 버스나 비행기 등 다른 교통수단을 이용하는 것에 비해 비싸지는 않은지 등이 있다.

유럽 주요 도시에서 프라하까지 이동 시간

프랑스 파리 → 체코 프라하
열차 탈리스Thalys와 시티 나이트 라인City Night Line을 이용하여 쾰른 경유, 15시간 30분 소요. TGV리리아TGVLyria를 이용해 취리히에서 환승할 경우 18시간 30분 소요.
오스트리아 빈 → 체코 프라하 약 4시간 소요.
헝가리 부다페스트 → 체코 프라하 약 6시간 30분 소요.

Tip 1. 프라하에는 기차역이 4개가 있어요

흘라브니 나드라지역 Hlavní Nádraží 가장 큰 중앙역으로, 시티 나이트 라인, 지역 열차, 유로 시티, 유로 나이트 등 대부분의 기차가 모두 이 역을 지난다. 단, 지역 노선 등 예외적인 경우 다른 두 역에서 출발도착하므로 기차표를 예매할 때 출발/도착역을 확인하자. 또, 플릭스 버스, DB 버스, 공항버스 등 유럽 다른 도시와 프라하, 프라하 공항과 시내를 잇는 코치 버스도 중앙역에 선다.
총 3층으로 이루어져 있으며, 0층은 버스정류장, 주차장, 1층은 기차 플랫폼, 2층은 지하철 플랫폼, 3층은 매표소와 인포메이션 데스크가 위치한다. 여러 상점과 패스트푸드 식당들도 입점해 있다.
Add Wilsonova 120 00, Praha 2

홀레소비체역Holesovice
Add Na šachtě 1337/4 170 00, Praha 7

스미호프역Smíchov
Add Nádražní 1 150 00 Praha 5

마사리코보 나드라지역 Masarykovo nádraží
Add 2, Havlíčkova 1014 110 00 Praha 1

2. 프라하 근교 여행은 버스로 다니자

프라하의 경우 근교 도시로 나가려면 버스를 이용하는 편이 유용하다. 체스키 크룸로프 등 대표적인 근교 도시로 노선을 운행하는 스튜던트 에이전시를 이용하고자 할 때는 홈페이지(student-agencybus.com)에서 출발지와 도착지, 날짜와 시간을 지정하여 가격과 소요 시간 등을 미리 알아보고 예매하도록 하자.
프라하 근교 여행 버스터미널 플로렌츠ÚAN Florenc Praha.
Add Křižíkova 6, 186 00 Praha 8

프라하 → 체스키 크룸로프 약 3시간 소요.
프라하 → 플젠 약 1시간 소요.
프라하 → 클로비 바리 약 2시간 10분 소요.

프라하 대중교통 완전 정복

프라하에서는 도보 여행이 주를 이룬다. 그래서 프라하를 여행하면 예상보다 교통비가 훨씬 덜 든다는 것을 알 수 있을 것이다. 하지만 단 한 번도 대중교통을 이용하지 않고 여행하기란 쉽지 않으니 매우 간단한 프라하의 교통수단을 익혀보자!

대중교통 이용권

단일 이용권
모든 교통수단에 해당하며 환승은 무료다. 동전만 사용 가능한 티켓 자판기나 투어리스트 센터, 담배 가게, 몇몇 메트로역에서 구입할 수 있다.
30분 이용권 성인·학생·15~18세 30코루나, 노인 60~65세 15코루나, 6세 이하 무료
90분 이용권 성인·학생·15~18세 40코루나, 노인 60~65세 20코루나, 6세 이하 무료

패스
단기, 장기 패스가 있으며, 모두 주요 메트로역 매표소와 투어리스트 센터에서 구입 가능하다.
단기 패스 24시간 패스 성인·학생 15~18세 120코루나, 노인 60~65세 60코루나, 3일 패스(72시간) 330코루나, 6세 이하 무료
장기 패스 사진을 접수하여 신청 가능.
한달 550코루나, 3개월 1,480코루나, 1년(12개월) 3,650코루나

프라하 카드 Praha Card
대중교통에 관광명소까지 통합한 카드다. 카드를 구입하면 여행 경비를 절약할 수 있다. 구시가지 인포메이션 센터와 시내 24곳에서 카드를 판매한다. 판매처는 홈페이지(www.praguecoolpass.com)에서 확인할 수 있다. 1, 2, 3, 4, 5, 6, 7, 10일권으로 판매한다.
1일권 성인 50유로, 아동 및 학생 35유로, 2일권 성인 76유로, 아동 및 학생 55유로, 3일권 성인 87유로, 아동 및 학생 62유로, 4일권 성인 94유로, 아동 및 학생 69유로, 5일권 ~10일권 티켓은 웹사이트에서 확인하자. 6세 이하는 대부분의 관광지와 대중교통 무료.

프라하 비지터 패스 Prague Visitor Pass

대중교통 이용과 관광지 무료입장 및 할인 혜택, 각종 체험까지 통합한 카드. 2022년 6월 론칭되어 사용하고 있지만, 아직 모르는 여행자들이 많다. 카드 구입 기간 내 무제한 대중교통 이용이 가능하며, 시내 70여 개의 관광지 무료입장 및 할인 혜택도 있다. 또한 블타바강 크루즈와 가이드 도보 투어, 그리고 프라하의 각 명소를 잇는 42번 트램 체험 등이 가능하다. 48시간 기준 어른 1,800코루나, 학생 1,350코루나, 어린이 900코루나. 비접촉식 실물 카드나 애플리케이션을 통해 쉽게 사용할 수 있다. 실물 카드를 사려면 프라하 비지터 패스 홈페이지(www.praguevisitorpass.eu)에서 확인할 수 있다.

교통수단

메트로
프라하에서 가장 많이 이용되는 교통수단. 녹색의 A선과 노란색의 B선, 붉은색의 C선, 총 3개의 노선이 있다. 정류장 개수가 적어 노선도를 보는 데 어려움이 없다.
운행 시간은 05:00~00:00, 배차 시간은 가장 바쁠 때엔 2~3분 간격, 19:00 이후에는 4~9분 간격이다. 정류장의 개수는 총 57개, 그중 환승역으로 가장 붐비는 역은 A, C선 Muzeum역과 A, B선 Mustek역, B, C선 Florenc역 이 3곳이다.

트램
프라하의 시가지는 버스가 진입할 수 없다. 이 길은 오직 도보자와 트램을 위한 것. 각각의 노선과

정류장 스케줄이 모두 다르니, 프라하 교통국 홈페이지(www.dpp.cz)를 확인하자. 자정  부터 오전 4시 30분까지는 밤 트램 스케줄이 따로 운영된다. 트램 역 중에 M이라는 표기가 되어 있는 역은 메트로역과 바로 맞닿아 있어 환승이 용이한 정류장이다.

배차 시간은 2~20분 간격으로 노선마다 달라 바쁠 땐 추천하지 않는다. 빈티지한 트램을 타고 예쁜 프라하 시내를 달리는 기분을 느끼고 싶다면 추천한다. 다음 스케줄에 맞추어 서둘러야 하는 사람은 메트로역으로 달리자. 트램 이용 시 탑승하자마자 트램 안에 있는 기계에 표를 넣어 스탬프를 찍어야 한다.

버스

프라하의 버스는 100번부터 291번 사이의 번호를 달고 운행하며, 메트로가 운행하지  않는 자정 이후 시간에는 나이트 버스(501~513번)가 오전 4시 30분까지 운행된다. 트램과 마찬가지로 버스 정류장 중에 M이라는 표기가 되어 있는 역은 메트로역과 바로 맞닿아 있어 환승이 용이한 정류장이다. 버스 이용자는 탑승 전이나 탑승 후 표를 사야 한다. 탑승 시 표를 사면 요금이 더 비싸다.

택시

대중교통이 잘 되어 있는 프라하에서 택시를 탈 일은 공항을 오고 가는 경우 외에는 드물  다. 택시를 이용할 경우 TAXI라고 쓰인 노란 램프가 있는지, 택시 회사명과 면허증 번호, 요금이 앞문에 적혀 있는지 반드시 확인하도록 하자. 프라하 택시 요금은 공항에서 바츨라프 광장까지 570~670코루나, 나메스티 레푸블리키Náměstí Republiky역에서 프라하성까지 200~350코루나 정도. 길에서 잡아타는 것보다는 호텔 프런트에 부탁하자. 레스토랑, 카페를 이용한 후라면 그곳의 매니저에게 부탁하는 편을 추천한다. 프라하 택시는 한국에서와 마찬가지로 영수증을 요구하면 손님에게 반드시 제공해야 하니 필요하면 꼭 받아가자. 추천하는 택시 회사는 가장 보편적이고 대중적인 틱 택 택시Tick Tack Taxi.
Tel 14-222 **Web** www.ticktack.cz

개인/공용 차량

한국어를 지원하는 홈페이지에서 공항-시내 간 셔틀 차량을 살펴보고 예약할 수 있다. 개인 수송 25유로~, 공용 셔틀 11.60유로~, 리무진 87유로~ 등 가격과 인원 별로 다양한 차량을 보유하고 있다. 대중교통보다 빠르고 개별 스케줄에 맞춰 이동할 수 있어 편리하다.
Web www.airportprague.org

프라하 시내 여행 안내소

프라하 여행 전반에 대한 질문을 할 수 있다. 숙소, 식당, 쇼핑, 투어 등에 대한 정보를 얻고 예약을 할 수 있으며 교통권 구입도 가능하다. 프라하 공항의 1, 2번 터미널에도 각각 사무소가 있다.

• **구시청사 지점**
Add Staroměstské nám. 1/4, 110 00 Praha 1
Tel 221-714-714
Open 09:00~19:00
Web www.prague.eu/en/object/places/
1174/tourist-information-centre-
staromestska-radnice-old-town-hall

• **바츨라프 광장 지점**
Add Václavské náměstí (Štěpánskou ulicí 거리와 만나는 코너), 110 00 Praha 1
Tel 221-714-714
Open 10:00~19:00
Web www.prague.eu/en/object/places/
1742/tourist-information-centre-
wenceslas-square

• **나 무스트쿠 지점**
Add Rytířská 12, 110 00 Praha 1
Tel 221-714-714
Open 09:00~19:00
Web www.prague.eu/en/object/places/
2344/tourist-information-centre-na-mustku

01 프라하의 젖줄, 블타바강을 가로지르는 카를교
02 블타바강 100배 즐기기
03 멋진 가면의 향연, 봄의 보헤미안 카니발레
04 체코의 역사와 예술을 만나는 프라하 박물관 BEST 3
05 어른도 아이도 즐거운 인형극

Step 03
Enjoying

프라하를
즐기다

06 영화보다 더 영화 같은 영화 속 프라하
07 당신이 원하는 황홀한 프라하의 밤
08 음악과 떼어놓을 수 없는 선율의 도시
09 프라하가 배출한 대문호들!
   카프카, 흐라발, 쿤데라
10 12월의 크리스마스 마켓

ENJOYING 01

프라하의 젖줄, 블타바강을 가로지르는 **카를교**

너비 10m, 길이 520m에 이르는 16개의 아치가 아름다운 카를교는 구시가지와 프라하성을 잇는 여러 다리 중 가장 나이가 많은 다리이다. 9세기 초 나무로 건조되었다가 홍수로 여러 번 피해를 입고 50년의 긴 공사를 거쳐 1402년에야 지금의 모습으로 완공되었다.
1406년 7월 9일 오전 5시 31분, 카를 4세가 다리에 초석을 놓았는데, 이를 기념하기 위해 프라하 사람들은 해마다 축포를 쏘며 기린다. 매번 카를교가 색다른 이유는 다리 위에 수많은 즐거움들이 있기 때문이다.

브룬츠빅 기사상 Socha Bruncvíka

용맹스러워 보이는 사자상과 함께 서 있는 기사. 다리에 바깥쪽으로 돌출되어 있어 그냥 지나치기 쉽지만 밤에는 유독 번쩍이는 황금 칼이 눈에 잘 띈다. 카를교에 대한 구시가지의 권리를 상징하는 기사상으로, 체코의 오디세우스라 불리는 명장 브룬츠빅이 늠름하게 들고 있는 방패에 새겨진 문양이 바로 프라하 구시가지의 문양이다. 브룬츠빅 기사가 들고 있는 황금 칼은 그의 주인이 원하면 누구든 죽일 수 있는 기적 같은 칼이었다. 체코슬로바키아가 위험에 빠지면 이 칼을 중심으로 보헤미아 기사들이 모두 모여 나라를 지킬 것이라는 이야기가 있다.

예수 수난 십자가상 Sousoší Kříže s Kalvárií

1361년 나무로 만든 십자가상이 세워졌으나 이내 훼손되었고, 1629년 다시 세운 십자가는 30년 전쟁Thirty Years' War 때 소실되었다. 현재는 금속으로 되어 있다. 이 십자가상에서 눈여겨볼 부분은 예수를 둘러싸고 있는 도금된 히브리어 단어들이다. 예수를 모독한 유대인 지도자에 대한 벌로, 자신의 사비를 들여 이를 제작하게 했다고 한다. 이 단어는 '거룩하고 거룩한 주여'라는 뜻이다.

성 요한 네포무크상 Socha Sv. Jana Nepomuckého

30개의 조각상 중 기념사진의 배경으로 가장 많이 등장하며, 다리 위 조각상 중 제일 먼저 세워졌다. 보헤미아 왕비의 고해 신부 성 요한 네포무크는 왕비가 부정을 고백하자 이 비밀을 끝내 지켰지만, 결국 왕에게 사형을 선고 받고 혀가 잘린 채 블타바강에 던져졌다. 고해성사의 비밀을 지켜내기 위해 목숨을 버린 최초의 순교자 성 요한 네포무크는 다른 사람으로부터 비방을 받은 사람과 홍수 피해자의 수호성인으로 일컬어진다.

동상 아래에 있는 그의 마지막 순간을 묘사한 동판에 손을 대고 소원을 빌면 이루어진다는 설이 있다. 그가 강에 던져진 다음 날, 강 위에 5개의 별 형상을 한 광채가 떠올라 사람들이 이를 보고 시신을 찾아 수습했다. 그래서 그의 조각상 머리 위에 별 5개를 두어 후광을 표현했다.

아마추어 화가

캐리커처, 목탄으로 그리는 흑백 초상화, 색연필로 금방 그려내는 컬러 초상화 등 제각각의 개성을 가진 화가들이 카를교에 상주하고 있다. 다리와 다리에서 보이는 풍경을 그린 그림도 많다.

기념품 상인

서유럽 같은 호객 행위가 없어 쫓기지 않고 천천히 카를교를 건너며 블타바강의 경관을 감상할 수 있다. 액세서리를 좋아하는 사람이라면 동유럽의 장신구 패션에 마음을 빼앗길 것이다. 작은 장신구 하나라도 여행을 오래 기억하게 도와주는 특별한 매개가 되는 법.

악사

기타 케이스를 열어 놓고 즐겁게 연주를 하는 악사들이 다리를 건너는 사람들의 흥을 돋운다. 영화 음악처럼 잔잔한 곡을 연주하기도 하고, 모두가 함께 손뼉치며 흥얼거릴 만큼 신나는 노래를 부르기도 한다. 만족스러운 연주가 끝나면 기타 케이스에 코루나 동전 몇 개를 건네는 것도 잊지 말자.

> ENJOYING 02

블타바강 100배 즐기기

약 430km에 달하는 프라하의 젖줄 블타바강은 체코에서 가장 긴 강이다. 홍수 범람의 폐해가 심했던 블타바강은 피해를 막기 위해 주변에 건축물을 많이 짓게 되었다. 덕분에 현재 강을 따라 걷는 것만으로도 프라하성과 국립극장, 카를교 등 프라하를 대표하는 건축물을 거의 다 볼 수 있다. 블타바강을 알차게 즐길 수 있는 방법을 소개한다.

강에서는 뭐니 뭐니 해도 보트!

아무리 다리에 올라 열심히 내려다본다고 해도 수면과 같은 눈높이에서 강물을 느껴 보는 것과는 감흥이 다르다. 넓고 긴 블타바강을 가로지르는 보트들은 수없이 많지만 그중 가장 추천하는 것은 바로 재즈 보트. 달콤한 음료로 목을 축일 수 있음은 물론이고, 맛있는 식사, 흥겨운 음악을 선상에서 즐길 수 있어 인기가 많다. 블타바강의 역사에 해박한 전문 가이드도 함께 배에 올라 영어, 독일어로 전체 여정을 설명해 준다. 오전 내내 지친 다리를 잠시 쉬어갈 만한 좋은 이동 수단이 될 것이다.

재즈 보트 Jazz Boat

음악 없이도 흥겨운 프라하 여행이지만 블타바강 물결과 함께 식사를 할 수 있는 저녁에는 재즈가 꼭 있어야 하지 않겠는가! 3코스 식사와 함께하는 재즈 공연을 감상하노라면 그윽하고 깊게 무르익는 프라하의 밤을 온전히 느낄 수 있을 것이다. 매일 다른 재즈 밴드의 연주를 감상할 수 있어 재즈 애호가들은 한 번만 타고는 못 배길 낭만적인 보트이다.

공연 스케줄과 밴드에 대한 설명은 체코어, 영어로 홈페이지에 미리 업데이트되니 확인하고 예약하도록 하자. 보트는 약 2시간 30분 동안 운행된다. ▶ 185p

블타바강 전경 감상하며 식사하기

금강산도 식후경이라지만 식사를 하면서 경치 구경까지 할 수 있다면 금상첨화겠다. 강가에 위치한 식당에서는 반드시 테라스 자리를 요청하도록 하자. 성수기인 7, 8월에는 전망 좋은 테라스 테이블을 잡는 것이 어려울 수도 있다. 저녁보다는 점심 식사가 덜 붐빈다.
예약을 할 여건이 안 된다면 점심 식사를 강가의 식당에서 하도록 하자. 카메라로 블타바강과 카를교, 저 멀리 보이는 프라하성까지 모두 프레임 안에 담아 예술 사진 한 컷을 찍어 보자.

진저&프레드 Ginger&Fred

맛있는 음식 못지않게 훌륭한 경치로 소문난 프렌치 레스토랑. 여름에는 옥상 테라스 자리를 개방하니 여름 여행자들은 반드시 이곳에 앉도록 하자. 이곳에서는 블타바강과, 강 건너편 말라 스트라나를 훌륭한 뷰로 감상할 수 있다. 메뉴도 다채로워 눈과 입이 즐겁다. ▶ 163p

믈리넥 Mlýnec

프라하에서 가장 오래 성업하고 있는 다이닝 그룹 자티시Zátiší의 식당. 특별한 날 찾게 되는 고급 레스토랑이다. 결혼식 장소로도 인기가 많다. 신선한 계절 식재료와 전통 체코 레시피, 최첨단 요리 기술을 고집하는 뚝심 있는 맛집다. 블타바 강가에 위치해 있어 우아하고 로맨틱한 식사를 할 수 있다. ▶ 134p

높은 곳에서 감상하는 블타바강

한 발자국 물러나 거리를 두고 블타바강을 바라보노라면 그 모습이 꼭 그림 같다. 프라하 시내를 이 방향, 저 방향으로 누비는 블타바강의 모습을 특별한 각도에서 보고 싶다면 레텐스케 공원에 올라보자. 금방 걸어서 도착할 수 있는 가까운 곳이다.

레텐스케 공원 Letenské sady

1860년대부터 본래 포도밭이었던 곳에 조성된 공원으로 블타바강을 카를교에서만 바라보는 여행자들에게 진정한 블타바 경치가 어떤 것인지 한 수 가르쳐 주는 곳이다. 레텐스케 언덕 위에 있기 때문에 시가지 전망을 볼 수 있다. ▶ 184p

ENJOYING 03

멋진 가면의 향연, **봄의 보헤미안 카니발레**

소박하고 수줍은 성격을 띠는 프라하 사람들이 시끄럽게 도시를 활개치며 돌아다니는 때가 일 년 중 하루 있으니 바로 연초에 열리는 보헤미안 카니발레! 봄이 왔음을 가장 요란하게 축복하고 자축하는 축제다. 옛 것을 잊지 않고 새로운 것 역시 잘 키워나가자는 의미가 담겨 있다.

보헤미안 카니발레의 유래

중세 시대 체코 사람들이 즐기던 축제를 재현한 것으로, 인류의 즐거움과 사교를 축복하려는 목적으로 생겨났다. 해마다 1~3월 중 2주간 진행된다. 전통과 현대의 어울림을 가장 중시하는 축제이기 때문에 최대한 많은 사람들이 공감할 수 있도록 신구의 조화를 중심으로 모든 일정을 마련한다. 가면 무도회, 가장 퍼레이드, 오페라 공연, 클래식 음악 공연 등이 열린다. 일정은 홈페이지 www.carnevale.cz에서 확인하자.

카니발레 기간 동안 해야 할 것 BEST 3

1. 구시청사 광장에서 프라하 햄과 맥주 마시기
축제를 즐기려는 사람들이 가장 많이 모이는 곳. 인포메이션 데스크도 이곳에 설치되어 있다. 카니발레 분위기가 물씬 나는 곳으로 먹을거리도 많다.

2. 시내 곳곳에서 열리는 다양한 공연 감상하기
축제 중에는 국립극장이나 오페라극장에서 열리는 공연을 10~30% 저렴한 가격으로 클래식 음악, 무용, 오페라 등을 감상할 수 있다. 보헤미안 의상을 차려입은 사람들이 시내를 돌아다니며 홍보도 한다.

3. 퍼레이드 구경하기
프라하의 카니발레는 의상 전반의 콘셉트를 중시한다. 아기 예수가 잠든 구유를 연출하거나 미술 작품 하나를 연출하는 등 창의적인 코스튬을 구경하는 재미가 쏠쏠하다.

ENJOYING 04

체코의 역사와 예술을 만나는
프라하 박물관 BEST 3

프라하와 같은 유서 깊은 도시에서는 반드시 박물관을 가 봐야 한다. 유리관 안에 전시된 몇 천 년 전 유물에는 별 취미가 없다 해도 여행지의 기본적인 역사와 문화를 이해하는 데는 큰 역할을 하기 때문이다.

체코가 낳은 천재 문학가의 발자취
프란츠 카프카 박물관 Franz Kafka Museum

젊은 나이에 요절한 체코 대표 천재 문학가 프란츠 카프카의 팬이라면 반드시 들러 봐야 할 곳. 카프카는 프라하라는 도시만을 영감으로 삼아 작품 활동을 해 온 작가이다. 때문에 카프카를 알면 프라하에 대한 더 넓고 깊은 시야를 가질 수 있다. 프라하를 제대로 느끼고 여행하는 데 매우 중요한 박물관이다. ▶ 208p

신비로운 아르누보 화풍을 집대성한 화가
무하 박물관 Muchovo Muzeum

체코의 아르누보 화가 알폰스 무하Alphonse Mucha의 일생과 작품을 한눈에 볼 수 있는 곳. 화려하고 색채 사용이 독특한 석판화, 회화, 사진, 파스텔화, 판화 등 다양한 형태의 아르누보풍 작품들이 100개 이상 전시되어 있다. 화가의 개인 소장품 등 무하와 관련된 다양한 자료들도 볼 수 있다. ▶ 124p

체코를 대표하는 전시품으로 가득한
국립박물관 Národní Muzeum

과학과 역사에 관한 대표 국립박물관이다. 이외에도 국립박물관 안에는 국립역사박물관, 국립박물관 도서관, 체코음악박물관, 나프르스텍박물관 등이 있다. 국립박물관은 1818년 고식물학의 아버지라 불리는 카스파르 마리아 본 스턴버그Kaspar Maria von Sternberg에 의해 세워졌으며, 현재 이곳에 소장된 유물, 유적은 자연사, 역사, 예술, 음악, 도서 등 방대한 분야에 걸친 것으로 그 수가 무려 1,400만여 개에 달한다. 바츨라프 광장 중앙에 위치한 본관과 도보로 본관에서 3분이면 찾을 수 있는 신관으로 나뉜다. ▶ 154, 155p

> **Tip 박물관, 미술관 관람 미리 알고 떠나기**
> 책에서 소개하는 박물관 중 흥미를 끄는 곳이 있다면 미리 홈페이지를 통해 여행 기간 중 열리는 전시를 알아보거나 작가의 작품을 살펴보고 가도록 하자. 직접 보는 것과 완전히 달라 무슨 의미가 있을까 의구심을 가질 수도 있겠지만 박물관, 미술관 전시는 아는 만큼 보인다. 조금이라도 사전에 공부를 해 간다면 전시를 관람하며 받을 감동이 몇 배가 될 것이다.

ENJOYING 05
어른도 아이도 즐거운 **인형극**

해가 지고 프라하 구시가지를 거닐다 보면 절반의 사람들은 맥주를 마시러 가고, 나머지 절반은 인형극을 보러 가는 길이라 말할 수 있을 정도다. 그만큼 맥주와 인형극은 프라하에서 매우 중요한 코드! 그러니 프라하 여행 일정 중 꼭 하루는 인형극을 보자. 인형을 움직이는 작은 손놀림에 울고 웃다 보면 잊었던 동심을 되찾게 될 것이다. 마리오네트 인형을 사고 싶은 걷잡을 수 없는 충동을 경험하게 될 수도 있겠다.

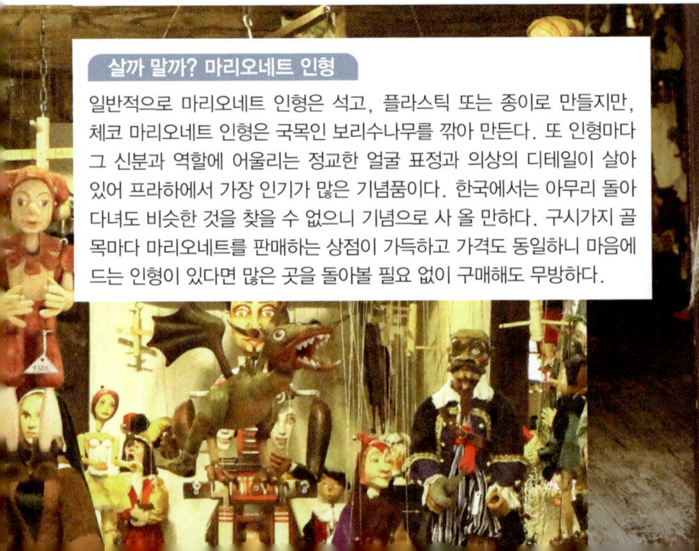

> **살까 말까? 마리오네트 인형**
>
> 일반적으로 마리오네트 인형은 석고, 플라스틱 또는 종이로 만들지만, 체코 마리오네트 인형은 국목인 보리수나무를 깎아 만든다. 또 인형마다 그 신분과 역할에 어울리는 정교한 얼굴 표정과 의상의 디테일이 살아 있어 프라하에서 가장 인기가 많은 기념품이다. 한국에서는 아무리 돌아다녀도 비슷한 것을 찾을 수 없으니 기념으로 사 올 만하다. 구시가지 골목마다 마리오네트를 판매하는 상점이 가득하고 가격도 동일하니 마음에 드는 인형이 있다면 많은 곳을 돌아볼 필요 없이 구매해도 무방하다.

남녀노소 모두 좋아하는 마리오네트 공연

인형극은 대사의 비중이 크지 않기 때문에 외국인 관광객에게 특히 인기가 높다. 딱딱한 움직임과 작은 인형의 크기 때문에 인형극은 목소리와 스토리 라인을 유독 과장하여 표현한다. 인형의 '몸 개그'를 극 중 자주 볼 수 있어 지루할 틈이 없다. 처음에는 12세기 종교 의식을 위해 만들어졌고, 지금처럼 유흥 목적의 극이 된 것은 300년 정도 되었다. 본래 인형극은 시골에서 마땅히 즐길 만한 유흥이 없었던 어른들을 위한 공연이었다. 극의 주제도 계급사회 비판이나 풍자가 대부분이었다. 인형극을 통해 체코 사람들은 자신들의 언어와 민족 내 화합, 역사에 대한 관심을 크게 고취시켰을 정도. 체코에서 인형극은 빼놓을 수 없는 중요한 문화의 한 축이다.

19세기 후반에 들어서야 아이들을 위한 극을 상연하기 시작했고, 이제는 가족 단위 관람객이 주가 되었을 정도로 남녀노소 누구에게나 인기가 많다. 아이들도 쉽게 이해할 수 있도록 각색한 모차르트의 〈돈 지오반니〉가 프라하 인형극 중 가장 대표적인 작품이다. 이외에도 여러 동화, 오페라를 각색한 공연이 열린다.

〈돈 지오반니〉 알고 보면 재미가 두 배!

가장 인기가 많은 마리오네트 레퍼토리 〈돈 지오반니〉는 이탈리아어로 공연된다. 돈 지오반니가 한눈에 반한 여인을 유혹하려다 겪게 되는 사랑의 희로애락을 담았다. 섬세한 나무 인형의 표현력에 놀라게 된다. 아무래도 인형극은 일반 연극보다는 움직임이 둔탁하기 때문에 극의 흐름을 재빠르게 파악하는 것이 쉽지 않다. 미리 극의 줄거리를 알고 가는 것이 좋겠다.

프라하에서 가장 완성도 높은 인형극을 선보이는
국립마리오네트극장 National Marionette Theatre

국립마리오네트극장이 개관한 이래 수많은 인형극 극장들이 개관하였지만 구관이 명관, 원조는 따라잡을 수 없음을 보여주는 곳이다. 1991년 〈돈 지오반니Don Giovanni〉 첫 공연을 올린 이래 5,000번도 넘게 같은 작품을 상연했다.
〈돈 지오반니〉 인형극에 있어서는 누구와 견주어도 세계 최고의 국립극장이다. 그 외 다른 극들도 몇 달 간격으로 번갈아가며 추가 레퍼토리로 상연한다. 또한, 마리오네트 인형을 만드는 워크숍도 진행하고 있으니, 관심이 있다면 체크해 두자. 코로나 이후로 현재는 임시 휴업중이니 꼭 확인해 보고 가는 것이 좋다. ▶ 126p

ENJOYING 06
영화보다 더 영화 같은
영화 속 프라하

손때 묻지 않은 자연 경관과 고성이 어우러진 모습, 신선하고 이국적인 매력까지 갖춘 프라하는 최고의 영화 촬영지다. 2013년 개봉한 봉준호 감독의 걸작 〈설국열차〉의 촬영도 프라하의 바란도프 스튜디오에서 이루어졌다. 프라하를 배경으로 하는 영화를 한 편이라도 본다면 당장 프라하행 비행기 표를 사고 싶어질 것이다. 그만큼 프라하는 단박에 사람을 매혹시키는 영화 같은 도시다.

아마데우스 (1985)

감독: 밀로스 포만
주연: 톰 헐스, 머레이 아브라함, 엘리자베스 베리지
줄거리: 프라하에 오래 거주했던 세계적인 클래식 음악가 아마데우스 모차르트의 일대기를 영원한 이인자 살리에리가 말한다.

체코에서 만들어진 최초의 외국 영화로 무려 8개 부문에서 아카데미상을 수상한 대작이다. 영화 속 배경과 시대를 잘 보여주는 말라 스트라나와 프라하성 부근에서 촬영하였다. 이 지역의 건축물은 주로 18세기에 지어진 이래 지금껏 손댄 적이 없어 시대극을 찍기에 가장 적합한 촬영지로 최종 낙점되었다. 프라하의 모습을 아름답게 담아 여행의 설렘을 배가시켜 주는 작품.

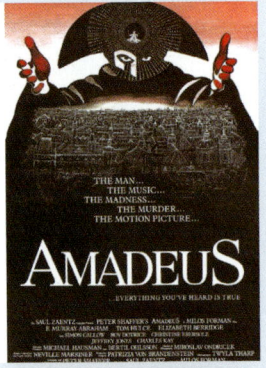

미션 임파서블 (1996)

감독: 브라이언 드 팔마
주연: 톰 크루즈, 존 보이트, 엠마누엘 베아르, 헨리 제니, 장 르노, 크리스틴 스콧 토마스
줄거리: 정보기관의 에이전트인 에단 헌트(톰 크루즈)가 팀원들을 살해했다는 누명을 쓰고 도망친 후 진짜 범인인 내부 스파이를 적출한다.

영화사에 손꼽히는 성공적인 시리즈물로 자리 잡은 미션 임파서블. 동명의 TV 시리즈를 영화화한 작품. 감독인 드 팔마는 프라하에서 영화의 첫 장면을 찍기 위해 제작자를 설득했다. 영화 속에서 미국 대사관의 역할을 하는 국립박물관을 비롯하여 카를교, 캄파섬, 구시가지 광장 등 프라하의 대표적인 관광 명소를 다양하게 보여 준다. 극 중 맥스의 본부가 위치한 그랜드 호텔 유로파Grand HoTel Europa도 등장한다.

더 그레이 맨 (2022)

감독: 루소 형제
주연: 라이언 고슬링, 크리스 에반스, 아나 데 아르마스
줄거리: 그 누구도 실체를 몰라 '그레이 맨'으로 불리는 CIA의 암살 전문 요원이 우연히 CIA의 감추고 싶은 비밀을 알게 되고, CIA의 사주를 받은 소시오패스 전 동료에게 쫓기며 시작되는 액션 블록버스터.

마크 그리니의 스릴러 소설 〈그레이 맨〉을 원작으로 한 영화. 영화의 대부분을 프라하 시내에서 촬영했다. 촬영 당시 실제로 한 달간 프라하 중심가를 통제하고, 실제 트램을 사용하기도 하는 등 엄청난 제작비를 투자해서 만든 블록버스터 영화다. 넷플릭스에서 가장 많은 돈을 투자한 영화로 알려져 있다(2022년 기준).

프라하의 봄 (1989)

감독: 필립 카우프만
주연: 다니엘 데이 루이스, 줄리엣 비노쉬
줄거리: 1968년 소련의 침공을 받은 프라하. 문란한 사생활을 즐기던 체코 의사가 헌신적인 사랑을 바라는 여자를 만난다. 이미 연인이 있는 남자와 새로 등장한 여자, 셋이서 벌이는 삼각관계의 드라마와 역사적인 사건을 다뤘다.

밀란 쿤데라의 책 〈참을 수 없는 존재의 가벼움〉을 영화화한 작품. 프라하가 배경으로 나오는 곳은 없지만, 체코 역사에서 빠질 수 없는 민주주의 운동을 다루고 있는 대표적인 작품이다. 촬영 당시에도 프라하의 상황이 그리 좋지 않아서, 아직 프라하에 머물고 있는 가족과 친지들에게 해가 될까 봐 프라하에서 영화 촬영은 하지 않았다. 체코의 영화 배우들도 당시 공산당으로부터 보복당할 위험이 있어 출연을 꺼리는 바람에 주조연 모두 타 국적 배우들이 참여하게 되었다는 후문.

그림 형제: 마르바덴 숲의 전설 (2005)

감독: 테리 길리엄
주연: 맷 데이먼, 히스 레저
줄거리: 전국을 떠돌며 괴물과 악귀들을 퇴치해 준다고 속여 돈벌이를 하는 '사기꾼 퇴마사' 그림 형제가 소녀들이 사라진 의문의 마르바덴 숲에 도착하며 벌어지는 모험 가득한 판타지 스릴 영화.

영화의 모든 신을 〈설국영화〉를 촬영한 바란도프 스튜디오와 체코에서 촬영했다. 이 영화는 프라하가 주 무대는 아니지만 체코 곳곳의 작은 마을들을 느껴 보고 싶은 이들에게 추천한다. 마법에 걸린 생물부터 엑소시즘까지 폭넓은 상상력을 스크린 속으로 현실화한 연출력이 돋보이는 작품이다.

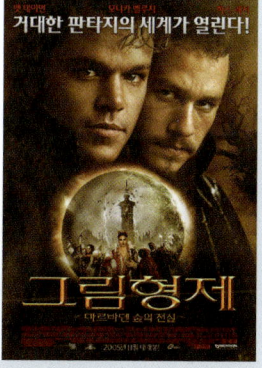

ENJOYING 07

당신이 원하는 황홀한 **프라하의 밤**

프라하의 낮과 밤 중 어느 쪽이 더 아름답냐는 질문에는 평생 대답하지 못할 것이다. 프라하의 밤을 더욱더 즐겁게 보내려면 어떻게 해야 할까? 그저 넋을 놓고 깜빡이는 불빛 아래서 프라하를 한없이 바라보는 것? 아니면 지구 반대편의 클럽은 어떤지 온몸을 비트에 맡기고 직접 즐겨보는 것? 매일 밤 다른 모습을 볼 수 있는 팔색조 같은 프라하는 해가 지면 더욱 매혹적이다.

프라하성 야경 감상 스폿 BEST 3

카를교 Karlův Most

카를교 아래를 주목하자. 위에서 보는 것과는 사뭇 다르다. 다리를 건너는 사람들과 강물에 달빛이 춤추듯 일렁거리는 모습, 그리고 카를교의 아름다운 그림자를 좀 더 가까이에서 볼 수 있어서 정말 아름답다. 새벽, 아침, 낮 언제 방문해도 좋은 카를교지만 밤에 보는 카를교는 오래도록 잊지 못할 풍경을 선사한다. ▶ 199p

구시청사 천문시계
Pražský orloj

낮에도 시가지의 모습을 구경하기 좋은 위치이지만, 해가 지면 분위기 있는 가스등을 켜놓은 듯 빈티지한 프라하의 구시가지 모습에 눈을 뗄 수 없다. 매력적인 밤의 프라하를 보기에 더없이 좋은 곳이다. 고딕양식의 아름다움도 놓치지 말자. ▶ 122p

레텐스케 공원
Letenské Sady

프라하 시내와 블타바강을 가로지르는 모든 다리를 한눈에 보기 좋은 곳. 날씨가 궂으면 잘 보이지 않으니 맑은 저녁에 가 볼 것을 추천한다. 저녁 무렵에 찾으면 프라하의 가장 아름다운 모습을 볼 수 있는 곳이다. ▶ 184p

프라하 클럽 BEST 3

루체르나
Lucerna

프라하의 '밤과 음악 사이'. 1980, 1990년대의 비디오 클럽을 표방하는 콘셉트 확실한 신시가지의 대표 클럽. 바츨라프 광장과 매우 가까워 접근성도 훌륭하다. 록부터 팝까지 다양한 장르의 공연이 열려 음악을 좋아한다면 들러 볼 만하다. ▶ 156p

클럽 라브카
Klub Lávka

겨울에도 인기가 좋지만 여름 최고의 클럽으로 정평이 난 곳. 밤이 깊을수록 더 신나고 더 고조되는 분위기를 만끽할 수 있다. 카를로비 라즈니에서 도보로 1분 거리에 있다. 강변에 위치해 야외 자리에서 강변 풍경을 보는 사람들을 발견할 수 있다. ▶ 130p

카를로비 라즈니
Karlovy Lázně

클럽을 좋아하는 사람이라면 무리를 해서라도 꼭 들러 봐야 할 카를로비 라즈니. 5층 건물 전체를 사용하며, 각 층마다 DJ와 플레이하는 음악이 다르다. 15세기 건물을 보존해 사용하고 있다. 독특한 외관 역시 카를로비 라즈니의 매력 포인트. ▶ 130p

ENJOYING 08

음악과 떼어놓을 수 없는 **선율의 도시**

프라하에서 활동하던 음악가의 곡들을 들으면 프라하 여행 중 느끼는 벅차오름과 설렘을 더없이 잘 표현해 냈다는 생각을 하게 된다. 수많은 음악가들이 일생에 한 번은 머물렀으며, 세계적인 음악가들에게 영감을 준 프라하. 그들이 프라하에서 만든 음악은 이제 수 세기가 지나 세계 각국 여행자들의 감성을 자극하며 이 도시를 여행할 수 있도록 돕는다.

프라하가 가장 흥겨워지는
프라하 봄 음악 축제 Pražské jaro

1946년 체코 필하모니 오케스트라가 창단 50주년을 맞아 처음으로 개최했다. 프라하 봄 음악 축제를 빼놓고 프라하의 음악을 논할 수 없을 정도로 매우 중요한 연간 행사. 스메타나의 기일인 5월 12일에 시작하여 약 3주간 시내 여러 음악당과 교회에서 진행되는 프라하 최대 음악 축제이다. 제2차 세계대전이 끝나고 소련의 통치를 받던 체코가 민주화 운동을 했는데, 이를 '프라하의 봄'이라 부른다. 여기에서 이름을 따온 이 축제는 독재 체제하에서도 그 명맥을 꿋꿋이 지켜왔다는 점에서 체코 사람들의 자부심과 믿음이 뿌리깊게 자리 잡고 있는 대국민적인 축제다. 스메타나의 〈나의 조국〉 6곡 전곡을 연주하는 것으로 축제의 문을 열고, 세계 각국의 내로라하는 음악가들이 축제에 참석하기 위해 프라하를 찾는다. 언제나 첫 공연과 마지막 공연은 시민회관인 오베츠니 둠Obecní dům에서 열린다. 한창 꽃이 흐드러지게 피는 봄에서 초여름의 길목까지 진행되는 축제라 계절과 음악이 서로를 한껏 돋보이게 해 준다. 축제를 즐기는 프라하 사람들이 그야말로 일 년 중 최고조로 행복을 누리게 되는 때. 매년 홈페이지에 공연장이 업데이트 된다.

Data Tel 257-314-040, 226-539-625
Cost 공연마다 상이, 15세 이하 아동과 학생증 소지자는 전 프로그램 20% 할인
Web www.festival.cz

|Theme|
체코를 대표하는 음악가 2인

체코 음악에 대해 더 자세히 알고 싶다면, 음악가를 아는 것도 좋은 방법이다.
체코를 대표하는 두 명의 음악가를 소개한다.

베드르지흐 스메타나 Bedřich Smetana(1824~1884)

체코 국민악파의 창시자이자 체코슬로바키아의 국민주의를 일으킨 장본인. 고등학교 진학을 위해 고향을 떠나 홀로 프라하에 왔다가 리스트Liszt의 연주를 듣고 음악을 시작한다. 자유주의 혁명의 바람이 불자 혁명군을 위한 행진곡 등을 작곡하였고, 리스트의 도움으로 프라하에 음악 학교를 설립하고 운영했다. 스웨덴에서 5년간 머무르다 체코 민족 운동이 진행되자 프라하로 돌아와 독립운동을 하였다. 스메타나의 음악은 민족정신을 바탕으로 한 웅장함과 낭만이 특징이다. 대표작 6곡의 교향시로 이루어진 〈나의 조국Má vlas〉을 비롯하여  〈보헤미아의 브란덴부르크인Braniboři v Čechách (1866)〉, 〈리부셰Libuše(1872)〉, 〈달리보르 Dalibor(1968)〉 등 애국적인 오페라가 있다. 웅장한 스메타나의 교향곡 〈나의 조국〉 6곡의 교향시 중 가장 사랑받는 2번째 곡은 〈몰다우〉. 보헤미아의 자연, 설화, 역사를 소재로 하여 스메타나의 조국에 대한 사랑을 가감 없이 드러내고 있다. 스메타나는 노년에 안타깝게도 청각을 잃고 정신병원에서 생을 마쳤다.

안토닌 드보르작 Antonin Dvořák(1841~1904)

스메타나가 지휘자로 부임했던 체코 가설극장 관현악단에서 비올라 연주자를 시작으로 본격적인 음악 인생을 시작했던 드보르작. 그 후 교회의 오르간 연주자로 일하다 오스트리아 정부의 보조금으로 작품을 쓰고 생활을 꾸렸다. 보조금을 책정하던 심사위원 브람스Brahms를 비롯해 러시아를 방문하여 차이콥스키Tchaikovsky와도 친분을 쌓는 등 국내외적으로 이름을 알렸다. 미국에 초청되어 음악교수로 활동하였으나  노년에는 귀국하여 프라하 음악원에서 작곡 교수직을 맡아 활동했다. 평생 다양한 음악을 끝없이 공부하고 활발히 활동하였기에 체코의 민족주의 음악은 스메타나가 개척하고 드보르작이 국제화시켰다고 말한다. 대표작은 그가 미국에 머물던 중 인디언과 흑인 음악 등과 교감하며 썼던 교향곡 제9번 E단조 〈신세계로부터 Op.95〉와 〈사육제 서곡 Op.92〉 등이 있다.

> **Tip 여행 후유증을 달래는 민족주의 음악**
>
> 스메타나와 드보르작은 체코의 정체성을 음악으로 지켜 낸 음악가들이다. 때문에 이들의 음악은 그 어떤 음악 사조에서보다도 애국심과 자국 문화에 대한 애정이 강하게 묻어난다.
> 바흐나 모차르트, 베토벤과 같이 중, 고등학교 음악 시간을 통해 이미 우리에게 익숙한 클래식 음악과는 확연히 다른 특징이 느껴진다. 프라하 여행을 다녀와 스메타나와 드보르작의 음악을 들으면 체코를 머릿속에 뚜렷하게 그릴 수 있을 것이다. 여행 후유증을 달래거나 혹은 부추기는 방법이 될 것.

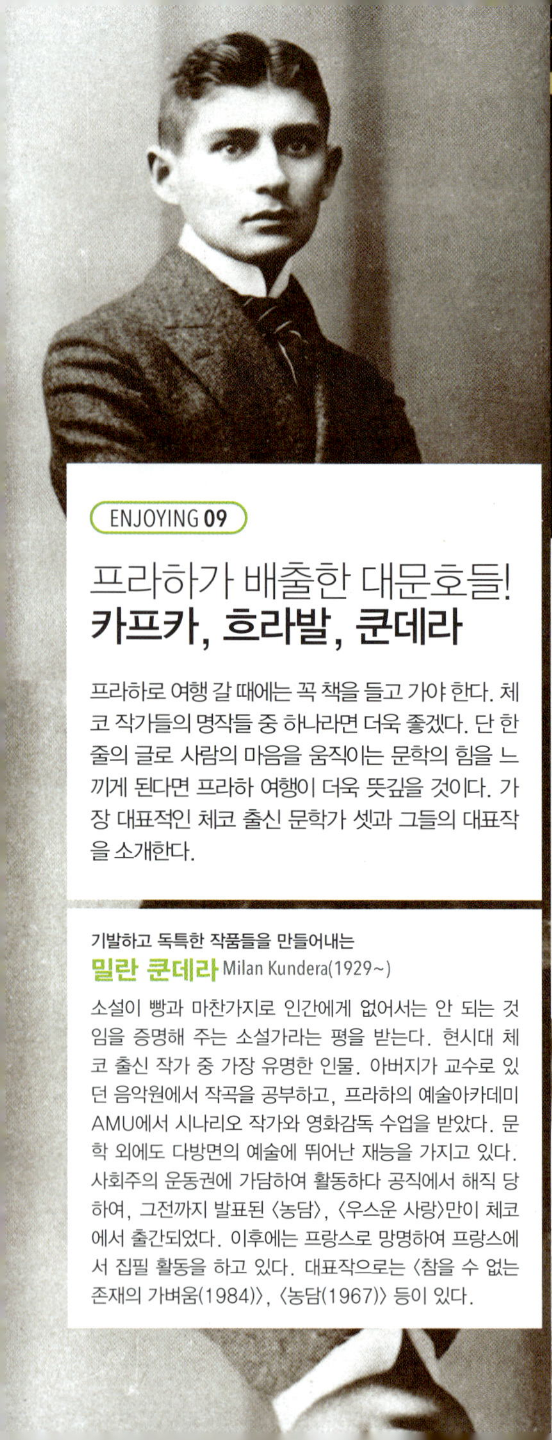

ENJOYING 09

프라하가 배출한 대문호들!
카프카, 흐라발, 쿤데라

프라하로 여행 갈 때에는 꼭 책을 들고 가야 한다. 체코 작가들의 명작들 중 하나라면 더욱 좋겠다. 단 한 줄의 글로 사람의 마음을 움직이는 문학의 힘을 느끼게 된다면 프라하 여행이 더욱 뜻깊을 것이다. 가장 대표적인 체코 출신 문학가 셋과 그들의 대표작을 소개한다.

기발하고 독특한 작품들을 만들어내는
밀란 쿤데라 Milan Kundera(1929~)

소설이 빵과 마찬가지로 인간에게 없어서는 안 되는 것임을 증명해 주는 소설가라는 평을 받는다. 현시대 체코 출신 작가 중 가장 유명한 인물. 아버지가 교수로 있던 음악원에서 작곡을 공부하고, 프라하의 예술아카데미 AMU에서 시나리오 작가와 영화감독 수업을 받았다. 문학 외에도 다방면의 예술에 뛰어난 재능을 가지고 있다. 사회주의 운동권에 가담하여 활동하다 공직에서 해직 당하여, 그전까지 발표된 〈농담〉, 〈우스운 사랑〉만이 체코에서 출간되었다. 이후에는 프랑스로 망명하여 프랑스에서 집필 활동을 하고 있다. 대표작으로는 〈참을 수 없는 존재의 가벼움(1984)〉, 〈농담(1967)〉 등이 있다.

체코를 대표하는, 요절한 문호
프란츠 카프카 Franz Kafka(1883~1924)

대부분의 작품을 독일어로 쓴 카프카지만 거의 평생을 프라하 구시가지에서 보냈다. 프라하를 더욱 잘 이해하기 위해서는 카프카를 알아야 하고, 카프카라는 작가를 더욱 잘 이해하려면 프라하에 와봐야 한다고 말할 정도다. 유년 시절 유대인, 독일인, 그리고 체코인이 충돌하는 시기를 겪으며 자라 그의 글에 상당한 영향을 미쳤다.

그의 작업실이 고스란히 보존되어 있는 황금소로(205p)와 그의 묘가 있는 유대인 지구의 신 유대인 묘지(**Access** 메트로 A선 타고 Želivského역 하차, 나오자마자 보임 **Add** Izraelská 712/1, 130 00 Praha 3)를 찾아보자. 밝고 예쁜 색으로 꾸며진 작은 건물 속 카프카가 사용하던 물건과 그 이웃들의 생활상을 구경하다 보면 이렇게 아기자기한 곳에서 어떻게 어둡고 암울한 분위기의 작품을 썼을까 한참을 생각하게 된다. 대표작으로는 〈변신(1915)〉, 〈성(1926)〉, 〈심판(1925)〉 등이 있다.

> **Tip** '카프카에스크Kafkaesque'란?
> 카프카에스크란 카프카만이 설정하고 묘사할 수 있는 분위기를 말하는 단어이다. 비현실적이고 악몽과도 같은 끔찍한 상황이지만 많은 사람들이 공감할 수 있는 상황의 분위기를 말한다. 카프카의 어떤 작품을 집어 들고 읽어도 '카프카에스크'한 분위기가 무엇인지 바로 알 수 있다.

번역으로 옮길 수 없는 필력을 자랑하는 체코의 국민 작가
보후밀 흐라발 Bohumil Hrabal(1914~1997)

보후밀 흐라발은 우리에게는 다소 낯설지 몰라도 세계적으로는 매우 명성이 높다. 전 미국 대통령 빌 클린턴이 체코를 방문했을 때 흐라발의 단골 선술집 우 즐라테호 티그라U Zlatého tygra(133p)를 찾았을 정도. 흐라발의 작품은 체코어로 읽으면 감동이 훨씬 더 진해 원문의 맛을 살리려는 번역자들의 노력이 특히 많이 들어간다. 그만큼 체코어만이 가질 수 있는 느낌을 잘 살리는 작가로 이해할 수 있다. 1963년, 그가 49살이 되던 해 첫 소설을 출간하며 작가로 데뷔했다. 하지만 그마저도 1970년 이후 몇 년간 공식적으로 출판을 할 수 없어 소련 시절의 지하 출판사 사미즈다트Samizdat를 통해 출간 활동을 하다가 뒤늦게 빛을 봤다. 흐라발의 작품은 전 세계 27개국 언어로 번역, 출간되었고 8편의 작품은 영화로 만들어지기도 했다.

법학을 전공했으나 다양한 분야에 조예가 깊었으며 철도원, 보험사 직원, 외판원, 제철소 일꾼, 극장 무대장치 담당자 등 수많은 직업을 거치며 쌓은 풍부한 경험에서 나오는 삶에 대한 통찰력과 입담이 인상 깊다. 자신의 소설 속 한 장면처럼 프라하의 정신병원에서 치료를 받던 중 비둘기에게 먹이를 주려다가 5층 창문에서 떨어져 사망했다. 대표작으로는 〈영국 왕을 모셨지(1971)〉 등이 있다.

ENJOYING **10**

12월의 크리스마스 마켓

유럽 전역에서 성대하게 치르는 12월의 크리스마스 마켓이 프라하에도 열린다.
세계 최고의 크리스마스 마켓 중 하나인 프라하 겨울 축제에 동참해 보자.

프라하의 크리스마스

프라하의 크리스마스 준비는 12월 초에 열리는 미쿨라스Mikulas의 만찬으로 시작된다. 미쿨라스는 체코 사람들이 '산타'를 부르는 이름으로, 12월 25일의 성탄절보다도 재림절(크리스마스 전 4주간의 기간)과 더 연관성을 띠는 인물이다. 미쿨라스는 12월 동안 학교를 찾아 돌아보며 착한 아이, 나쁜 아이들이 누구인지 가려낸다.

12월에는 각 가정에서 직접 만드는 사탕과 초콜릿, 쿠키로 트리를 꾸민다. 크리스마스가 1주일 정도 남으면 프라하 사람들은 전통 크리스마스 만찬 식재료인 잉어와 디저트로는 바노치카Vánočka라는 과일 케이크를 준비한다. 보헤미안 전통에 따르면 크리스마스이브에는 해가 떠 있는 동안 금식을 한다. 부모는 아이들에게 먹지 않고 하루를 잘 보내면 황금빛 돼지를 볼 수 있을 거라고 약속을 했다. 크리스마스 아침에는 여느 다른 서양 국가처럼 크리스마스 선물을 뜯어보며 오찬을 하고, 그 후에는 몸과 마음을 깨끗하게 하며 다가오는 새해를 건강하게 맞을 준비를 한다.

크리스마스 풍습

성탄 저녁 만찬 시 테이블을 에워싼 의자의 수와 참석하는 사람이 홀수가 되면 안 된다. 조상의 영혼을 다치게 할까 빗질을 금지하였고, 떨어진 물건을 줍지 않으며, 벽을 닦거나 곡식을 탈곡하는 것, 정원에 물을 주는 것 등 축제인데도 불구하고 해서는 안 되는 금기사항들이 굉장히 많았던 것이 특징이다. 오늘날까지 전해져 오는 금기 사항으로는 식사 중 갑자기 테이블에서 일어나는 것과 장작이 다 타고 남은 재를 버리는 것!

크리스마스 마켓 Vánoční trhy

프라하의 크리스마스 마켓에서는 맛있는 음식과 음료뿐 아니라 크리스마스 장식품을 비롯하여 체코 전통 크리스마스 방향제인 푸르푸라Purpura, 나무로 만든 장난감, 공예품, 장신구, 향초, 수제비누 등 다양한 용품들을 판매한다. 작은 소품 하나에 크리스마스 분위기를 느끼며 기뻐하는 마켓의 사람들 구경도, 한국에서 기다리는 가족과 친구들을 위해 선물을 고르는 것도 모두 동화 속의 한 장면처럼 아름답다.

가장 인기 있는 크리스마스 마켓은 구시청사 광장과 바츨라프 광장에 있는 것이지만 이 둘 외에도 공화국 광장 Náměstí Republiky과 평화 광장Náměstí Míru, 비스타비쉬테 홀레쇼비체Výstaviště Holešovice에서도 마켓이 열린다.

대표 마켓

| 구시청사 광장 Staroměstské náměstí |

가장 예쁘게 꾸며 놓은 마켓으로 유명하다. 11월 말부터 이듬해 1월 초까지 운영한다. 얀 후스Jan Hus 동상을 중심으로 하여 작은 가판들이 수십 개 늘어선다. 수백 개의 전구로 둘러 감은 대형 크리스마스트리가 가장 먼저 눈에 띈다. 마켓 기간 동안에는 해가 지는 오후 5시경 트리에 불이 들어와 환상적인 분위기를 자아낸다. 따로 공연 무대가 설치되어 합창단이나 연극 등 공연을 볼 수 있다.

| 바츨라프 광장 Václavské náměstí |

바츨라프 광장에는 인공 크리스마스트리가 세워진다. 광장 주변과 중앙 대로를 따라 마켓 가판이 세워져 평소처럼 광장 주변을 여행하다 자연스럽게 돌아볼 수 있도록 조성하였다. 구시청사 광장의 마켓만큼 동화적인 분위기는 아니지만 좀 더 자유롭게 열려 있는 분위기다.

01 프라하에서 반드시 먹어 봐야 할 체코 전통 음식
02 여행자는 배고플 틈이 없다! 프라하 골목길에서 만나는 맛

Step 04
Eating

프라하에서
맛보다

03 프라하의 밤을 더욱 무르익게 하는 알코올 한잔
04 사색과 독서의 장소, 프라하 카페 BEST 5
05 잊을 수 없는 저녁을 선사하는 프라하의 미슐랭 레스토랑

EATING 01

프라하에서 반드시 먹어 봐야 할 **체코 전통 음식**

한국에서는 쉽게 접할 수 없는 체코 전통 음식. 프라하에 왔다면 다양한 체코 음식을 반드시 먹어 보길 권한다. 그러나 체코 음식점에 들어서면 메뉴를 읽는 것부터 쉽지 않다. 잘 나가는 체코 요리 맛집과 알고 나면 의외로 간단한 체코 요리에 대해 알아보자.

체코 전통 요리 맛집 BEST 3

사실 프라하 어느 체코 식당을 들어가도 실패할 일은 없다. 시내 곳곳에 있는 많은 맛집들 사이에서 체코 전통 요리를 전문으로 오랫동안 운영해 온 신뢰도 높은 곳, 또 특색 있는 콘셉트의 말끔한 인테리어로 여행자들의 기분을 업! 시켜 주는 곳을 딱 세 곳 골라 소개한다.

깔끔한 맛으로 승부하는
우 크로카 U Kroka

가족이 운영하는 체코 보헤미안 요리 전문점. 푸짐하고 먹음직스러운 게 이곳 음식의 특징이다. 지역에서 나는 신선한 재료만을 사용한다는 점도 강점. 매일 바뀌는 데일리 메뉴를 추천한다. ▶ 165p

페트린에서 꼭 가 봐야 할
올림피아 Olympia

222석을 갖춘 목 좋은 대형 식당. 훌륭한 맛의 체코 전통 음식을 요리해 내는 것이 목표다. 맥주와 잘 어울리는 육류 메뉴가 많고 양도 푸짐하여 배부른 한 끼 식사를 원하는 사람에게 추천하는 곳이다. ▶ 232p

현대적인 인테리어의 펍
로컬 Lokal

특별한 맥주 탱크에 보관하는 필스너 우르켈과 그 맥주에 잘 어울리는 체코 음식을 요리한다. 매콤한 시금치소스와 함께 나오는 프라하 햄과 감자튀김이 이곳의 자랑거리. 함께 곁들여 먹는 타르타르소스가 일품이다.
▶ 187p

|Theme|
코스별로 알아보는 체코 대표 요리

전채 본격적인 식사 전 입맛을 돋우는 역할을 하는 간단한 요리. 속이 놀라지 않도록 자극적이지 않으면서 미각을 깨우는 중요한 역할을 한다. 전채에는 수프, 샐러드 등이 있다.

수프

굴라소바 Gulášová, 굴라시 Guláš

뭐니 뭐니 해도 프라하에서 가장 많이 팔리는 수프는 매콤한 굴라소바다. 양도 푸짐해서 끼니 대용으로도 먹을 수 있다. 헝가리에서 처음 개발된 이 소고기 스튜는 큼직하게 썰어 넣은 감자와 고기가 입맛을 돋운다.
살짝 매콤한 맛이 질리지 않아 겨울에는 하루걸러 하루 먹게 되는 인기 메뉴. 같은 재료를 사용하나 굴라시와 굴라소바의 차이는 국물의 걸쭉함이다. 국물이 거의 없고 빵이나 고기에 소스처럼 부어먹는 것을 굴라시라고 하고, 수프 같은 형태의 것을 굴라소바라고 부른다.

폴레브카 Polévka

체코 요리에는 유독 수프 종류가 많다. 따끈한 수프가 속을 데워주기 때문이다. 기름진 고기 요리를 주로 먹기 때문에 수프는 함께 먹기 좋은 음식이 된다. 수프를 만들기에 적합한 양파와 감자가 많이 생산되기 때문이기도 하다. 다량의 밀가루와 크림으로 만든 걸쭉한 수프 폴레브카는 양파와 마늘이 가장 많이 사용된다. 크리스마스에는 특별히 잉어로 만드는 요리인 리비 폴레브카 Rybí Polévka를 먹는다.

샐러드

체코에서는 달콤하고 부드러운 샐러드를 주로 먹는다. 그래서 보통 마요네즈를 베이스로 하는 드레싱을 사용한다. 양이 비교적 많은 편이라 샐러드를 전채로 보기보다는 가벼운 한 끼로 생각하는 편이 더 맞다. 따라서 식사 전에 입맛을 돋우는 용도로 주문할 것이 아니라 메인 요리를 결정할 때 이와 잘 어울릴 만한 샐러드를 정하는 것이 좋다. 육류를 주문하는 경우 소스와 함께 곁들이면 좋을 감자샐러드를 주문하는 게 좋다.

메인

맛있는 한 끼를 결정짓는 메인 요리. 메인의 종류는 크게 육류, 어류, 채소로 나뉜다. 메뉴판을 펼쳐 보면 고기를 좋아하는 프라하 사람들답게 육류 요리가 많다. 튀기고, 찌고, 구운 다양한 돼지고기 요리가 대표적인 체코의 메인 요리.

콜레노 Koleno

우리나라 돼지 족발과 비슷한 구운 돼지고기 무릎 요리다. 다리 하나를 통으로 요리하기 때문에 1인분이라고 해도 2명은 거뜬히 먹을 수 있다. 푹 익혀 두툼한 살점이 뼈에서 뚝뚝 떨어지는 모습은 식욕을 돋운다. 흑맥주와 허브에 오래 절여 깊은 향이 나며 껍질이 바삭하다. 피클과 빵, 머스터드소스 등을 곁들여 먹는다. 조리 시간은 약 45분 정도 걸린다.

순카 Šunka

체코 맥주와 가장 잘 어울리는 안주는 뭐니 뭐니 해도 '올드 프라하 햄'이라 불리는 슌카. 19세기 중반부터 만들어진 오랜 전통의 체코 햄 요리이다. 커다란 구이 기계에 꽂아 오랫동안 돌려가며 익히면 겉은 매우 바삭하고 속은 부드러우며, 육즙은 풍부해진다. 대부분 사우어크라우트(양배추 절임) 또는 빵, 감자와 함께 서빙한다.

리제크 Řízek

얇은 돈가스와 비슷한 오스트리아의 슈니첼은 체코에도 있다. 오스트리아에서 유래했지만 동유럽 전역에서 인기가 많은 흔한 메뉴이기 때문이다. 원래는 양고기로 만드는 것인데, 체코 사람들은 돼지고기와 닭고기를 더 많이 사용한다. 덕분에 한국 사람들 입맛에 잘 맞다. 감자를 샐러드로 만들거나 곱게 으깨어 함께 서빙한다.

스비치코바 Svíčková

어떤 사람들은 스비치코바만이 체코를 대표할 수 있는 유일한 음식이라 말한다. 스비치코바는 타 국가 음식에 영향을 받지 않았기 때문이다. 스비치코바는 간단히 말해 소고기 안심에 채소가 들어간 그레이비소스, 크랜베리 잼, 크림, 빵 크네들리키를 얹어 먹는 요리다. 고기, 빵, 채소가 모두 갖춰져 든든한 한 끼 식사로 좋다.

우토펜치 Utopenci

식초, 오일, 양파, 고추 등 다양한 양념장에 절인 소시지 요리. 요리 이름의 뜻은 '익사한 사람'. 실제로 이 요리를 발명한 사람이 익사해 죽었다고 한다. 이 요리에서는 노릇노릇하게 껍질이 약간 갈라지도록 굽는 일반 핫도그 소시지가 아니라 말랑말랑한 핑크빛 소시지가 나온다. 톡 쏘는 절임 소스와 부드럽게 씹히는 육질의 궁합이 환상이다.

디저트 아무리 밥을 배불리 먹었어도 디저트 들어갈 배는 따로 있다고 하지 않나. 달콤하고 깔끔한 맛으로 식사의 마침표를 찍어 주는 화룡점정의 센스! 체코의 디저트를 알아보자.

콜라체 Koláč

체코 가정집에서 흔히 만드는 기본 케이크. 집집마다 다른 콜라치 레시피를 가지고 있을 정도로 과일, 견과류, 달콤한 치즈 등 다양한 속을 사용한다. 원래는 중앙 유럽 국가들의 결혼식에 사용되던 디저트였으나 현재는 체코 전역에서 쉽게 찾아볼 수 있다. 속을 보이지 않는 닫힌 모양의 콜라체도 있고, 어떤 재료가 들어갔는지 보이는 오픈 페이스형 콜라체도 있다.
레스토랑에서 식사를 할 때 마지막 코스로 먹어도 좋고, 차갑게 해서 간식으로 먹어도 좋다. 콜라체 가게를 지나게 된다면 두어 개 사뒀다가 여행 중 입이 심심할 때 즐겨도 좋겠다.

오보츠네 크네들리키 Ovocné Knedlíky

팔라친키와 함께 체코 디저트계의 양대 산맥을 이루는 전통 과일 튀김. 계절 과일을 주로 사용한다. 가장 인기 있는 재료로는 딸기, 살구, 자두가 있다. 과일을 튀겨 버터와 커드치즈를 발라먹는다. 바삭한 식감과 상큼 달콤한 맛의 조화에 한 접시 뚝딱하게 될 것이다. 식당에서 메인 요리를 주문할 때는 식후 디저트로 오보츠네 크네들리키를 염두에 두고 양 조절하는 게 특급 노하우다.

팔라친키 Palačinky

쫄깃한 반죽과 달콤한 속이 들어가는 크레이프다. 맛은 프랑스의 크레이프와 비슷하지만 반죽과 굽는 방식이 다르다. 체코의 팔라친키는 돌돌 말아 주는 것이 정석이지만 요즘에는 크레이프처럼 삼각형 모양으로 내용물이 더 잘 보이게 접어 팔기도 한다. 속에는 잼이나 과일, 달콤한 치즈, 아이스크림 또는 견과류가 주로 들어간다. 배가 출출할 때 가장 먼저 체코 사람들이 찾는 흔한 길거리 음식이다. 팔라친키의 달콤함은 맥주보다 커피와 더 잘 어울리므로 참고할 것.

체코 식문화에서 기억해야 할 점!

체코 음식은 든든한 육류 위주이다	겨울이 혹독하기로 유명한 동유럽은 길고 긴 맹추위를 이겨내기 위해 육식에 편중된 식생활을 해왔다. 든든한 고기 요리는 추위를 이기는 데 좋은 음식. 추운 날씨로 인한 큰 열량 소모를 고기 위주의 식단으로 보충한 것이다. 바닷가와 떨어진 내륙이라 상대적으로 생선 요리에는 강점이 없다. 드물지만 생선 요리를 취급하는 식당에서는 양식장에서 가져온 잉어와 송어를 사용한다.
체코 사람들은 사이드 디쉬로 감자를 즐긴다	메인으로는 고기 요리와 곁들여 먹기 좋은 요리 하나가 보통이다. 굽고, 삶고, 찌고, 튀기는 등 여러 방식으로 다양하게 요리한 감자가 가장 인기 있는 사이드 디쉬. 빵 또는 감자로 만든 만두도 일반적인 메뉴다.
점심이 가장 중요한 끼니다	체코 사람들은 점심 식사에 가장 공을 들인다. 맥주를 곁들여 반주하는 것에 서슴없고, 주로 고기 요리를 먹으며 코스로 푸짐하고 든든하게 챙겨 먹는다. 현지인들처럼 점심시간을 넉넉히 잡고 배불리 먹어보자.

식당에서 사용하는 간단 체코어 회화!

면	누들Nudle
밥	리제Rýže
감자	브람보리Brambory
파스타	께스또비니Těstoviny
빵	흘렙Chléb, 흘레바Chleba
수프	폴레브카Polévka
햄	슈카Šunka
생선	리바Ryba
팬케이크	팔라친키Palacinky
아침 식사	스니다네Snídane
점심 식사	오비예드Oběd
저녁 식사	베체레Večeře
나이프	누즈Nuz
포크	비들리치까Vidlicka

메뉴 좀 주시겠어요?
무제떼 미 프리네스트 이들니 리스떽?
Můžete mi přinést jídelní lístek?

오늘의 수프는 무엇인가요?
야카 예 폴레브카 드네Jaká je polévka dne?

오늘의 요리는 무엇인가요?
야케 소우 스페시알리티 드네Jaké jsou speciality dne?

식사 맛있게 하세요!
도브루 훗Dobrou chuť!

건배! 나 즈드라비Na zdraví!

계산서 주세요. 자쁠라킴 쁘로심Zaplatím prosím

저는 ···에 알러지가 있습니다.
맘 알레지 나···Mám alergii na...

EATING 02

여행자는 배고플 틈이 없다!
프라하 골목길에서 만나는 맛

프라하는 길거리 음식 또한 멋과 낭만이 넘친다. 볼 것이 너무 많아 스케줄에 여유가 없다면 고민 말고 길거리 음식의 신세계로 떠나 보자. 생김새도 냄새도 다소 생소할 수 있으니 어떤 음식인지 미리 알아보고 가자!

> **Tip 스바르작과 함께 판매하는 과일주스도 맛있어요**
> 대부분의 스바르작 가판에서는 따뜻하게 데운 달달한 과일주스도 판매한다. 바로 짜 시원하게 마시는 오렌지주스와는 또 다른 매력이 있다. 와인과 비슷한 향이 나지만 알코올은 전혀 들어가지 않은 포도주스를 데워 팔기도 한다. 겨울날 트르들로와 함께 마시기 더없이 좋은 음료이며 어느 골목에서도 쉽게 찾을 수 있어 겨울 여행자에게 특별히 더욱 추천한다.

트르들로 Trdlo

긴 실린더에 반죽을 돌돌 말아 대형 장작 오븐에 노릇하게 구워 설탕을 뿌리는 게 기본 맛. 여기에 자두잼을 바르거나 초콜릿 스프레드 누텔라를 바르는 등 다양한 소스를 추가하여 색다르게 먹을 수 있다. 프라하에서 파는 모든 종류의 트르들로를 먹어 봤다고 자부하는 저자가 추천하는 맛은 자두잼. 밥 먹을 시간이 다가오는 것을 알면서도 계속 먹을 수밖에 없는 중독성 있는 간식.

스마제니 시르 Smažený Sýr

치즈에 빵가루를 입혀 튀겼다. 체코에서 고기가 안 들어간 음식 중 가장 인기가 많은 것이 바로 이 스마제니 시르. 서빙될 때는 감자와 함께 주기도 하여 식사 대용으로 좋다. 주로 에담Edam 치즈를 사용하고, 튀김 그 자체만 크로켓처럼 들고 먹거나 타르타르소스, 마요네즈 등을 뿌려 햄버거처럼 빵에 끼워 먹기도 한다. 펍에서 잘 팔리는 인기 안주.

스바르작 Svařák

겨울의 프라하 여행자에게는 스바르작을 1일 1잔 해야 한다고 외치고 싶다. 스바르작은 계피와 오렌지 등을 넣어 풍미가 돋보인다. 맛은 달짝지근하며, 뜨겁게 먹으면 추운 겨울에 제격이다. 프랑스에서는 뱅쇼Vin Chaud, 영국에서는 멀드 와인Mulled Wine, 독일에서는 글루바인Glühwein으로 이름은 다르지만 만드는 방법은 같다. 레드 와인을 주재료로 하여 각종 과일과 계피만 넣어 뭉근하게 끓이면 끝! 감기를 예방하는 민간요법으로도 널리 알려져 있어 여행 중 몸이 으슬으슬할 때 꼭 챙겨 마시도록 하자.

클로바사 Klobasa

체코 소시지가 맛있다는 말은 들어 보지 못했을 것이다. 하지만 한 번 먹어 보면 매일 같이 찾게 되는 별미다. 독일의 부르스트와 비슷한 클로바사는 우리에게 익숙한 핫도그와는 달리 좀 더 스모키한 향과 풍미를 가진 소시지이다. 바츨라프 광장에 모여 있는 소시지 카트에서 클로바사 하나를 주문해 빵, 사우어크라우트(양배추 절임)와 함께 먹으면 가벼운 한 끼 식사가 된다. 굵고 거친 빵의 맛이 프라하 소시지와 잘 어울린다.

EATING 03

프라하의 밤을 더욱 무르익게 하는
알코올 한잔

프라하의 야경을 보고 있으면 마시고 싶은 술이 번뜩 생각날 것이다. 체코 사람들이 국가의 보물로 여기는, 물처럼 마시며 '액체로 된 빵'이라 부르는 맥주도 좋고, 눈에 자주 띄는 진하고 독한 알코올에도 눈길이 간다. 한국에 돌아오면 쉽게 구할 수 없어 애주가라면 벌써부터 침이 고일 매력적인 술 두 종류를 소개한다.

압생트 Absinthe

압생트의 주재료인 향쑥은 성경에도 등장하는 주류의 재료이다. 베헤로브카와 마찬가지로 처음에는 소화제로 사용되었고, 말라리아를 예방하는 약이라고 알려져 1840년대부터 대중적으로 큰 인기를 끌기 시작했다. 1890년대에는 기생충으로 인해 포도 농사가 흉년을 맞아 와인 산업이 기울며 압생트가 더욱 승승장구하였다.
그러나 이 높은 도수의 술은 중독성도 있어 유럽의 여러 국가들은 차례로 압생트를 금지하였고 꽤 오랫동안 찾지 않게 되었다. 70°에서 40°로 알코올 도수를 낮추고 중독성이 강한 향쑥을 제외한 살구씨, 회향, 아니스 등의 재료로 만든다. 한국에서는 여전히 찾아보기 어렵지만 프라하에는 지천으로 널려 있다.

베헤로브카 Becherovka

천연 재료만을 사용하여 만드는 체코 전통주. 카를로비 바리Karlovy Vary의 온천수를 바탕으로 하여 고품질의 에탄올, 설탕, 허브와 향신료를 배합해 만든다. 이 복잡한 재료의 비율은 당연히 특급 비밀이다. 허브와 향신료를 지중해와 알프스 지역에서 가져온다는 것 외에는 알려진 바가 없다. 천연 재료들 외에는 아무런 첨가물도 더하지 않는다는 베헤로브카 제조법은 수 세기를 지나 지금까지 정확히 지켜져 왔다.
처음 만들어졌을 때에는 술이 아니라 소화제 기능으로 음용하였다. 맛도 우리나라의 소화제 가스활명수를 연상케 하는 시원하고 싸한 맛이다. 작은 마트에서도 다양한 사이즈의 병에 담아 팔고 있어 쉽게 구할 수 있다.

Talk 체코 맥주 제조법

체코 맥주는 뚜껑을 닫지 않고 발효시키며, 긴 2차 발효 시간과 저온 살균을 거치지 않는 제조 공법이 특징이다. 저온 살균을 거치지 않은 맥주는 최대 2주까지 보존이 가능하다. 따라서 세계 다른 곳에서 마시는 필스너 우르켈은 저온 살균을 거쳐 판매하는 것이며, 체코에서 양조하는 필스너 우르켈만이 양조한 바로 그 상태로 마실 수 있다. 저온 살균은 맥주의 산화를 빠르게 하고 필스너를 만드는 홉의 특징적인 맛을 없애지만 운반과 보관을 위해 수출하는 필스너는 추가적인 과정을 거칠 수밖에 없다. 저온 살균을 거치지 않은 맥주를 마시면 후추 향이 조금 나는 톡 쏘는 홉의 맛이 느껴지며, 끝맛은 부드럽고 씁쓸하다. 필스너 우르켈과 같이 저온 살균을 거치지 않고 맥주를 양조하여 파는 곳을 '탄코브나 펍Tankovna Pub'이라고 부른다. 체코 국경을 넘으면 다시는 맛볼 수 없는 특별한 맥주다.

체코 맥주의 미래

인구당 연간 157리터의 맥주를 마시는 체코 사람들. 세계에서 1등이다. 그 어떤 나라의 맥주와도 비교할 수 없는 독특한 맛으로 전 세계에서 인기를 끌고 있다.
체코는 공산주의의 몰락을 거치며 정치, 경제적으로뿐 아니라 사회 문화적으로도 엄청난 변화를 겪었고, 식도락 역시 크게 달라졌다. 신기술과 외국 자본을 적극 받아들이며 맥주 업계 역시 격변의 시기를 거쳤는데, 이로 인해 수입 맥주들이 크게 흥하고 체코 맥주 브랜드들이 경쟁에서 조금씩 밀려났다. 때문에 체코 맥주만의 전통을 잃지는 않을까 많은 우려가 있었으나 이에 대비하기 위해 소규모로 운영하는 마이크로 양조장이 무수히 생겨났다.

|Theme|
맥주 초보자를 위한 맥주의 모든 것

맥주란 무엇인가?

세계에서 가장 오래된 발효주이며 가장 대중적인 알코올 음료 중 하나인 맥주. 홉, 쌀, 보리, 옥수수, 수수, 감자, 녹말, 당분, 캐러멜 중 하나 이상의 재료를 물과 함께 발효 또는 여과하여 만들어진다. 이러한 맥주 양조 기술은 고대 이집트에서 시작되어 그리스, 로마로 전해졌고, 다시 독일, 벨기에를 거쳐 영국으로 건너갔다. 따라서 세계 여러 나라는 비슷하지만 각기 조금씩 다른 맥주 양조법을 갖게 되었고, 그 약간의 차이가 엄청난 맛의 차이를 만들어 냈다.

에일과 라거의 차이는?

에일Ale과 라거Lager는 맥주의 큰 두 갈래이다. 발효 형태, 효모의 종류 및 특성, 숙성 기간의 장단에 따라 맥주는 하면 발효 맥주와 상면 발효 맥주로 구분한다. 발효 중 발생하는 이산화탄소에 의해 발효액 표면의 거품 위로 떠오르는 효모가 상면 발효 효모, 가라앉는 효모가 하면 발효 효모이다. 영국에서 주로 사용하는 상면 발효 효모로 만드는 맥주가 에일이고, 독일 맥주로 대표되는 하면 발효 효모 맥주가 라거이다. 라거는 탄산이 풍부하여 청량감이 좋고, 어떤 음식과도 무난하게 잘 어울려 대중적이다. 에일은 향과 맛이 더욱 깊지만 품질 관리가 까다롭고 제조 원가도 높다.

체코에서 가장 인기 많은 맥주 브랜드는?

필스너 우르켈 Pilsner Urquell

체코 맥주의 일인자. 보헤미아 필센Pilsen 지역에서 1842년 처음 양조된 필스너 우르켈. 쌉쌀함과 달콤함이 오묘하게 섞이는 청량한 맛이 독특하다. 필스너는 '필센에서부터'라는 뜻이다. 보기만 해도 텁텁한 맛이 느껴질 정도로 어둡고 탁한 맥주와는 차원이 다른 쨍한 황금빛이 단숨에 인기를 끌어 전 세계로 수출되었다. 그러나 그 인기로 인하여 모조품이 기하급수적으로 만들어졌고, 이로 인한 분쟁들이 발생하게 되었다. 그러자 독일 법원에서 필스너에게 '원조'라는 뜻의 '우르켈'을 붙여준 것이다. 18세기 이후 맥주 시장의 판도를 완전히 뒤바꾼 제품으로, 영국의 에일 시대를 막 내리게 한 주역이다. 전 세계 맥주 시장이 '페일 라거'로 재편되는 트렌드를 만들어 낸 대단한 맥주.

감브리누스 Gambrinus

필스너 우르켈과 같은 회사에서 만들어지는 체코 맥주의 이인자. 프라하에서 특히 인기가 많다. 이 맥주를 발명한 사람으로 추측되는 인물의 이름을 따온 것이라 한다. 굉장히 맛이 깔끔하고 시원하며 가볍다. 필스너 우르켈보다 가격이 저렴하다.

코젤 Kozel
염소가 앞발로 맥주 컵을 받치고 있는 아이콘으로 유명한 코젤. 프리미엄, 다크, 미디엄 등 여러 종류가 있다. 이중 연한 황금색을 띠며 적당한 쌉쌀함, 청량감을 갖는 페일 라거 미디엄은 체코 맥주양조 맥아연구소에서 2008년 체코 최고의 맥주로 꼽혔다. 우리에게 익숙한 페일 라거로는 벡스Becks와 하이네켄Heinecken이 있다.

스타로프라멘 Staropramen
'오래된 샘'이라는 뜻을 갖고 있는 프라하 출신 맥주. 체코에서 두 번째로 큰 양조장의 대표작이다. 스타로프라멘 브랜드 산하에는 7종류의 맥주가 있다. 한국에 수입되는 것은 프리미엄 한 종류이나, 나머지 여섯 종류를 모두 마셔 보고 싶다면 스타로프라멘의 고향 프라하로 당장 떠나자! 고소하고 여운이 길게 가는 맛이라고 호평받는 맥주다.

부드바르 Budvar
'맥주의 황제'라는 별칭을 갖고 있으며, 16세기 왕실에서 마시던 맥주였다. 세계에서 가장 유명한 맥주 브랜드인 미국 버드와이저Budweiser의 모태가 되는 원조 맥주이다. 부드바르는 체코의 부데요비체Budejovice 지역에서 만들어졌는데, 버드와이저의 경우 이 지명을 독일식으로 부른 '버드와이즈'라는 이름을 그대로 붙였다. 버드와이저가 너무 유명하여 부드바르가 오히려 아류처럼 생각될 수 있으나 반드시 알아야 할 것은 체코의 부드바르가 원조라는 것! 상표 전쟁이 꽤 오래 일어나기도 했다. 현재 버드와이저는 동유럽에서는 'Bud'라는 상표를 사용할 수 없다. 거품이 풍부하게 일고 여러 맛이 섞이는 끝 맛으로 오래 입 안에 맴도는 부드바르는 정통 라거의 대표 브랜드이다.

우리와는 조금 다른 체코의 맥주 라벨
체코 맥주 라벨에 쓰인 숫자는 알코올 도수를 의미하는 것이 아니라 양조 과정에서 사용된 맥아 추출물의 양을 나타내는 것이다. 숫자가 더 높을수록 맛이 풍부하고 강하다. 이 숫자를 3으로 나누면 알코올 도수와 비슷하다.

체코 맥줏집에서 알아 두면 유용할 정보
프라하 펍에서 배가 부를 땐 컵 위에 코스터를 올려두자. 체코 펍의 바텐더는 맥주 잔을 비운 손님에게 자동적으로 리필을 한다. 물론 공짜는 아니다. 여행객들에게는 으레 물어보지만 더 이상 마시고 싶지 않을 때 컵 위에 컵받침 종이 코스터를 올리는 것이 문화다.

맥주를 주문할 때 쓰는 체코어
맥주 둘이요.
드베 피바 프로심 Dve piva prosím
다크 비어 하나요.
예드노 체르네 피보, 프로심 Jedno černé pivo prosím
페일 비어 하나요.
예드노 스브예틀레 피보, 프로심 Jedno světlé pivo prosím
다크 비어 있나요?
마테 체르네 피보 Máte černé pivo?
생맥주 종류는 무엇이 있나요?
야케 피보 체푸예테 Jaké pivo čepujete?

EATING 04

사색과 독서의 장소, **프라하 카페 BEST 5**

뭉게뭉게 피어오르는 담배 연기 사이로 따스한 커피잔을 들어올리는 것은 19세기, 20세기 프라하 시가지에서 쉽게 볼 수 있는 모습이었다. 프라하의 카페는 시대를 이끄는 대표적인 작가, 정치인, 지식인이 아침에 눈을 뜨면 당연하게 발걸음을 옮기는 곳이었다. 공산주의 시절에는 수많은 토론이 이루어지는 프라하 카페들을 없애려는 노력도 있었다. 그럼에도 불구하고 프라하의 낭만적이고 사색적인 카페 문화는 굳게 살아남아 오랫동안 활발하게 지속되어 왔다. 골목마다 자리한 크고 작은 카페 중 프라하를 대표하는 카페들을 살펴보자.

> **Tip — 프라하 카페의 특징**
> 1. 음료 못지않게 케이크, 베이커리가 맛있어 든든한 티타임을 즐길 수 있다.
> 2. 커피 한 잔을 비우기 무섭게 자리 회전을 하는 이탈리아, 프랑스 카페와는 다르게 오래 머무르며 책도 읽고 수다도 떨 수 있는 아늑한 장소. 카페에서 여유롭게 오후를 보내고 토론을 하는 문화가 일찍이 정착되어 있어 종업원들이 눈치를 주는 일이 없다.

높은 천장이 멋스러운 19세기 공간
카페 사보이 Café Savoy

대형 체코 레스토랑 그룹인 암비엔테Ambiente 소유의 사보이는 프라하를 대표하는 다른 카페들과 마찬가지로 19세기부터 영업을 해왔다. 긴 역사를 담고 있는 멋스러운 곳. 높은 천장이 우아한 사보이는 자체 베이커리를 갖추고 있으며, 맛있는 빵이 여러 종류 구워져 나온다. 때문에 아침 식사 메뉴가 가장 유명하다. ▶ 233p

하벨 전 대통령이 창가 자리에서 글을 쓰던
카페 슬라비아 Kavárna Slavia

1881년 국립극장과 같은 해에 문을 연 유서 깊은 블타바 강변의 카페. 강 쪽으로 큰 유리가 나 있어 강과 프라하성의 전망을 마음껏 감상할 수 있다. 공산주의 시절에 지식인들이 많이 모이던 곳으로 하벨 전 체코 대통령도 이때부터 카페 슬라비아와 인연을 맺게 되었다고 한다. ▶ 162p

SINCE 1902, 파리지앵 스타일의
카페 루브르 Café Louvre

'프라하 카페 문화를 대표하는 보석'이라는 별칭을 가진 루브르는 카프카와 아인슈타인이 즐겨 찾았던 카페다. 크림색과 다홍색이 어우러진 우아한 인테리어가 인상적이다. 당구를 칠 수 있는 넓은 홀까지 갖추어 아인슈타인이 프라하에서 교수 생활을 할 때 스트루델을 먹을 겸 여가 시간을 보내러 자주 들렀다고 한다. ▶ 161p

구시가지를 내려다보는 전망 좋은
카페 모차르트 Café Mozart

악곡의 형식을 따라 붙인 메뉴가 눈길을 끄는 곳. 모차르트가 프라하를 좋아했던 것에 착안하여 생겨난 클래식한 분위기의 카페이다. 밤에는 '저녁 식사와 모차르트', '저녁 식사와 재즈' 행사를 운영하여 라이브 공연과 3코스 식사를 함께 할 수 있다. 카페 소나타 등 콘셉트에 맞게 구성한 커피 메뉴도 재치 있다. ▶ 132p

구시가지에서 가장 스타일리시한
그랑 카페 오리엔트 Grand Cafe Orient

동서양의 느낌을 모두 가지고 있는 특별한 카페. 현대적이면서도 역사의 자취를 느낄 수 있고, 안락하면서도 등을 곧추세워야 할 것만 같은 세련된 현대미를 동시에 뿜어낸다. 체코 큐비즘 스타일의 인테리어가 눈에 띄는 곳이다. ▶ 136p

EATING 05

잊을 수 없는 저녁을 선사하는 **프라하의 미슐랭 레스토랑**

낭만과 자유, 격조 높은 예스러움이 공존하는 프라하! 프라하에서는 전통 요리도 좋지만 미슐랭 별이 달린 식당에서의 만찬도 추천한다. 모처럼 프라하까지 왔는데 큰맘 먹고 특별한 식사를 경험해 보는 것도 두고두고 기억에 남는 추억이 될 것이다. 미슐랭에서 엄격하게 선정한 프라하 최고의 식탁은 어디에 있을까?

Talk 미슐랭 가이드란?

1895년 앙드레 미슐랭Andre Michelin이 설립한 프랑스 타이어 회사 미슐랭에서 발간하는 여행 및 호텔, 레스토랑 전문 안내서. 여행 산업을 발전시켜 미슐랭사의 본업인 타이어 산업을 돕기 위해 1900년 처음으로 발간되었다. 처음에는 프랑스 내의 호텔과 음식점만을 대상으로 했지만, 지금은 미슐랭 요원들이 암암리에 전 세계의 호텔, 레스토랑을 연중 여러 차례 찾아다니며 평가한다. 미슐랭 별을 받은 레스토랑은 약 500개. 음식의 맛과 가격, 분위기, 서비스에 대한 미슐랭의 기준은 매우 까다롭다. 그러니 미슐랭 가이드를 믿고 여행 시 참고할 것.

단 7개의 테이블만 운영하는
알크론 The Alcron ★

런던의 사보이 호텔, 프라하 힐튼 호텔의 주방장이었던 로만 파울루스Roman Paulus가 유럽 전역을 돌아다니며 갈고닦은 요리 솜씨를 뽐내는 곳. 2012년부터 3년 연속 미슐랭 별을 받은 바 있다. 창의적이고 현대적이며, 최고의 재료만을 사용해 만든 메뉴들로 인정받은 알크론의 총주방장은 2009, 2010년 연달아 '올해의 요리사 상'을 받았다.

반원형의 레스토랑에서 최고의 명당은 타마라 데 렘피카Tamara de Lempicka의 아르데코풍 벽화 '맨해튼의 춤추는 연인' 장식이 그려져 있는 자리. 반드시 예약이 필요하다. 음식과 어울리는 와인도 방대한 종류로 준비되어 있고, 스태프의 정성스러운 서비스도 오랫동안 기억에 남을 것이다. ▶ 163p

최고의 보헤미아 음식을 맛볼 수 있는
라 데구스타시온 보엠 부루즈와즈 La Degustation Bohême Bourgeoise ★

3명의 소믈리에와 5명의 웨이터, 숙련된 매니저로 구성된 데구스타시온은 흠잡을 데 없는 완벽한 다이닝 경험을 제공한다. 주방은 독일, 이탈리아, 포르투갈, 뉴질랜드, 미국에서 요리 경험을 쌓고 프라하에 자리를 잡아 2006년부터 공동 지배인이자 총주방장을 맡고 있는 셰프 올드르지흐 사하이닥Oldřich Sahajdák이 지휘한다. 음식은 음악과도 같이 훌륭한 개별 음이 모여 하나의 하모니를 만든다는 것이 라 데구스타시온의 철학이다.

19세기 말 체코 전통 음식을 현대에서도 그대로 맛볼 수 있도록 하자는 의도로 구성된 메뉴는 모두 입맛을 돌게 하기에 충분하다. 라 데구스타시온을 처음 찾는 손님에게 특히 권하는 것은 7코스로 이루어진 테이스팅 메뉴이다. 라 데구스타시온의 대표적인 메뉴인 다마사슴, 프라하 햄 등을 포함하고 있다. ▶ 190p

> **Tip 미슐랭 별 등급**
> ★★★ 요리를 맛보기 위해 여행을 떠나도 아깝지 않은 식당
> ★★ 요리를 맛보기 위해 멀리 찾아갈 만한 식당
> ★ 요리가 특별히 훌륭한 식당

Step 05
Shopping

프라하에서
사다

01 가족과 친구를 위한 프라하 기념품 BEST 5
02 프라하의 시장
03 여기 아니면 안 되니까! 체코 화장품
04 놓치면 아쉬운 프라하 공항 쇼핑

（ SHOPPING **01** ）

가족과 친구를 위한 프라하 **기념품 BEST 5**

추억이 오래 남을 수 있도록 돕는 작지만 소중한 여행 기념품들. 여행에서 돌아온 뒤에도 일상에서 여행의 설렘을 느낄 수 있도록 프라하 쇼핑 리스트를 만들어 보자. 다른 여행지에서는 볼 수 없는 특별한 기념품이 유독 많은 프라하! 프라하 쇼핑 리스트 하나면 기념품 걱정은 하지 않아도 된다.

마리오네트

18세기부터 나무를 깎아 만들어 인형 놀이를 했던 체코. 체코를 대표하는 명물은 바로 유쾌한 모습의 마리오네트 인형이다. 석고본을 뜨거나 나무를 깎아 정성스럽게 만든 마리오네트의 가격은 누가 만든 것이냐, 어떤 재료를 사용하느냐에 따라 천차만별이다. 또 의상의 화려함이나 인형의 크기에 따라서도 가격 차이가 난다. 50cm 남짓한 보통 사이즈 인형은 1,000코루나 안팎. 한눈에 알아볼 수 있는 세계 각국의 유명 인사들이나 동화와 소설 속 주인공 모습을 한 인형이 많다. 프라하 골목마다 마리오네트 인형 가게가 곳곳에 있다.

오플라트키

얇고 둥글며 넓적한 모양의 과자인 오플라트키는 헤이즐넛, 바닐라, 계피, 그리고 설탕을 넣은 반죽으로 만든다. 1856년 처음 만들기 시작했을 때의 레시피 그대로 만든다. 체코 전역에서 기념품으로 가장 인기가 높은 상품이다. 과자 위에 프라하의 대표적인 관광 명소 등 의미 있는 문양을 음, 양각으로 모양내 마치 한국의 불량 식품 '뽑기'를 먹는 듯한 기분이 들기도 한다. 철제 상자에 담아 주며, 거리나 시장, 작은 슈퍼나 대형 마트에서도 판매한다.

도자기

체코는 18세기부터 도자기 산업이 크게 발전했다. 특히 도자기에 '블루 어니언'이라 불리는 양파 모양의 문양을 넣어 만드는 것으로 유명하다. 흰 자기에 푸른 잉크로 양파를 비롯한 정교한 문양을 그려 넣은 모습이 굉장히 아름다워 애호가들이 많다. 크리스털 못지않게 프라하 시내 많은 상점에서 체코의 푸른 도자기를 판매한다.

크리스털

일찍부터 크리스털 산업이 번창한 프라하는 가공과 세공, 채색 기술이 점점 발전하였다. 구시가지에만 상점이 100여 곳에 달해 어디서든 쉽게 구매할 수 있다. 카를 4세, 루돌프 2세의 잔과 같이 역사적으로 유명한 작품의 레플리카를 제작한 것도 인기가 많다. 금 성분을 넣어야 만들어 낼 수 있는 붉은색 크리스털은 특히 귀하다. 대표적인 브랜드는 모세르Moser이다.

체코 가넷

체코의 국석은 바로 석류석, 가넷이다. 영롱하게 빛나는 이 붉은 보석은 체코의 일등 수출 품목 중 하나다. 체코 사람들은 옛날부터 가넷을 먼 길 가는 여행자의 건강을 지켜 주는 신비한 돌로 여겼다. 좋은 품질의 가넷을 프라하에서 살 수 있으니 유색 보석을 선물하고 싶다면 망설임 없이 구입하자. 프라하에서 판매하는 가넷은 프라하 북서쪽으로 약 60km 떨어진 테플리체Teplice산으로, 크게 5가지 종류로 나뉜다. 깊고 붉은빛이 감도는 보헤미안 가넷이 가장 대표적이며 질이 좋다. 작은 가넷 귀걸이가 약 1,000코루나 정도이다. 거리의 가판에서 구매하면 가짜 가넷을 속아 살 수도 있으니, 반드시 백화점 또는 번화가의 상점에서 정품을 구입하자.

SHOPPING 02

프라하의 시장

잘 정리되어 있는 대형 시장을 바란다면 번지수를 잘못 찾았다. 그러나 시끌벅적하고 복작복작하는 진짜 시장의 느낌을 바란다면 실망하지 않을 것이다. 가격을 흥정하고, 덤으로 사과 한 알을 더 얹어주고, 어디에서 온 그림인지, 누가 만든 나무 장난감인지 물어보지도 않았는데 시시콜콜 수다 떨듯 늘어놓는다.

구시가지 한복판에 있는
하벨 시장 Havelská Tržnice

성 하벨 성당으로 가는 길목에 위치하고 있어 하벨 시장으로 불린다. 프라하 중심에 위치하여 동네 주민과 여행객으로 붐빈다. 원래는 과일과 채소를 판매하는 청과물 시장이었지만 지금은 거의 절반이 기념품과 꽃, 장난감을 판매하는 곳이 되었다. 시장에 들어서자마자 보이는 마녀 인형은 하벨 시장의 명물.
하지만 몇 걸음만 더 걸어 내려가도 깔깔대며 웃는 마녀들의 시끄러운 웃음소리가 금세 들리지 않게 된다. 시장 사람들의 '싸고 맛있어요! 신선해요!' 또는 '우리집에서 직접 만든 그림엽서예요! 세상에 하나밖에 없어요!'라는 외침들이 웃음소리를 덮어버리기 때문이다. 그리 넓지 않아 한 바퀴 돌아보는 데 오래 걸리지는 않는다. 여행을 하다 간단하게 뭔가 먹고 싶거나 기념품을 사야 할 때 가면 좋다. 구경거리가 많아, 하루에 몇 번씩 들러도 싫증나지 않는 곳이다. ▶ 138p

보물찾기를 하자
콜베노바 벼룩시장 Kolbenova Flea Market

주말에만 문을 열기 때문에 운이 좋은 여행자여야 콜베노바 벼룩시장 쇼핑을 할 수 있다. 약 5만 미터의 부지에 열리는 콜베노바 벼룩시장은 체코에서 가장 큰 규모의 벼룩시장이다. 들어갈 때는 적은 비용이지만 입장료도 내야 하며, 곳곳에 경비원도 배치되어 있다. 여행자가 많이 찾는 곳이 아니므로 대부분의 손님들은 프라하 주민들이다.

시내 중심에서 30분 정도 이동해야 하지만 이곳을 추천하는 이유는 바가지 없는 좋은 가격에 훌륭한 퀄리티의 물건을 살 수 있기 때문. 강변을 따라 신시가지를 돌아보며 산책을 하기에도 좋은 위치. 꼭 사고 싶은 것이 없다거나 오래된 물건에는 별 취미가 없더라도 한 번쯤 들러 보기 적합하다. 이곳에서 판매하는 물건은 의상, 보석, 오래된 사진, 가구, 골동품, 책 등 다양하며 대부분은 중고지만 새 물건을 내놓는 상인들도 간혹 있다.

Data **Access** 메트로 B선 타고 Karlovo náměstí역 하차, 도보 1분
Add Kolbenova 9a, 190 00 Praha 9

주말마다 블타바 강변에서 열리는
직거래 시장 Farmářský trh Náplavka

블타바 강변에서 매주 토요일마다 열리는 농장 직거래 시장. 오전 8시부터 오후 2시까지 열린다. 주로 농부들이 직접 기른 채소나 농산물, 농가에서 직접 만든 치즈, 육류, 햄, 소시지, 꿀, 잼 등 품질이 좋은 다양한 상품을 구입할 수 있다. 또한 여러 가지 체코 음식들과 커피, 허브 등도 함께 만나볼 수 있는 시장. 일주일에 한번 열리기 때문에 아침부터 신선한 음식 재료를 사기 위해 나온 현지인들이 많고, 관광객 또한 새로운 체험을 하기 위해서 많이 방문하는 야외 시장이다. 체코 길거리 음식부터 디저트까지 다양하게 판매하고 있으니, 구경하다 배가 고프면 맛을 보는 즐거운 경험도 할 수 있다.

Data **Access** 메트로 B선 타고 Palackého náměstí역 하차, 도보 10분
Add Rašínovo nábřeží Vltavská, Náplavka, 120 00 Praha 2

SHOPPING 03

여기 아니면 안 되니까! 체코 화장품

아직 입소문이 안 났지만 머지않아 한국에서 선풍적인 인기를 끌 것이라 장담하는 체코 화장품이 있다. 때 묻지 않은 자연환경을 이용한 친환경 화장품 브랜드인 마누팍투라와 보타니쿠스이다. 한국에서 이 정도 품질의 상품을 구매하려면 몇 배 더 비싼 가격을 지불해야 하기에 프라하에 왔다면 반드시 구매할 것을 강력 추천한다.

맥주와 와인, 마시지 말고 피부에 양보하세요
마누팍투라 Manufaktura

화장품뿐 아니라 목욕용품과 유아용품, 실내 장식, 장난감도 판매하는 자연주의 토털 브랜드다. 남녀노소 구분 없이 '건질 것'이 많은 곳. 체코를 대표하는 브랜드로 꼽히는 마누팍투라는 프라하 시내 곳곳에서 상점들을 볼 수 있어 어렵지 않게 찾아갈 수 있다. 수많은 품목 중 가장 인기가 많은 것은 물론 화장품이다. 이곳의 모든 제품에는 인체에 해가 되는 재료를 일절 사용하지 않는다.

체코를 대표하는 와인과 맥주 등 먹을 것을 이용하여 독특하고 맛있는 향이 난다. 실제로 포도 추출물을 가득 함유하고 있는 와인 제품 라인은 피부 재생과 수분 공급을 돕는다. 또 맥주 제품 라인은 비타민B와 미네랄이 풍부하여 피부 진정, 유연화 효과가 있다. 자극 없고 순해서 민감한 피부의 소유자도 마음놓고 사용할 수 있다. 인기 제품으로는 포도 껍질과 씨까지 함께 갈아 만든 천연 스크럽과 새콤달콤한 향이 나는 모히토 제품. 향초와 핸드크림 등 부피도 크지 않고 부담 없는 가격으로 구매할 수 있다. ▶ 139p

풀내음 나는 향긋한 피부를 위한
보타니쿠스 Botanicus

마누팍투라와 마찬가지로 보타니쿠스의 전 제품 역시 100% 메이드 인 체코이다. 주요 품목인 목욕용, 조리용 제품에 사용되는 모든 재료는 프라하 외곽의 보타니쿠스 농장에서 비료나 화학 스프레이를 사용하지 않고 유기농으로 재배한 것을 사용한다. 자연의 향이 물씬 풍기는 보타니쿠스의 오일, 꿀, 비누, 로션 등은 절대 말리지 않은 과일과 식물로 만들어 여타 친환경 화장품과 차별된다.

보타니쿠스의 대표적인 상품은 패출리로 만든 라인이다. 패출리는 오래전부터 감기, 두통 등 일상 생활에서의 가벼운 질병을 치료하는 민간요법으로 사용되어 온 식물이다. 피부에는 여드름 완화, 넓은 모공 축소 등의 효과도 있어 화장품 재료로도 탁월한 기능을 보여 보타니쿠스의 효자 상품으로 꼽힌다. ▶ 139p

DUTY FREE SELECTION

SHOPPING 04

놓치면 아쉬운
프라하 공항 쇼핑

공항으로 가는 길에 갑자기 잊고 사지 못한 것이 생각났을 때, 프라하에 도착하자마자 들뜬 마음에 작은 것 뭐라도 사고 싶을 때 프라하 공항 쇼핑을 즐겨보자. 프라하 공항은 1, 2번 터미널 곳곳에 다양한 상점을 갖추고 있다.

프라하 공항 쇼핑

공항 상점 영업시간
상점들은 일반적으로 아침 7시에서 저녁 9시까지 영업한다.

구입 물품 기내 반입 가능 여부
음료수, 향수, 및 기타 액체류를 포함해 출발 지역에서 구매한 상품은 기내에 가지고 들어갈 수 있다. 다른 항공편으로 갈아타는 승객이라도 보안 가방에 구매한 물건과 영수증이 들어 있어 문제없다.

보안
유럽 공항의 보안 규정은 어떤 방식으로든 향수, 크림, 음료, 젤 등 기타 액체(미국행 항공편 제외) 판매를 제한하지 않는다. 미국행 항공편을 이용할 경우 허용되는 액체류와 젤류의 개수는 승객당 하나로 엄격하게 제한되어 있으며 개봉이 가능한 투명 가방에 담아 가야 한다. 액체, 젤 물품 용기의 용량은 100ml 이하여야 한다.

베스트 프라이스 개런티
BPG, Best Price Guarantee란?
베스트 프라이스 개런티 로고가 붙어 있는 상품은 최저가를 보장한다는 뜻. 만일 공항 내 BPG 상점에서 상품을 구매하였는데 프라하 다른 곳에서 동일 상품을 더 낮은 가격에 판매하는 것을 알게 되었고 이를 증명하는 자료(브로슈어 등)를 제출하면 30일 안에 차액을 돌려받을 수 있다. 그러나 최저가를 보장하는 베스트 프라이스 개런티가 붙어 있는 곳이 그리 많지 않고 선택적인 항목에만 이 조항이 적용된다. 대부분의 향수, 의류 및 기타 제품들은 프라하 시내의 쇼핑몰과 동일하거나 조금 더 저렴한 가격으로 구입할 수 있다.

1번 터미널에서 쇼핑을 한다면
구매한 상품을 영수증과 함께 인천 국제공항 면세점 쇼핑을 하고 받은 투명한 보안 가방에 넣어 받게 된다. 이런 유형의 구매는 부피나 개수의 측면에서 제한되지 않는다. 단 판매 지점(프라하 공항)을 떠난 직후부터 보안 가방은 목적지에 도착할 때까지 밀봉된 상태 그대로 유지되어야 한다.

2번 터미널에서 쇼핑을 한다면
2번 터미널은 쉥겐 조약을 맺은 국가의 항공편이 드나드는 곳이다. 따라서 2번 터미널에서 쇼핑을 한 승객들은 보안 검색대를 지나지 않으므로 구매한 물건을 보안 가방에 넣을 필요가 없다. 하지만 환승을 위해 2번 터미널을 거쳐 다른 공항으로 가는 승객은 구매한 물건을 보안 가방에 넣어야 한다.

프라하 공항 터미널별 상점 안내

터미널 1

면세점

- 에일리아 Aelia(24시간)
- 프라하 듀티 프리 Prague Duty Free
- 프라하 듀티 프리 익스프레스 Prague Duty Free Express(24시간)

패션잡화

- 위켄드 막스마라 Weekend MaxMara
- 머큐리 Mercury

스와로브스키 Swarovski
에르메네질도 제냐 Ermenegildo Zegna
살바토레 페라가모 Salvatore Ferragamo
휴고 보스 Hugo Boss
엠포리오 아르마니 Emporio Armani
데시구알 Desigual
버버리 Burberry
빅토리아 시크릿 뷰티 앤 액세서리
Victoria's Secret Beauty & Accessories
타무즈 TAMUZ
편집숍 스틸 Styl(버버리 Burberry, 에트로 Etro, 페라가모 Ferragamo, 제냐 Zegna)
포르쉐 디자인 Porsche Design
GEOX
체코 가넷 Czech Garnet
아이 러브 프라하 Eye Love Prague
에게르만 Egermann

화장품
마누팍투라 Manufakrua

서점
릴레이 Relay

기타
여행용품점 트래블러 스토어 Traveller Store
아동용품점 매직 차일드 Magic Child

- 기념품점 스카피스 Sparkys
- 기념품점 블루 프라하 Blue Praha

터미널 2

면세점

- 에일리아 Aelia
- 프라하 듀티 프리 Prague Duty Free
- 프라하 듀티 프리 익스프레스 Prague Duty Free Express

패션잡화
빅토리아 시크릿 뷰티 앤 액세서리
Victoria's Secret Beauty&Accessories
마이클 코어스 Michael Kors
토미 힐피거 Tommy Hilfiger

- 캐롤리넘 에어숍 Carollinum Airshop
- 머큐리 Mercury
- 위켄드 막스마라 Weekend MaxMara

휴고 보스 Hugo Boss
포르쉐 디자인 Porsche Design
스와로브스키 Swarovski
에르펫 보헤미아 크리스털 Erpet Bohemia Crystal
보헤미아 크리스털 Bohemia Crystal
에게르만 Egermann
타이밍 프라하 Timing Prague

화장품
마누팍투라 Manufaktura

서점
릴레이 Relay

기타
아웃도어용품점 후디 스포츠 Hudy Sport
아동용품 밤뷸 Bambule

- 기념품점 스파키스 Sparkys
- 기념품점 블루 프라하 Blue Praha

Step 06
Sleeping

프라하에서 **자다**

01 여행자들이 가장 많이 애용하는 **2~3성급 호텔**
02 특별한 밤을 위한 별 **4~5개의 부티크 호텔**
03 혼자 여행해도 절대 외롭지 않아요! **호스텔**
04 정이 넘치는 따뜻한 잠자리 **한인 민박**

> **SLEEPING 01**

여행자들이 가장 많이 애용하는 **2~3성급 호텔**

한식을 필요로 하지 않고 무난한 서비스와 안락함을 원하는 일반 여행객에게 추천하는 숙박시설이다. 프라하의 2~3성급 호텔은 타 유럽 도시의 동급 호텔에 비해 객실 면적이 조금 더 넓고 시설도 훌륭하다. 호텔 예약 사이트에서 평점과 후기, 가장 머물고 싶은 프라하 내 동네와의 접근성을 고려하여 고르자. 잠자리에 까다로운 여행자도 만족하고 두 다리 쭉 뻗고 잘 수 있을 것이다.

> **Tip 호텔 예약하기**
>
> 신용카드사의 혜택이 있거나 호텔 체인 마일리지가 있는 경우에는 개별 호텔 홈페이지에 들어가 예약을 해도 좋다. 그렇지 않은 경우 호텔스닷컴(Hotels.com), 부킹닷컴(booking.com) 등의 호텔 예약 전문 사이트가 더 유용하다. 한 웹사이트만 반복하여 사용하면 회원 등급에 따라 혜택을 받을 수 있고, 웹사이트 별로 진행하는 다양한 할인 이벤트가 종종 열리기 때문에 가격도 저렴하다. 여행 날짜와 여행지, 투숙객 등을 기입하고 원하는 조건도 추가로 선택하여(주차장, 무선 인터넷 등) 가장 적합한 호텔을 선택하면 된다.

AXA 호텔 AXA Hotel
바츨라프 광장에서 800m 떨어진 접근성 100점의 호텔.

이비스 프라하 올드타운 ▶ 141p
Ibis Praha Old Town
깔끔하고 저렴한 호텔 체인의 구시가지 지점.

호텔 다르 Hotel Dar ▶ 140p
구시가지 시계탑이 보이는 동화 같은 전망.

호텔 살바토르 Hotel Salvator ▶ 192p
재즈 바와 맛있는 스페인 레스토랑이 유명한 호텔.

레드 체어 호텔 Red Chair Hotel ▶ 140p
15세기 건물에 자리한 섬세한 서비스의 호텔.

로레타 호텔 Loreta Hotel ▶ 192p
모든 객실에서 정원이 보이는 고풍스러운 호텔.

보트 호텔 마틸다 Boat Hotel Matylda ▶ 170p
블타바강에 정박한 낭만적인 보트 호텔.

슬리핑 109

SLEEPING 02

특별한 밤을 위한 별 4~5개의 **부티크 호텔**

평생 잊지 못할 특별한 밤! 숙박비 예산을 아주 조금만 늘려 프라하 하늘 아래서 최고의 밤을 맞이해 보자. 건축가와 인테리어 디자이너들이 한껏 감각을 발휘해 마치 예술 작품같이 만들어낸 디자인 호텔과 부티크 호텔을 소개한다.

아리아 Aria ▶ 212p
음악을 테마로 하는 격조 높은 5성급 호텔.

융그만 호텔 Jungmann Hotel ▶ 142p
옥상에서 내려다보는 전망이 근사한 호텔.

호텔 요세프 Hotel Josef ▶ 193p
조용한 골목에 자리한 밝고 깨끗한 숙소.

엠블럼 Emblem ▶ 142p
여행자들에게 특별한 영감을 불어넣는 곳.

부다 바 호텔 프라하 ▶ 141p
Buddha-bar Hotel Prague
아시아풍의 이국적인 럭셔리 호텔.

골든 웰 Golden Well ▶ 213p
유명 인사들이 단골로 찾는 체코 최고의 로맨틱 호텔.

SLEEPING 03

혼자 여행해도 절대 외롭지 않아요! 호스텔

유럽 여행의 큰 재미 중 하나는 바로 현지에서 새 친구를 사귀는 것. 일정은 따로 다니더라도 아침, 저녁으로 호스텔에서 마주치니 자연스럽게 친해진다. 프라하에서는 호텔 못지않은 시설을 갖춘 깨끗한 호스텔을 많이 찾아볼 수 있다. 호스텔의 단점으로 꼽히는 위생이나 시끄러움 등도 걱정할 필요가 없다.

미스 소피스

아호이 호스텔

모자이크 하우스

호스텔 원 홈

호스텔 원 프라하

매드하우스 프라하

찰스 브리지 이코노믹 호스텔

미스 소피스
Miss Sophie's ▶ 170p
독특한 인테리어와 친절한 서비스로 검증된 숙소.

호스텔 원 프라하 ▶ 143p
Hostel One Prague
편안함과 활기가 공존하는 호스텔.

아호이 호스텔 ▶ 143p
Ahoy Hostel
친근하고 따뜻한 환대가 인상적인 호스텔.

호스텔 원 홈 ▶ 144p
Hostel One Home
지구는 하나, 전 세계 여행자와 친구가 될 수 있는 곳.

매드하우스 프라하 ▶ 144p
The MadHouse Prague
잊을 수 없는 신나는 추억을 만드는 곳.

모자이크 하우스 ▶ 170p
Mosaic House
다양한 객실을 보유한 신형 호스텔.

찰스 브리지 이코노믹 호스텔 ▶ 213p
Charles Bridge Economic Hostel
카를교 바로 옆에 위치한 알뜰한 숙소.

SLEEPING 04

정이 넘치는 따뜻한 잠자리 **한인 민박**

스쳐가는 여행자에게 보여 주는 누군가의 관심과 애정은 가족처럼 반갑고 정겹다. 타지에서는 특히 그 온도가 몇 배는 올라간다. 길손들을 가족처럼 보살펴 주는 자상한 한인 민박. 프라하에서 홀리데이 독자들에게 추천하고 싶은 친절한 한인 민박을 선별하여 소개한다. 코로나 이후 현재 영업 중인 곳들이다.

프라하 우리집 민박

예스 프라하

햇살가득 프라하

1박2일 프라하 민박 1호점 카렐교

도브리 프라하

프라하 십삼월

프라하 우리집 민박 ▶ 193p
여행자의 편안한 휴식을 가장 우선시하는 곳.

1박2일 프라하 민박 1호점 카렐교 ▶ 171p
개인 여행과 저렴한 도미토리를 이용할 수 있는 좋은 게스트하우스.

예스 프라하 ▶ 171p
시내 중심가에 위치, 관광지로 이동이 편리한 숙소.

도브리 프라하 ▶ 145p
게스트용 맥주 냉장고, 맛있는 조식, 금요일 저녁 파티가 있는 곳.

햇살가득 프라하 ▶ 145p
구시가지 광장과 카를교 접근성이 좋은 고풍스럽고 깔끔한 숙소.

프라하 십삼월 ▶ 171p
2022년 8월 오픈한 민박집. 깨끗하고, 친절하며, 프라하성을 제외한 대부분의 관광지가 도보 15분 거리에 있다.

Praha
By Area

프라하
지역별 가이드

01 구시가지
02 신시가지
03 유대인 지구
04 프라하성&말라 스트라나
05 페트린

Praha By Area
01

구시가지
Staré Město

블타바강 우안에 자리한 프라하의 구시가지. 유럽 여행의 낭만이 피어나는 좁은 돌길과 탁 트인 광장들로 이루어져 있다. 시원하게 솟아오른 프라하성과 힘차게 흐르는 블타바강을 등 뒤에 두고 12세기부터 프라하의 중심지로 활약해 온 구시가지를 바라보자. 프라하 사람들이 오랜 세월 동안 차곡차곡 쌓아 온 역사와 전통, 문화는 여전하다. 정겹고 따스한 구시가지 골목 사이사이로 겹겹이 눈에 들어온다.

구시가지
미 리 보 기

프라하 관광의 핵심. 체코 역사를 가장 빨리 둘러볼 수 있는 프라하 구시청사와 성당, 박물관, 식당, 맥줏집이 한데 모여 있는 구시가지는 작아 보이지만 좁고 구불거리는 골목이 많아 부지런히 걸어야 한다.

주요 메트로역 A선 Staroměstska역, A·B선 Můstek역, B선 Náměstí Republiky역

SEE
프라하를 상징하는 구시청사 천문시계를 먼저 보고, 구시가 광장을 둘러싸고 있는 여러 명소들을 살핀 후 작은 골목들을 누비며 구경에 나서자. 몇 백 년을 거슬러 올라간 듯한 프라하의 중세 분위기에 금세 취하게 될 것이다. 성당, 박물관, 갤러리가 많아 건축, 역사, 미술에 관심이 있다면 금방 구시가지를 벗어나지 못할 것이다. 보고 싶은 전시가 있는지 확인해 보고 이에 맞게 하루 일정을 배분하도록 하자.

EAT
구시가지에서만큼은 전통 체코 요리를 꼭 먹어 보자. 필스너 맥주로 반주는 필수. 관광 명소 바로 옆에 있는 레스토랑은 맛이 없다는 편견을 깰 수 있는 곳이 바로 프라하이다. 구시가 광장에 있는 가판에서 먹는 프라하 햄도, 광장을 따라 늘어서 있는 레스토랑에서 먹는 리즈키도 모두 추천한다. 사람들이 많이 몰려 있는 곳이 맛집임을 알 수 있는 지표이다.

BUY
기념품을 사기에 가장 적합한 곳이 바로 구시가지이다. 하지만 구시가지에서는 볼 곳이 무척 많기 때문에 처음에는 아이쇼핑만 해 두고, 여행 마지막 날 혹은 일정의 끝자락에 다시 들러 쇼핑을 할 것을 권한다. 현대적인 쇼핑몰이 있는 다른 지역에 비해 수작업으로 나무를 깎아 만드는 마리오네트 인형 또는 크리스털 공예품과 같은 기념품을 쇼핑하기에 알맞다.

 어떻게 갈까?

숙소가 블타바강 반대편인 프라하성&말라 스트라나, 또는 페트린 지구에 있다면 메트로를 이용하자. 트램을 이용할 수도 있지만 규칙적으로 자주 오가는 메트로가 편리하다. 하지만 대중교통으로 이동하는 것보다는 카를교를 걸어 오는 것을 추천한다. 먼 거리가 아니니 강 풍경을 감상하며 구시가지로 입성하는 기분을 만끽해 보자. 카를교를 건너 구시가지까지 걸으면 15분 정도 걸린다. 메트로를 이용하는 경우 강 건너에서 온다면 A선 Staroměstska역에서 하차하고, 숙소와의 접근성에 따라 A,B선 Můstek역 또는 B선 Náměstí Republiky역을 이용한다. 세 역 모두 하차하여 구시가지의 구시청사 천문시계까지는 도보로 채 10분이 걸리지 않는다.

 어떻게 다닐까?

구시가지 내에서 이동하면서 따로 교통편을 이용할 일이 없다. 구시가지는 걸어서 모두 볼 수 있는 편리한 동네다. 길을 잠시 잃더라도 작은 구시가지에서는 금방 눈에 익은 거리로 다시 돌아오게 되니 걱정하지 말자.

구시가지
♀ 1일 추천 코스 ♀

성당의 첨탑과 구시가 광장의 천문시계, 좁은 골목길에 옹기종기 모여 있는 프라하 사람들이 사는 집 사이로 들이치는 햇살을 만끽하며 돌아보자. 프라하의 역사와 문화가 집약된 이곳을 여행하는 날에는 많은 것을 새로 느끼고 배울 준비가 반드시 되어 있어야 한다.

구시청사 천문시계 종소리와
인형 퍼포먼스 감상하기

도보 5분 →

아찔하게 높이 솟은 탑이
멋진 틴 성당에 들어가 보기

도보 3분 →

똑같은 높이의 탑 2개를 뽐내는
성 니콜라스 성당 둘러보기

도보 2분 ↓

우 메드비쿠에서
낮술 즐기기

← 도보 5분

앙증맞은 기념품이 많은
하벨 시장 돌아보기

← 도보 5분

무하 박물관에서 동유럽
감성 100% 충전하기

도보 5분 ↓

팔라디움에서
신나는 쇼핑 타임!

도보 5분 →

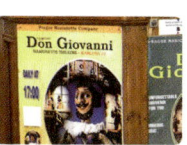

국립마리오네트극장에서
〈돈 지오반니〉 인형극 보기

도보 10분 →

카를로비 라즈니에서
다양한 음악 밤새 즐기기

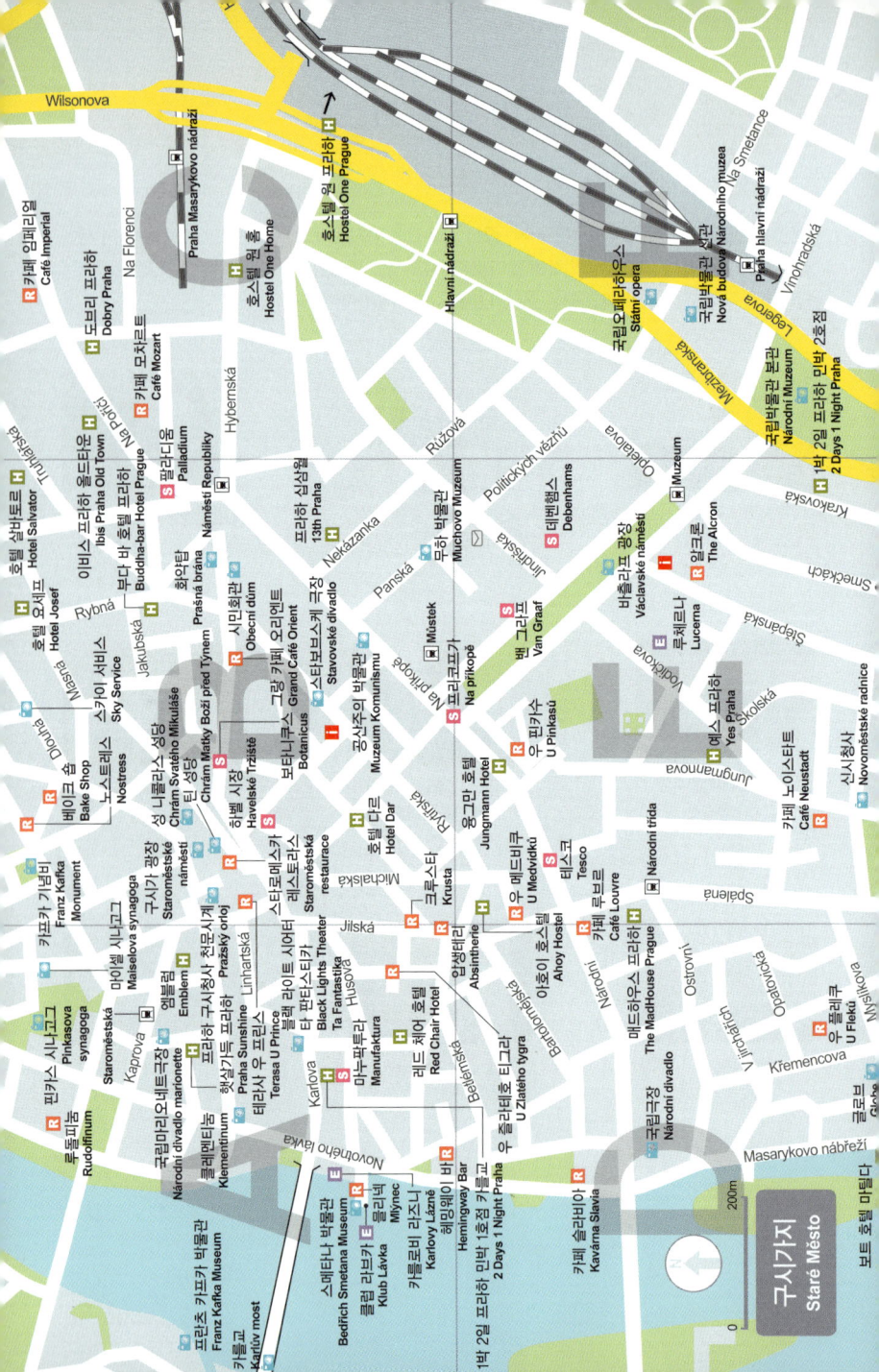

SEE

Writer's Pick! 찬란한 프라하 역사의 집합소
구시가 광장 Staroměstské náměstí

구시가지 중심에 위치한 이 광장은 11세기 형성된 이래 오늘날까지 프라하의 다양한 행사를 여는 장소로 사용되고 있는 무척 중요한 곳이다. 구시청사 건물과 천문시계가 잘 보여 사람들로 북적인다. 그렇기 때문에 현지인과 여행자 모두에게 만남의 장소가 되는 곳이기도 하다.

고딕(구시청사, 틴 성당), 바로크(성 니콜라스 성당), 로코코(골즈 킨스키 궁전) 등 다양한 예술 사조를 대표하는 건축물로 둘러싸여 있어 '건축 박물관'이라고도 불리며, 유네스코 세계문화유산으로 지정되었다. 광장 중앙에는 얀 후스의 동상이 크게 자리잡고 있다. 얀 후스 처형 500주년이 되는 1915년에 세워진 이 동상에는 '진실을 사랑하고, 진실을 말하고, 진실을 지켜라'라는 후스의 유언이 새겨져 있다.

광장 곳곳에 식당과 카페들이 늘어서 있고, 행사나 축제가 있을 때마다 간이 음식 부스가 세워져 구시가 광장에서는 배고플 일이 결코 없다. 프라하 관광 준비를 전혀 못했다면 광장을 배회하는 다양한 투어 에이전시 직원들을 만나 브로슈어를 받아 보아도 좋고, 구시청사 건물에 위치한 투어리스트 센터를 찾아 도움을 받을 수도 있다. 워킹 투어, 나이트 투어 등 다양한 테마로 여러 개의 투어 코스가 마련되어 있으니 프라하의 역사, 문화에 대한 이야기가 궁금하다면 신청해 보자.

Data **Map** 120p-B
Access 메트로 A선 타고 Staroměstska역 하차, 도보 3분 **Add** Staroměstské náměstí 1, 110 00 Praha 1

Tip **얀 후스** Jan Hus는 누구?

마틴 루터Martin Luther보다 100년이나 앞서 종교 개혁 운동을 이끌었던 인물. 가톨릭 교회의 세속화와 면죄부 발행 등을 비판하여 교황청으로부터 파문당하고 1415년 종교 재판을 거쳐 화형을 당한 순교자. 단순히 종교만을 위해 순교한 것이 아니라 체코 민족주의 이념까지 안고 있는 인물이다. 체코 사람들은 얀 후스를 전 민족의 순교자로 여겨 그의 순교일 7월 6일을 공휴일로 지정하였다.

정각이 되면 마법이 일어나는
구시청사 천문시계 Pražský orloj

프라하 구시가지의 상징과도 같은 구시청사 건물. 1338년 고딕 양식으로 건조되었으나 제2차 세계대전 때 화재로 크게 훼손되어 복원, 증축을 거쳤다. 내부에는 역사박물관, 예배당, 집무실 등이 있다. 사람들이 구시청사를 찾는 이유는 신비롭고 아름다운 천문시계를 보기 위해서이다. 구시청사 천문시계는 1년에 한 바퀴씩 돌며 천동설의 원리에 따른 해, 달, 천체의 움직임을 묘사하고, 연, 월, 일, 시간을 나타내는 상단의 칼렌다륨과, 12개의 계절별 장면들을 묘사하는 하단의 플라네타륨이라는 시계 2개로 이루어져 있다. 1410년 제작되었으며 80년 후 시계에 달력과 조각 장식이 추가되었다. 오래전에 만들어졌기에 여러 번의 수리가 있었고, 조금씩 장식들이 더해져 지금과 같이 화려한 모습을 갖추게 되었다.

정각이 되면 황금색 닭이 나와 종을 울리고, 칼렌다륨의 해골 모형이 움직이면서 12사도들이 창문을 열며 모습을 드러냈다 이내 사라진다. 동시에 시계의 여러 부분이 작동하며 소리를 내는 모습이 짤막한 인형극을 보는 것 같다. 시계 주변은 카메라를 손에 들고 시계탑 앞에 모이는 사람들로 붐비기 때문에 소매치기의 위험이 크니 주의하자. 엘리베이터 또는 계단을 이용해 높이 69.5m인 시계탑에 오르면 구시가지 전체가 시원하게 눈앞에 펼쳐진다.

Data Map 120p-B
Access 메트로 A선 타고 Staroměstska역 하차, 도보 3분 **Add** Staroměstské náměstí 1, 110 00 Praha 1
Open 월 11:00~22:00, 화~일 09:00~22:00
Cost 성인 250코루나(모바일 할인가 210코루나, prague.mobiletickets.cz에서 구매 가능하며 모바일 티켓으로는 줄을 서지 않고 바로 입장할 수 있다), 6~15세 아동과 26세 미만 학생과 65세 이상 150코루나, 4~5세와 75세 이상 50코루나, 프라하 카드 소지자 무료
Web bit.ly/2I7RlXG

> **Tip 타운 홀 통합권**
> 표 구입 후 3일 안에 구시가지 시청사와 카를 광장의 신시가지를 모두 볼 수 있는 통합권이다. 시청사와 두 시청사의 탑 모두 줄을 서지 않고 볼 수 있다. 성인 350코루나, 아동 250코루나.
>
> **밤에 만나는 구시청사**
> 한 달에 몇 번씩 체코어, 영어, 독일어, 프랑스어, 러시아어로 저녁 8시에 구시청사 건물 투어를 진행한다. 주기적으로 날짜가 바뀌지만 홈페이지에 미리 고지하니 밤에 더욱 아름다운 시청사의 모습을 보고 싶다면 홈페이지를 참조하자. 약 2시간 동안 진행, 250코루나.

황금빛 쌍둥이 탑이 지키고 선
틴 성당 Chrám Matky Boží před Týnem

외관은 고딕 양식, 내부는 로코코 양식으로 만들어진 틴 성당은 구시청사 천문시계와 더불어 구시가지의 아이콘과도 같다. 1365년 고딕 양식으로 처음 지어졌으나 지속적인 변형을 거쳐 매우 화려한 외관과 상대적으로 어두운 바로크 양식의 인테리어를 볼 수 있다.

틴 성당의 가장 큰 특징은 80m의 높이로 프라하 시내 어디에서든 고개를 들면 볼 수 있는 황금빛 쌍둥이 탑. 날씨가 좋을 때에는 두 개의 탑이 반짝반짝 빛나는 것을 볼 수 있다. 프라하에서 가장 오래된 오르간도 틴 성당의 것이며, 보헤미아 왕국의 루돌프 2세를 위해 일했던 '별자리의 아버지', 덴마크 출신 천문학자 티코 브라헤 Tycho Brahe도 이곳에 묻혀 있다.

Data Map 120p-B
Access 메트로 A선 타고 Staroměstska역 하차, 도보 3분
Add Staroměstské náměstí, 110 00 Praha 1
Tel 222-318-186
Open 3~12월 화~토 10:00~13:00, 15:00~17:00, 일 10:00~12:00
Web www.tyn.cz

가장 아름다운 바로크 건축물
성 니콜라스 성당 Chrám Svatého Mikuláše

1278년 세워졌으나 안타깝게도 화재로 불타 소실되었다. 현재 성 니콜라스 성당은 1704년 약 50년에 걸쳐 다시 지은 것으로 80m 높이의 첨탑과 본당 천장의 성 니콜라스 프레스코화가 대표적인 특징이다. 특히 내부의 대형 프레스코화는 총면적이 약 1,500㎡으로, 유럽에서도 큰 규모로 손꼽히는 작품이다. 성당의 이름도 이 프레스코화에서 따온 것이다.

모차르트가 1787년에 연주했던 오르간이 남아 있다. 1791년 12월 모차르트가 세상을 떠났을 때 이곳에서 추모 미사도 열렸다. 미사뿐 아니라 클래식 음악회도 열린다. 높은 돔을 가득 메울 정도로 울려 퍼지는 선율은 여느 극장 공연과는 무척 다른 감동을 줄 것이다. 12월 4일, 성 니콜라스의 날에는 유럽의 산타클로스인 니콜라스를 위해 어린이들이 공연을 열기도 한다. 성당에서 더 들어가면 유대인 지구가 나오니 광장 건너편으로 가는 것이 귀찮다면 유대인 지구를 돌아보는 날 들러 보아도 좋다.

Data Map 120p-B
Access 메트로 A선 타고 Staroměstska역 하차, 도보 3분 **Add** Staroměstské náměstí, 110 00 Praha 1
Tel 224-190-990 **Open** 월~토 10:00~16:00, 일 12:00~16:00 **Web** svmikulas.cz

아르누보를 대표하는 화가 무하의 모든 것
무하 박물관 Muchovo Muzeum

세계 최초의 무하 헌정 박물관. 주 활동 무대였던 파리에서 그린 포스터, 4개의 연작 시리즈 작품, 성 비투스 대성당 스테인드글라스의 밑그림, 가족이 소장하고 있던 작품 등 다른 곳에서는 볼 수 없는 무하의 희귀한 작품과 습작을 볼 수 있다. 무하는 상업적인 포스터로 주목받아 크게 성공을 거두었지만 정작 상업적인 성공에는 부담을 느껴 위엄 있는 예술에 집중하였다. 파리, 뉴욕 등 세계 대도시에서의 활동을 접고 프라하로 돌아온 후에는 슬라브 민족의 역사 변혁 과정을 묘사한 〈조국의 역사에 선 슬라브인들〉, 〈불가리아 황제 시메온〉, 〈얀 후스의 설교〉, 〈그룬반트 전투가 끝난 후〉, 〈고향을 떠나는 얀 코멘스키〉 등의 작품을 쏟아냈다.

1918년 독립된 체코 정부가 형성된 후 새 정부의 우표, 은행권, 문서 등을 디자인했던 무하는 체코슬로바키아의 첫 번째 우표를 만들기도 하였다. 애국심으로 빛나는 낭만적인 아르누보 아티스트의 흔적을 더듬어 보며 프라하 여행을 무하의 스케치처럼 영원히 마음에 남도록 그려 보자. 이곳에서는 시대별로 진화한 무하의 작품 세계를 살펴보고 무하의 일대기를 영화화한 비디오도 관람할 수 있다.

Data **Map** 120p-B
Access 메트로 A, B선 타고 Mŭstek역 하차, 도보 3분
Add Kaunický Palác, Panská 7, 110 00 Praha 1
Tel 224-216-415 **Open** 10:00~18:00
Cost 일반 280코루나, 학생·아이·65세 이상 190코루나, 가족(성인 2명+아이 2명) 700코루나 **Web** www.mucha.cz

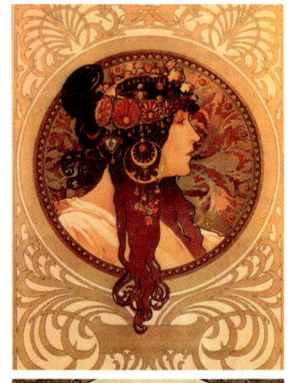

체코를 사랑한 음악가를 기리며
스메타나 박물관 Bedřich Smetana Museum

1936년 설립된 체코의 국민 음악가, 베드르지흐 스메타나Bedřich Smetana에게 헌정된 박물관. 비가 많이 와서 강이 불어나면 급히 소장품을 다른 곳으로 이동해야 하는 번거로움이 있지만 음악가를 위한 박물관답게 강변에 위치하여 낭만적인 분위기가 감돈다. 1층에는 악보는 물론이고 스메타나와 관련한 사진, 편지, 신문 스크랩 등의 자료를 비롯한 개인적인 소장품이 전시되어 있으며, 그 위층에는 연구 자료들이 보관되어 있다. 스메타나의 대표곡도 물론 들어 볼 수 있다.

Data **Map** 120p-A
Access 메트로 A선 타고 Staroměstska역 하차, 도보 7분
Add Novotného lávka 1, 110 00 Praha 1
Tel 221-082-288
Open 수~월 10:00~17:00 (크리스마스, 연말연초는 홈페이지 확인)
Cost 일반 50코루나, 15~26세 학생증 소지자·65세 이상 30코루나, 15세 미만 무료(보호자와 같이 입장시)
Web www.nm.cz/Hlavni-strana/Visit-Us/Bedrich-Smetana-Museum.html

모차르트의 〈돈 지오반니〉 초연을 한 극장
스타보브스케 극장 Stavovské divadlo

에스타테스 극장이라고도 불리는 이 극장은 연극, 발레, 오페라 등 다양한 공연을 올린다. 그중 주력하는 것은 모차르트의 오페라로, 1787년 세계 최초로 〈돈 지오반니〉 초연을 한 곳이다. 초연에 감사하며 극장에서 모차르트에게 헌정한 유령 형상의 청동상은 크기가 너무 커 프라하에 기증하였으며, 극장 오른편에 위치한다. 모차르트가 직접 공연을 한 극장 중 아직까지 남아 있는 것으로는 세계에서 유일하다. 1834년, 현재 체코의 국가인 〈나의 고향은 어디인가〉가 처음으로 연주된 곳도 이곳이다. 1990년부터 장장 8년에 걸친 보수 작업 후 빛나는 실내 장식이 아름다워 모차르트의 일대기를 그린 영화 〈아마데우스〉도 이곳에서 촬영하였다. 공연을 보고 싶다면 홈페이지에서 공연 스케줄을 살펴보고 예매하자.

Data **Map** 120p-B
Access 메트로 A, B선 타고 Můstek역 하차, 도보 10분
Add Ovocný trh 1, 110 00 Praha 1 **Tel** 224-901-448
Web narodni-divadlo.cz

Writer's Pick! 원조 인형극을 보고 싶다면
국립마리오네트극장 Národní divadlo marionet

프라하에는 수많은 마리오네트 극장이 있지만 전통 인형극 초연을 20회 이상 상연한 이곳이 원조. 1991년 극장이 설립되고 근현대 체코에서 가장 성공적인 연극 〈돈 지오반니〉 초연을 무대에 올린 후 5,000번도 넘게 같은 작품을 상연하였다. 국립 마리오네트 극장이 생겨난 후 이곳은 인형극의 중심으로 자리 잡았다. 1929년에는 유네스코와 협력하는 최대 극단인 세계인형극협회도 이곳에서 창단되었다. 〈돈 지오반니〉 외에도 모차르트의 또 다른 걸작 〈마술 피리〉를 상연하며, 하이라이트만 모아 선보이는 갈라 공연도 이따금 연다. 〈돈 지오반니〉는 본래 언어인 이탈리아어로 공연되며 공연 시간은 약 2시간 남짓이다. 직접 마리오네트 인형을 만들어 보는 워크숍도 주기적으로 진행하고(640코루나), 인형극 놀이를 하는 방법도 배워 볼 수 있다.

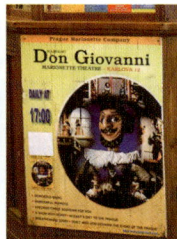

Data **Map** 120p-A
Access 메트로 A선 타고 Staroměstská역 하차, 도보 3분
Add Žatecká 1, 110 00 Praha 1 **Tel** 224-819-322~4
Open 매표소 08:00~20:00
Cost 돈 지오반니 일반 590코루나, 65세 이상·학생 490코루나
Web www.mozart.cz

체코 제1의 무대
국립극장 Národní divadlo

5개의 건물과 4곳의 컴퍼니를 소유하고 있는 국립극장 기관의 플래그십 극장. 체코의 국가적 정체성과 독립된 자주성을 대표하는 상징이기도 하다. 건축 당시 스메타나를 비롯한 많은 체코 예술인이 후원하였으며 체코 국민의 모금도 큰 몫을 했다. 극장이 국가와 동일한 주체로 여겨진다는 것은 체코 사람들이 얼마나 자신들의 음악과 극에 자부심을 가지고 주체를 잃지 않도록 노력해 왔는지를 보여 준다. 황금으로 만든 왕관을 쓴 것 같은 극장 꼭대기의 금빛 장식과 내부의 문양이 독특하다. 오리엔탈 느낌이 나는 동유럽 극장만의 분위기가 색다르다. 현재는 연극, 오페라, 발레를 주로 공연한다. 지하에는 극장의 역사를 살펴볼 수 있는 전시실도 마련되어 있다.

Data **Map** 120p-D
Access 메트로 A, B선 타고 Můstek역 하차, 도보 10분 **Add** Národní 2, 110 00 Praha 1
Open 매표소 10:00~18:00 **Tel** 224-901-448 **Web** narodni-divadlo.cz

2005년 유네스코 세계 기록물 유산에 선정된 국립도서관
클레멘티눔 Klementinum

프라하의 구시가 광장 뒤편에 위치한 바로크 양식의 클레멘티눔. 본래 수도원으로 사용되었으나 틴 성당의 후스파에 대항하여 활동하던 예수회의 세력이 쇠퇴하며 프라하 대학교의 일부가 되었다가 현재는 도서관이 되었다. 클레멘티눔에는 1,200벌의 파피루스 사본과 6,000권의 중세 필사본 같은 희귀 자료를 포함하여 약 600만 권의 책이 보관되어 있다. 처음에는 단 한 권의 책으로 1622년 도서관을 짓기 시작하였으나, 완성될 즈음에는 2만여 권의 장서가 수집되었다. 처음 도서관 문을 열었을 때와 다름없이 지금도 도서관 책장에는 예수회가 직접 표기한 흰 바탕에 붉은 글씨 라벨이 붙어 있다. 금박의 지구본과 과학, 예술을 주제로 그려진 화려한 프레스코화 장식도 클레멘티눔의 자랑이다.

클레멘티눔 지구는 클레멘티눔, 살바토르 성당Kostel Nejsvětějšího Salvátora과 시계탑으로 이루어져 있는데, 3곳을 모두 돌아볼 수 있는 투어를 매일 진행한다. 개별적으로는 세 곳 모두 내부 입장이 불가하다. 직접 예약을 하고 시간을 지켜 입장하는 것이 조금 번거로울 수는 있으나 그만큼 조심스럽게 보존하는 프라하의 보물 같은 곳이니 고서와 대형 도서관에 관심이 있는 사람이라면 반드시 가 보자. 2023년 4월 1일 재개장.

Data Map 120p-A
Access 메트로 A선 타고 Staroměstska역 하차, 도보 5분
Add Mariánské náměstí 5, 110 00 Praha 1
Tel 222-220-879
Open 1~3월, 11~12월 10:00~18:00, 4~9월 10:00~19:00, 10:00부터 30분 간격으로 가이드 투어
Cost 성인 300코루나, 65세 이상 200코루나, 6세 이하 무료, 줄 안 서고 바로 입장하는 Skip The Line 380코루나
Web klementinum.com

체코슬로바키아의 독립이 선언된
시민회관 Obecní dům

1912년 문을 연 시민회관은 체코 국립교향악단의 상주지이다. 1,200명을 수용하는 스메타나 홀에서 1918년 체코슬로바키아의 독립이 선언되었고, 체코 최대의 음악제 '프라하의 봄' 개막식과 폐막식이 열린다. 본래 궁궐이었던 건물을 헐고 세운 것으로, 설계 당시 프라하에서 전성기를 누렸던 아르누보 양식을 대표하는 건물이 되었다. 체코에서 가장 실력이 출중한 예술가들이 만든 최고급 장식으로 꾸며 놓아 모습이 무척 아름답다.

특히 유리로 된 돔 천장이 유명하다. 시민회관에 들어가지 않더라도 입구 바로 위에 있는, 유리 돔 바로 아래 보이는 반원형의 '프라하에의 경의Zdar tobě, Praho!'라는 은은한 색감의 모자이크화는 꼭 한 번 보도록 하자. 체코 국립교향악단의 공연과 일정이 맞아떨어진다면 공연 감상도 추천한다.

Data Map 120p-B
Access 메트로 B선 타고 Náměstí Republiky역 하차, 도보 5분 **Add** Náměstí Republiky 5, 111 21 Praha 1
Tel 222-002-107 **Web** www.obecnidum.cz

잊지 않고 기억하는 역사의 한 자락
공산주의 박물관 Muzeum Komunismu

아픈 역사를 딛고 민주주의 국가로 발전해 온 체코의 모습과 수도 프라하의 과거를 집대성해 둔 장소. 특히 공산주의 시절의 모든 면을 아우르는 '공산주의-꿈, 현실, 그리고 악몽'이라는 슬로건 아래 전시를 연다. 20세기 체코 역사에서 빼놓을 수 없는 공산주의 시절을 잊지 않고 공부하기 위해 만들어졌다.

여러 단체와 개인에게서 수집해 모은 방대한 양의 자료가 사람들의 일상, 정치, 역사, 스포츠, 경제, 교육, 예술, 미디어 프로파간다, 시민군대, 경찰, 금기사항 등 다양한 방면으로 세분화되어 정리되어 있다. 3개의 큰 전시실로 이루어져 있으며 이곳을 관람하고 나오면 프라하 여행의 남은 여정에 대한 이해가 훨씬 더 깊고 넓어질 것이다.

Data Map 120p-B
Access 메트로 A, B선 타고 Můstek역 하차, 도보 3분 **Add** Na příkopě 852/10, 110 00 Praha 1 **Tel** 224-212-966 **Open** 09:00~20:00, 12/24 휴관 **Cost** 성인 380코루나, 학생(학생증 소지자) 290코루나, 65세 이상 320코루나, 가족 티켓(성인 2명+10~17세 어린이 2명 800코루나, 10세 미만 아동 무료(보호자 동반시) **Web** muzeumkomunismu.cz

구시가지로 입장하는 상징적인 문
화약탑 Prašná brána

화약탑은 프라하의 구시가지와 신시가지가 나뉘는 지점에 위치한다. 외국 사신들도 프라하성으로 들어올 때는 화약탑을 반드시 지나야 했다. 1475년 구시가지를 지키는 13개의 성문 중 하나로, 본래는 대포 요새로 지어졌다가 총기 제작고의 작업실, 연금술사 창고 및 연구실 등으로 이용되었다.

그 후 1757년 러시아와 전쟁 때 화약탑으로 사용되어 개축된 이후 화약탑이라는 이름을 갖게 되었다. 고딕 양식의 화약탑은 65m로 높지 않아 올라가기 힘들지 않다. 탑에 올라 프라하 시가지를 내려다보는 것은 인상 깊은 경험이 될 것이다. 현재는 연금술이나 종 주조와 관련된 유물뿐 아니라 다양한 종류의 전시를 선보이는 갤러리로 사용된다.

Data Map 120p-B
Access 메트로 B선 타고 Náměstí Republiky역 하차, 도보 5분
Add Náměstí Republiky 5, 110 00 Praha 1 **Tel** 725-847-875
Open 1~3월·10·11월 10:00~18:00, 4·5월+9월 10:00~19:00, 6월~8월 09:00~21:00, 12월 10:00~20:00 **Cost** 성인 150코루나, 학생·65세 이상 100코루나, 가족 티켓(성인 2명+어린이 2명) 350코루나
Web www.muzeumprahy.cz/prasna-brana

불이 꺼지면 시작되는 마법
블랙 라이트 시어터 타 판타스티카
Black Lights Theater Ta Fantastika

블랙 라이트 공연은 체코에서 생겨난 극의 형식으로, 불을 끄고 눈속임을 이용하는 중국 전통극의 큰 틀을 빌려 와 다양한 색의 움직임과 마임, 현대 무용, 발레, 애니메이션, 인형극 등 다양한 장르의 극을 모두 혼합한 퓨전극이다.

프라하 시내에는 블랙 라이트 공연을 하는 극장이 여럿 있다. 타 판타스티카는 구시가지 중심에 있어 찾기가 쉽고, 〈이상한 나라의 앨리스〉와 〈걸리버 여행기〉 등 프라하를 배경으로 재구성하여 공연한다. 연기자는 모두 검은 옷을 입어 관객들에게서 몸을 숨긴다. 1980년대부터 블랙 라이트 공연을 시작한 타 판타스티카 극단의 연기자는 실제 인형과 프로젝션 스크린을 함께 사용하여 극을 만들고, 밴드는 연기자의 노래와 함께 어우러지는 라이브 음악 연주를 한다. 다른 극장에서 다른 공연들을 보고 싶다면 프라하의 모든 공연 스케줄을 볼 수 있는 관광청 홈페이지(www.visitprague.cz/en/culture/theatre-musicals)를 참고하자.

Data Map 120p-A
Access 메트로 A선 타고 Staroměstska역 하차, 도보 5분
Add Karlova 8, 110 00 Praha 1 **Tel** 222-221-366 **Open** 11:00~21:30
Cost 좌석 720코루나, 어린이 3~15세 550코루나, 간이 의자 390코루나
Web www.tafantastika.cz

프라하 여름 최고의 클럽
클럽 라브카 Klub Lávka

음악을 즐기다가 밖으로 나와 시원한 강바람을 쐬는 프라하의 새벽은 특별하다. 강변에 위치한 라브카는 낮에는 노천 카페로도 성업 중이다. 꽃할배들이 테라스 뷰를 감상하며 "좋은 시대에 살고 있다"고 말했던 곳이 바로 여기다. 목요일과 일요일은 세계적인 DJ들과 라브카의 고고 댄서들이 멋진 무대를 꾸민다. 낮 시간과 저녁 시간에는 야외 자리에서 음료를 마시며 강가 전경을 감상하는 사람들로 붐빈다.

`Data` **Map** 120p-A
Access 메트로 A선 타고 Staroměstská역 하차, 도보 5분 **Add** Novotného lávka 201/1, 110 00 Praha 1 **Tel** 221-082-278, 773-990-009 **Open** 매표소 10:00~16:30, 공연 당일은 19:00까지(파티, 클럽 개장은 매일 상이, 홈페이지 참조) **Cost** 입장료 100코루나 **Web** www.lavka.cz

동유럽 최고의 클럽
카를로비 라즈니 Karlovy Lázně

각기 다른 장르의 음악을 각기 다른 DJ가 플레이하는 5개 층이 모여 만드는 하나의 대형 클럽. 규모뿐 아니라 기술적으로도 최첨단이라 세계에서 가장 사운드가 '빵빵'한 클럽으로 꼽히기도 한다. 15세기 건물을 그대로 보존하여 이용하고 있기 때문에 카를로비 라즈니만의 독특한 분위기를 느낄 수 있다는 것도 장점이다.
복도와 벽에서 모자이크화를 볼 수 있으며 로마 시대 목욕탕과 같은 방도 손대지 않고 그대로 두었다. 각 층마다 다른 즐거운 음악 덕분에 한 층에서 한 시간씩만 놀아도 아쉽다.

`Data` **Map** 120p-A
Access 메트로 A선 타고 Staroměstská역 하차, 도보 5분 **Add** Novotného lávka 198/13, 110 00 Praha 1 **Tel** 731-103-322 **Open** 21:00~05:00 **Cost** 입장료 200코루나 **Web** www.karlovylazne.cz

PLUS 카를로비 라즈니 층별 소개

1F 뮤직 카페 Music Café
물레방아 바퀴, 우물까지 보존되어 있는 클럽. 댄스 플로어는 비디오 디스플레이로 장식되어 있다. 인터넷 서핑 무료.

2F 디스코테크 Discotheque
댄스 음악을 위한 층. 다양한 조명과 사운드 효과를 장착하였다. 레이저 빔을 온몸으로 받으며 춤출 수 있는 곳이다.

3F 칼레이도스코프 Kaleidoscope
7080 스타일의 비교적 올드한 음악을 선곡하는 층. 엘비스와 마릴린 먼로 그림이 그려진 인테리어만 봐도 레트로한 분위기를 느낄 수 있다.

4F 파라독스 Paradogs
R&B와 힙합에 몸을 맡기는 곳. 흑인 음악의 정수를 맛보고 싶은 사람은 4층으로 직행! 스타일리시한 인테리어와 조명 장치도 음악과 무척 잘 어울린다.

5F 칠 아웃 Chill Out
조명이 들어오는 벽 앞에 설치된 금색 소파에 앉아 음악을 감상할 수 있도록 조성한 공간. 신나게 춤춘 후 잠시 맥주 한잔 하며 쉬어 가고 싶을 때 이용하자.

EAT

천문시계를 가장 잘 감상할 수 있는
테라사 우 프린스 Terasa U Prince

밤에는 분위기 좋은 옥상 바가 인기 만점이지만 낮에는 정각마다 움직이는 프라하 구시청사 천문시계가 가장 잘 보이는 1층 테라스 자리가 항상 만석이다. 프라하에서 프러포즈하기 가장 좋은 레스토랑으로 자주 꼽힐 정도로 낭만적인 분위기의 식당이라 연인들은 꼭 가보라 추천하는 곳이다.

각각 18인과 6인을 위한 프라이빗 한 다이닝룸도 2개 갖추고 있으며, 인테리어는 무척 고전적이다. 여행자를 위해 무선 인터넷도 제공한다. 메뉴는 여행객을 위해 굉장히 다양한 다국적 요리들로 구성되어 있다. 맛은 무난한 편이다.

Data **Map** 120p-B
Access 메트로 A선 타고 Staroměstská역 하차, 도보 5분 **Add** Staroměstské náměstí 460/29, 110 00 Praha 1
Tel 737-261-842 **Open** 09:00~23:00 **Cost** 잉글리쉬 브렉퍼스트 205코루나, 시저샐러드 299코루나, 립아이 스테이크 499코루나, 연어 스테이크 399코루나 **Web** www.hoteluprince.com

Since 1466, 전통이 살아 있는 맥줏집
우 메드비쿠 U Medvídků

저온 살균, 필터링 되지 않은 부드바르Budvar 맥주를 파는 곳으로 프라하에서 이곳이 유일하다. 물론 살균된 피브니체Pivnice 맥주도 피브니체 바에서 판매한다. 하나의 펍이 2개의 바로 나뉘어 운영되는 형식. 병맥주 중에서는 체코 맥주 중 가장 도수가 높은(알코올 도수 12.6) X-33도 있다. '혼자서는 마시지 말라'는 경고 문구가 붙어 있으니 간이 튼튼한 술꾼들만 도전해 볼 것. 내부 인테리어는 전통적인 체코 펍처럼 편안하고 자연스러운 분위기로 꾸며 놓았다. 500여 년 동안 양조장으로만 영업해 오다가 20세기에 이르러 직접 맥주를 마시고 갈 수 있는 펍으로 변모하였다. 우 메드비쿠의 메뉴는 안주를 넘어 요리라고 해도 손색이 없다.

맥주뿐 아니라 자두소스 돼지구이plum sauce pork, 맥주로 졸인 소스를 얹은 필레 스테이크fillet steak를 먹으러 오는 손님들도 많다. 펍 지하에는 병맥주와 맥주잔, 따개 등 기념품으로 가져갈 수 있는 것들을 판매한다. 2005년 개관한 박물관 '맥주의 집Dům Piva'이 맞은편에 있다.

Data **Map** 120p-E
Access 메트로 A, B선 타고 Můstek역 하차, 도보 5분 **Add** Na Perštýne 7, 110 01 Praha 1
Tel 224-211-916 **Open** 피브니체 바 11:30~23:00, 부드바르 바 16:00~03:00
Cost 안주 125~195코루나, 식사 240~399코루나, 부드바르 맥주 0.5L 54코루나 **Web** www.umedvidku.cz

밝고 친절한 서비스가 돋보이는
스타로메스카 레스토라스 Staroměstská restaurace

구시청사 천문시계와 마주보고 있어 자리를 잡을 수 있을까 싶지만 문을 열고 들어가면 놀랄 정도로 실내가 넓어 걱정할 필요가 없다. 꾸미지 않은 소박한 외관과는 달리 밝고 발랄한 분위기와 인테리어가 즐거운 식사를 예고하고, 바빠도 친절하고 세심하게 신경 써 주는 스태프 덕분에 구시가지를 지나칠 때 배꼽시계가 신호를 보내면 이곳을 찾게 된다. 흡연, 비흡연 좌석이 구분되어 있으며 겨울을 제외하고는 바깥 테라스 테이블도 함께 운영한다.
체코 코루나 외에도 유로도 사용 가능하다. 메뉴는 체코 전통 음식을 바탕으로 하고 그중에서도 고기류가 자신 있는 대표 메뉴. 채식주의자와 아이들을 위한 메뉴가 구분되어 있다.

Data **Map** 120p-B
Access 메트로 A선 타고 Staroměstská역 하차, 도보 3분 **Add** Staroměstské náměstí 551/17, 110 00 Praha 1
Tel 224-213-015 **Open** 09:00~00:00(동절기 11:00~00:00) **Cost** 플젠 굴라쉬 180g 399코루나,
스비치코바 180g 399코루나, 체코식 돼지갈비구이 800g 499코루나 **Web** staromestskarestaurace.com

우아한 티타임을 위한
카페 모차르트 Café Mozart

모차르트가 생전에 종종 찾았던 프라하. 프라하도 그를 잊지 않고 그의 이름을 딴 예쁜 카페를 세웠다. 아침에 와서 커피와 간단한 스낵을 먹어도 좋고, 밤에 찾아 클래식 또는 재즈 연주와 함께 3코스 식사를 즐겨도 좋다. 메뉴의 이름을 카페명과 조화롭게 카페 미뉴에트, 카페 심포니, 카페 소나타 등으로 지어둔 것이 재치 있다. 추천 메뉴는 베일리에 커피를 넣은 커피 미뉴에트, 헤이즐넛 향이 감도는 카푸치노 커피 피가로. 수요일에서 토요일까지는 음악 공연이 열린다. 모차르트 생전의 분위기를 연출하는 콘서트로, 악사들은 모두 화려한 의상을 차려 입고 연주를 한다.

Data **Map** 120p-C
Access 메트로 A선 타고 Staroměstska역 하차, 도보 5분
Add Staroměstské náměstí 481/22, 110 00 Praha 1 **Tel** 221-632-522
Open 07:00~22:00
Cost 에스프레소 또는 아메리카노 95코루나, 카푸치노 105코루나, 비엔나 커피 119코루나, 까바 아마레뗌 135코루나
Web www.cafemozart.cz

아무리 마셔도 끄떡없는 술꾼들이 찾는
우 즐라테호 티그라 U Zlatého tygra

'황금빛 호랑이'라는 이름과 무척 어울리는 우 즐라테호 티그라는 시내 중심부에 위치하여 호랑이의 기개를 자랑하는 술꾼들의 집합소 역할을 하고 있다. 주변 펍이 관광객이 많은 지역적 유리함을 이용하여 바가지를 씌우는 것에 비해 가격이 합리적이어서 언제나 사람들로 붐빈다. 바에 기대어 서서 맥주를 마셔 보자. 다양한 맥주 탭에서 쏟아져 나오는 시원한 음료 줄기들을 구경하는 재미가 있다.
작가이자 전 체코 대통령이었던 바클라프 하벨Václav Havel과 체코 대문호 보후밀 흐라발Bohumil Hrabal이 티그라의 단골손님이었다. 우 즐라테호 티그라의 고유 문양이 프린트된 종이 컵받침을 기념품으로 가져오는 여행자도 많다. 프라하의 여러 펍의 컵받침을 모아 가져오는 것도 남다른 추억이 될 것이다.

Data **Map** 120p-A
Access 메트로 A선 타고 Staroměstsk역 하차, 도보 5분
Add Husova 228/17, 110 00 Praha 1
Tel 222-221-111 **Open** 15:00~23:00
Cost 맥주 치즈와 버터 95코루나, 필스너 우르켈 0.45L 58코루나, 코젤다크 0.5L 52코루나
Web www.uzlatehotygra.cz

프라하 제1호 필스너 탄코브나
우 핀카수 U Pinkasů
Writer's Pick!

저온 살균되지 않은 진짜 체코 맥주를 맛보고 싶다면 바츨라프 광장에 숨어 있는 우 핀카수를 가 보자. 탱크에 담긴 신선한 맥주를 판매하는 펍을 탄코브나Tankovna라고 하는데, 이곳이 바로 1843년에 처음 문을 연 프라하 제1호 필스너 탄코브나이다. 탱크에서 필스너 우르켈을 뽑아 마시는 경험을 해 보자. 아래층은 좀 더 늦게까지 열고, 메뉴판에는 영어가 없지만 홈페이지에서는 영어 메뉴를 확인할 수 있다. 감자튀김을 곁들인 오리고기 요리, 말 다리구이 등 식사로도 충분한 든든한 메뉴가 많다.

Data **Map** 120p-E
Access 메트로 A, B선 타고 Můstek역 하차, 도보 1분
Add Jungmannovo Náměstí 16, 110 00 Praha 1
Tel 221-111-152
Open 10:00~23:30
Cost 훈제 고기로 속을 채운 감자찐빵 269코루나, 전통 돼지구이와 양배추, 감자빵 269코루나, 스비치코바 269코루나
Web www.upinkasu.cz

카를교의 전경을 감상하며
믈리넥 Mlýnec

신선한 계절 식재료와 전통 체코 레시피, 최첨단 요리 기술을 고집하는 셰프 마렉 사다Marek Šáda가 이끄는 블타바 강가의 우아한 식당. 프라하에서 가장 오래 성업하고 있는 다이닝 그룹인 자티시Zátiší 그룹의 일원으로, 렌틸 퓌레와 함께 먹는 프라하 햄 요리, 민트 소스 양고기, 감자만두가 사이드로 나오는 오리구이가 대표 메뉴다. 또한 일요일에만 먹을 수 있는 선데이로스트가 유명하다. 별도로 아이들이 놀 공간을 마련해 두고, 전문 베이비시터가 상주하고 있어 부모가 조용하고 편안하게 식사를 즐길 수 있도록 보장한다.

선데이로스트는 6세 이하에게는 무료로 제공하고, 12세 미만 아동에게는 50% 할인을 해 주며 무한대로 주스, 소다, 와인을 마실 수 있다는 장점이 있다. 와인도 체코 와인뿐 아니라 여러 국가의 맛 좋고 가격대도 합리적인 라벨들을 다양하게 선별하여 구비하고 있다. 프라하 사람들이 생일, 결혼식, 졸업식과 같이 특별한 날에 찾아오는 식당으로 정평이 나 있다. 결혼식 장소로도 인기가 많다.

Data **Map** 120p-A
Access 메트로 A선 타고 Staroměstská역 하차, 도보 7분
Add Novotného lávka 9, 110 00 Praha 1
Tel 277-000-777
Open 12:00~15:00, 17:30~23:00(12/24, 1/1~1/31 휴무)
Cost 전통 체코 오리 콩퓌 595코루나, 양고기 필레 미뇽과 슈니첼 695코루나
Web www.mlynec.cz

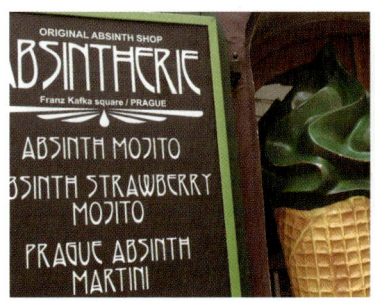  

초록색 요정을 만나는 곳
압생테리 Absintherie

도수가 높은 압생트를 마시면 초록색 요정들이 눈앞에 보인다는 속설로 유명한 압생트 전문 바. 한때 절제 없이 너무 많은 사람들이 압생트를 과다하게 마셔 많은 나라에서 금지가 되었던 술이다. 현재도 쉽게 찾아볼 수 있는 음료가 아니므로 프라하에서는 지나치지 말고 시도해 볼 것을 추천한다. 압생테리에는 체코, 스위스, 프랑스, 독일에서 온 약 60여 종의 압생트가 메뉴에 올라 있다. 압생트 맥주, 압생트 아이스크림, 압생트 피즈, 압생트 모히토, 압생트 콜라다와 같이 압생트를 베이스로 하는 칵테일도 마셔 볼 수 있다. 압생테리는 박물관도 겸하고 있어 압생트와 관련해서는 동유럽에서 가장 방대한 양의 자료를 전시한다.

더 이상 시장에서 판매하지 않는 것이 대부분인 약 250여 개의 압생트 병을 볼 수 있으며, 압생트 분수 등 압생트 서빙에 이용되었던 다양한 도구와 압생트를 모티브로 한 그림들도 전시되어 있다. 기념품으로 압생트를 병으로도 판매하며, 압생트 초콜릿과 압생트 스푼, 컵, 케이스 등도 구입 가능하다. 이곳 외에도 구시가지 내 지점을 한군데 더 가지고 있다(**Add** U Radnice 13/8 Náměstí Franze Kafky, 110 00 Praha 1).

Data **Map** 120p-A
Access 메트로 A선 타고 Staroměstska역 하차, 도보 8분
Add Jilská 7, 110 00 Praha 1
Tel 224-251-999
Open 12:00~00:00
Cost 압생트 195코루나~, 칵테일 115~265코루나
Web absintherie.cz

대문호 헤밍웨이에게서 영감을 받아 세운
헤밍웨이 바 Hemingway Bar

압생트 종류에 있어서는 체코에서 제일 가는 바라고 할 수 있는 곳이다. 압생트와 더불어 럼과 샴페인을 주 종목으로 삼는다. 압생트 위에 설탕을 얹은 숟가락을 놓고 불을 붙이는 전통 방식을 그대로 따르니 압생트에 익숙지 않아도 차근차근 정통 시음 방법을 배워 가며 마실 수 있다. 럼주와 시가를 사랑했던 헤밍웨이에 대한 예우를 갖추어 여러 종류의 시가 역시 판매한다.

논 알코올 음료와 맥주, 와인도 마련되어 있으며 샴페인은 해마다 3만 병 이상을 만들지 않는 프랑스 샹파뉴 지역의 작은 와이너리에서 어렵게 구해 온다고 한다. 칵테일 메뉴 역시 훌륭하다. 천연 주스와 품질 좋은 주류만을 이용하고, 경험 많은 바텐더가 숙련된 기술을 이용하여 다양한 칵테일을 뚝딱 만들어 낸다.

Data Map 120p-A
Access 메트로 A, B선 타고 Můstek역 하차, 도보 10분 **Add** Karoliny Světlé 26, 110 00 Praha 1
Tel 773-974-764 **Open** 월~목 17:00~01:00, 금 17:00~02:00, 토 19:00~02:00, 일 19:00~01:00 **Cost** 칵테일 285~365코루나, 진·럼 125코루나~, 나초 205코루나, 크랜베리 파테 205코루나 **Web** hemingwaybar.cz

독특한 체코 큐비즘 스타일의 카페
그랑 카페 오리엔트 Grand Café Orient

그랑 카페 오리엔트는 '블랙 마돈나 건물'이라 불리는 독특한 큐비즘 건물에 있다. 검은색 얼굴을 하고 있는 마리아 상인 블랙 마돈나가 외벽에 붙어 있어 그렇게 불린다. 큐비즘이 크게 흥하던 1912년 개업했다가 10년 만에 큐비즘의 인기가 급격하게 떨어지면서 폐업했다. 그 후 2005년에 다시 문을 열었다.

체코 큐비즘 스타일 인테리어로 꾸며 처음 영업했던 당시의 분위기를 잘 연출했다. 당시 카페 사진 자료를 바탕으로 최대한 비슷하게 가구와 조명도 제작했다. 크레이프, 샌드위치, 샐러드와 디저트류가 가장 잘 팔린다. 수다를 떨거나 책을 보면서 오래 머물러도 좋은 곳이다. 전통 체코 케이크 '쿠비스티키 베네첵 Kubistický věneček'이 인기 메뉴. 무료 무선 인터넷도 제공된다.

Data Map 120p-B
Access 메트로 B선 타고 Náměstí Republiky역 하차, 도보 7분
Add Ovocný trh 19, 110 00 Praha 1
Tel 224-224-240
Open 월~금 09:00~22:00, 토·일 10:00~22:00
Cost 팔라친키(팬케이크) 149코루나~, 치즈케이크 125코루나, 핫초코 85코루나, 핫와인 95코루나, 에스프레소 60코루나, 카푸치노 78코루나
Web www.grandcafeorient.cz

트르들로 명가
크루스타 Krusta

Writer's Pick!

규모는 작지만 고소한 빵 굽는 냄새가 종일 진동하는 구시가지 최고의 베이커리. 프라하에서 가장 잘 팔리는 거리 음식 트르들로가 가장 인기 있다. 트르들로 외 다른 빵들도 하나하나 다 맛있다. 인기 품목은 올리브빵, 양배추 파이, 초리조 소시지 스틱, 핫도그 크루아상 등이 있다. 아침이나 간식 대용으로 먹기 좋은 빵들이 실시간으로 구워져 나온다. 트르들로 기계가 상점 바깥쪽으로 향해 있어 줄 서 있는 손님들은 트르들로 반죽이 노릇노릇하게 익는 것을 구경하며 기다릴 수 있다.

천천히 돌아가는 그릴에 구워지는 빵 냄새에 길을 가던 사람들도 걸음을 멈추고 크루스타로 모여들어 언제나 줄이 길다. 사람들도 많지 않고 가장 많은 빵을 구워 내는 아침 시간을 추천한다. 일품 빵만을 만들어 파는 곳이지만 가격대는 여느 트르들로 가판과 다르지 않다. 레스토랑 겸 카페 베이커리 지점(**Add** Vodičkova 729/11, 110 00 Praha 1)도 있으니 참고하자.

Data **Map** 120p-B
Access 메트로 A선 타고 Staroměstska역 하차, 도보 7분 **Add** Karlova 146/23, 110 00 Praha 1
Tel 607-745-948 **Open** 07:00~01:00 **Cost** 아이스크림 트르들로 110코루나 **Web** www.pekarnakrusta.cz

기념품 쇼핑 원샷, 원킬!
하벨 시장 Havelské Tržiště

1232년 처음 문을 연 역사가 긴 시장. 프라하에는 체코 크리스털, 주얼리, 나무를 깎아 만든 장난감 등 다양한 물품을 판매하는 상점들이 여럿 있지만 한 번에 쇼핑을 해결하고 싶다면 하벨 시장으로 가자. 이 모든 것들을 한데 모아 판매하는 원스톱 시장이다. 평일에는 주로 채소와 과일을 판매하여 저녁거리 장을 보러 나온 프라하 사람들로 언제나 붐빈다. 주말에는 여행자를 위한 기념품을 팔지만 요즘에는 요일 구분 없이 언제 찾아도 과일과 채소, 기념품을 모두 구입할 수 있다. 여행하다 출출하면 사과 한 알, 딸기 한 바구니를 사러 들러 볼 수도 있고, 작은 냉장고 자석이나 책갈피 등을 구입할 수 있다. 간혹 관광객에게는 비싸게 부르는 경우도 있으니 가격이 붙어 있는 곳에서 구매할 것을 권한다.

Data **Map** 120p-B
Access 메트로 A, B선 타고 Můstek역 하차, 도보 5분 **Add** Havelská 13, 110 00 Praha 1
Tel 602-962-166 **Open** 06:00~18:30 **Web** www.facebook.com/havelsketrziste

프라하를 대표하는 쇼핑몰
팔라디움 Palladium

프라하에서 가장 다양한 브랜드가 구비된 백화점. 180여 개의 상점과 20여 개의 레스토랑, 바, 카페가 입점하고 있다. 저가 캐주얼 브랜드 핌키Pimkie, 카마이유Camaieu, 탤리 베일Tally Weijl을 비롯하여 H&M, 망고MANGO, 탑샵TOPSHOP 등 유럽에서 구매하면 더 저렴한 패션 브랜드가 모두 있다. 화장품 상점이 많고, 체인 패스트푸드점과 대형 커피 전문 브랜드들도 있어 체코 음식이 입에 맞지 않는다면 이곳에서 오랜만에 마음껏 식사할 수 있다.

Data **Map** 120p-B
Access 메트로 B선 타고 Náměstí Republiky역 하차, 도보 1분
Add Náměstí Republiky 1, 110 00 Praha 1 **Tel** 225-770-250
Open 상점 월~토 09:00~22:00, 일 09:00~21:00
Web palladiumpraha.cz

철저한 유기농 공법으로 만드는 깨끗한 화장품
보타니쿠스 Botanicus

보타니쿠스는 브랜드 설립 때부터 모든 재료를 공급받는 정원과 농장을 함께 운영하고 있다. 지역 경제를 활성화하면서 소비자에게 깨끗하고 믿을 수 있는 제품을 공급하기 위해 만들어진 믿음직한 브랜드이다. 프라하 외곽 리사 나트 나뱀Lysa nad Labem 지역의 마을 오스트라 Ostra에서 보타니쿠스의 전매특허인 패출리 원료를 재배하고 있다. 전통적인 기법을 이용하여 고품질의 천연 화장품과 목욕용품을 만들고 있으며, 수익의 일부를 자선 단체에 후원하고 있다. 패출리의 강한 향을 이용해 만든 보타니쿠스의 보디용품으로 자신만의 시그니처 향을 가져 보자.

Data Map 120p-B
Access 메트로 B선 타고 Náměstí Republiky역 하차, 도보 7분
Add Týn 3/1049, 110 00 Praha 1
Open 10:00~20:00(12/25, 1/1 휴무)
Tel 234-767-446
Web www.botanicus.cz

친환경 코스메틱 브랜드
Writer's Pick!
마누팍투라 Manufaktura

    1991년 설립된 100% 체코 자본 친환경주의 화장품 회사. 2012년 슬로바키아에 첫 해외 지점을 낸 것을 시작으로 조금씩 영업 범위를 넓히고 있다. 순하고 효과 좋은 제품들이 많다. 체코의 특산물 맥주와 와인, 모히토 등을 주재료로 한 다양한 목욕용품 및 화장품을 선보이며 목욕 도구, 인형, 타월, 초와 같은 제품들도 판매한다. 250여 명의 체코 장인을 한데 모아 체코만의 기술을 이용하여 만들어낸 독자적인 브랜드라 자국 내 많은 사랑을 받고 있으며, 동물 실험을 절대 하지 않는 것으로 유명하다.
한국에서 구입하는 타 브랜드 천연 화장품보다 훨씬 가격도 착하다. 프라하 시내에 매장이 여럿 있는데 모두 깔끔하고 향긋하고 면적도 넓어 돌아보는 재미가 있다. 홈페이지(www.manufaktura.cz/en/stores)에서 다른 매장 정보 확인 가능.

Data Map 120p-A
Access 메트로 A선 타고 Staroměstská역 하차, 도보 5분
Add Karlova 223/26, 110 00 Praha 1 **Tel** 601-310-605
Open 일~목 10:00~20:00, 금·토 10:00~21:00
Cost 립밤 105코루나, 핸드크림 159코루나 **Web** manufaktura.cz

SLEEP

정시마다 종을 치는 시계탑을 바라볼 수 있는
호텔 다르 Hotel Dar

천문시계탑이 보이는 최고의 뷰를 가진 구시가지 호텔. 2007년 오픈한 호텔이지만 1870년에 지어진 건물을 사용하고 있다. 옛 것과 현대적인 것이 적절히 조화를 이루어 진정한 프라하 여행의 묘미를 느낄 수 있다. 다국어 구사가 가능한 스태프는 공항 셔틀, 24시간 운영하는 프런트 데스크, 투어 안내와 예약, 다리미 제공 등 다양한 서비스를 제공한다.

19세기 인테리어로 꾸며진 방에는 무료 무선 인터넷과 특별히 이용객의 허리를 위한 정형 매트리스를 비치했다. 호텔 내 레스토랑은 전통 체코 음식과 인터내셔널 퀴진을 모두 선보여 체코 음식이 입에 맞지 않아도 호텔 안에서 무리 없이 식사를 해결할 수 있다.

Data **Map** 120p-B
Access 메트로 A선 타고 Staroměstská역 하차, 도보 3분
Add Kožná 12, 110 00 Praha 1 **Tel** 224-210-071
Cost 트윈룸 3,000코루나 **Web** hotel-dar.pragueshotel.net

서비스가 최고인 아늑한 숙소
레드 체어 호텔 Red Chair Hotel

카를교에서 불과 300m 떨어진 15세기 건물에 위치한 사랑스러운 이름의 호텔. 호텔에서 구시가지는 도보 7분이면 갈 수 있고, 메트로 역도 가깝다. 객실에는 프라하 풍경을 그린 유화가 걸려 있고, 넓은 욕실과 위성 TV, 무료 무선 인터넷 사용이 가능하다. 빨간 의자는 없지만 어두운 색의 원목 가구와 큰 창, 흰 벽이 들뜬 기분을 상쇄시켜 노곤한 몸을 편히 쉴 수 있게 해준다.

조식은 뷔페로 제공되며, 13개의 객실이 있는 소규모 호텔이기 때문에 투숙객들에게 보다 섬세한 서비스를 제공한다. 주변 맛집들과 일정 추천이 필요하다면 주저하지 말고 프런트에 물어보자.

Data **Map** 120p-A
Access 메트로 A선 타고 Staroměstská역 하차, 도보 5분
Add Liliová 250/4, 110 00 Praha 1
Tel 296-180-018
Cost 더블룸 3,427코루나
Web www.redchairhotel.com

유명한 부다 바 체인의 프라하 지점
부다 바 호텔 프라하 Buddha-bar Hotel Prague

아시아풍의 독특한 인테리어를 도입한 럭셔리 객실과 스위트룸으로 호텔 업계에 큰 획을 그은 부다 바 체인의 프라하 지점이다. 1916년에 지어진 건물을 2009년에 완전히 보수했다. 39개의 객실과 3개의 스위트룸으로 구성되어 있다. 아시아풍과 프랑스풍의 퓨전 인테리어가 묘한 매력을 풍겨 호텔 안에서만 머물러도 구경할 것이 많다.

큰 불상이 중앙에 자리하고 있는 부다 바Buddha Bar 레스토랑에서의 식사는 부다 바 호텔의 1등 특장점. 스시, 딤섬과 같이 우리에게 익숙한 아시아 요리가 대부분이다. 특히 무알코올, 알코올 음료 메뉴가 인상적이다. 최신식 피트니스 센터, 터키식 목욕탕, 자쿠지, 스파도 이용 가능하다. 객실 안에는 편안한 침대, 네스프레소 커피 머신이 있고 무료 무선 인터넷이 제공된다.

Data **Map** 120p-B
Access 메트로 B선 타고 Náměstí Republiky역 하차, 도보 3분
Add Jakubská 649/8, 110 00 Praha 1 **Tel** 221-776-300
Cost 슈페리어룸 4,765코루나 **Web** www.buddhabarhotelprague.com

믿을 수 있는 체인 호텔
이비스 프라하 올드타운 Ibis Praha Old Town

세계적인 호텔 체인 이비스의 프라하 구시가지 지점. 무난하고 청결하여 대부분의 여행객이 모든 면에서 만족하는 신뢰도 높은 숙소다. 270여 개의 객실이 있는 대형 호텔이다. 메트로에서 나오면 바로 보이고, 장애인 손님을 위해 메트로 이동이 쉬운 경로를 따로 만들어 놓아 높은 점수를 주고 싶다. 호텔은 100% 금연 건물이다.
모든 객실은 편안한 침대와 무선 인터넷, LCD 플랫 스크린 TV를 갖추고 있다. 방안에는 금고가 따로 없으나 짐을 맡겨 놓는 창고에 비밀번호를 설정할 수 있는 금고가 있어 이곳에 귀중품을 넣어둘 수 있다. 옆 건물에는 대형 쇼핑몰과 체인 커피 전문점, 마트 등이 있다. 야간 시내 워킹 투어의 집합 장소와도 도보로 5분 이내에 위치해 있다.

Data **Map** 120p-C
Access 메트로 B선 타고 Náměstí Republiky역 하차, 도보 1분
Add Na Poříčí 5, 110 00 Praha 1
Tel 266-000-999
Cost 더블룸 2,000코루나
Web www.accorhotels.com/gb/hotel-5477-ibis-praha-old-town/index.shtml#origin=ibis

여행자에게 영감을 불어넣는 특별한 휴식처
엠블럼 Emblem

이곳을 찾는 모든 투숙객이 여행, 인생, 도시에 대한 영감을 받을 수 있도록 하나하나 정성을 다했다. 엠블럼 객실의 전체 톤은 비슷한 모노톤이지만 방마다 각기 다른 인테리어로 꾸며져 있다. 조명이나 책상 등 작은 디테일에도 신경을 썼다.

여름이면 구시가지가 내려다보이는, 온수 자쿠지가 딸려 있는 옥상 수영장을 이용하며 체코의 더위도 피할 수 있다. 피트니스 센터, 사우나, 한증탕, 스파 등도 갖추고 있어 심신이 두루 편안한 최고의 숙소가 되리라 보장한다. 엠블럼 내 레스토랑 조지George의 스테이크는 엠블럼에 묵는 동안 한 번은 먹어볼 것을 적극 권한다.

Data Map 120p-A
Access 메트로 A선 타고 Malostranská역 하차, 도보 5분
Add Platnérská 19, 110 00 Praha 1
Tel 226-202-500
Cost 트윈룸 7,000코루나
Web www.emblemprague.com

전망 좋은 옥상을 자랑하는
융그만 호텔 Jungmann Hotel

작지만 우아한 호텔이다. 바츨라프 광장과 100m 거리에 있으며, 구시가지와 유대인 지구 사이에 안전하고 편리한 위치에 자리 잡고 있다. 메트로 B선이 호텔 바로 앞에 있으며 A선도 걸어서 150m면 이용할 수 있어 관광지를 다니기에 불편함이 전혀 없다.

2012년 대대적인 리노베이션을 거쳐 스타일리시하게 꾸며져 있다. 무선 인터넷, 미니바, 금고, 평면 위성 TV 등을 갖추고 있다. 투어 안내와 예약, 주차, 공항 셔틀 서비스도 제공한다. 1층 카페는 언제든 사용 가능하지만 투숙객은 옥상 테라스에서 커피 마시는 것을 훨씬 더 선호한다. 프라하 시가지가 시원하게 내려다보이는 옥상 전망은 아침에도 밤에도 아름답다.

Data Map 120p-E
Access 메트로 A, B선 타고 Můstek역 하차, 도보 3분
Add Jungmannovo náměstí 762/2, 110 00 Praha 1
Tel 222-219-501
Cost 더블룸 2,500코루나
Web www.hotel-jungmann.cz

내 집 같은 편안함과 활기 넘치는
호스텔 원 프라하 Hostel One Prague

구시가지에서 도보로 15분 거리에 있다. 조용하고 쾌적한 주거 단지에 위치해 있다. 푹신한 소파와 빠른 무선 인터넷, 많은 DVD를 보유하고 있어 호스텔에서의 시간도 지루할 틈이 없다. 모든 방에 전용 욕실이 있으며 종종 무료 저녁 식사도 제공한다.

발코니나 정원에서 호스텔에 묵는 사람들을 만나 시간을 보내는 것도 추천한다. 함께 프라하의 맥줏집 투어를 하는 등 즐겁고 신나는 파티 호스텔을 찾는다면 이곳이 제격이다. 원목과 흰 벽으로 꾸며진 심플한 도미토리는 깨끗하며 여러 명이 쓰는데도 좁지 않다. 사교성 좋은 친절한 스태프들이 있어서 혼자 찾아도 겉돌지 않고 금세 많은 친구를 사귈 수 있는 곳이다.

Data **Map** 120p-C
Access 메트로 C선 타고 Florenc역 하차, 도보 10분
Add Cimburkova 916/8, 130 00 Praha 3
Tel 222-221-423
Cost 10인·도미토리 330코루나, 4인 도미토리 550코루나
Web www.hosteloneprague.com

친구처럼 다정한 스태프가 맞아주는
아호이 호스텔 Ahoy Hostel

구시가지의 고풍스러운 17세기 건물에 위치한 호스텔. 아호이는 가장 친한 친구 집에 묵어가는 것을 콘셉트로 만들어진 호스텔이다. 객실에 들어가면 거리의 아티스트가 직접 그린 그림들을 볼 수 있다. 자유롭고 편안한 아호이의 분위기는 이곳에서 제공하는 24시간 리셉션, 보드게임, 도서, 시내 지도, 무료 시내 투어, 무료 무선 인터넷, 부엌 사용, 무료 음료 등 수많은 서비스로 이어진다. 투숙객의 후기에는 친절한 스태프들의 이야기가 빠지지 않을 정도로 서비스 정신으로는 둘째가라면 서러울 곳이다. 17세기 건물에 위치한 호스텔. 레고 박물관이 인접해 있고, 카를교는 500m 거리에 있다.

Data **Map** 120p-E
Access 메트로 A, B선 타고 Můstek역 하차, 도보 5분
Add Na Perštýně 10, 110 00 Praha 1
Tel 773-004-003
Cost 6인 도미토리 500코루나 (20.90유로)
Web www.ahoyhostel.com

세계 각국의 친구를 만나는
호스텔 원 홈 Hostel One Home

배낭여행자들을 타깃으로 하는 유명한 스페인 호스텔 원 체인의 프라하 지점으로, 젊은 직원들이 운영하는 생기발랄한 숙소이다. 어떤 문제가 있는지 밝고 친절하게 안내하여 초보 여행자도 문제없이 프라하를 구석구석 즐길 수 있도록 돕는다.

특히나 이곳에서 새 친구들을 사귀고 간다는 후기가 많은 것으로 미루어 보아 숙소 전체가 즐거운 분위기를 띠고 있음을 알 수 있다. 거의 매일 함께 저녁을 먹거나 시내를 돌아보는 투어 등 다양한 프로그램도 마련해 새 친구를 사귈 확률이 다른 호스텔보다 높다. 깔끔한 욕실과 객실도 큰 장점. 객실에는 개인 전원 소켓과 램프가 마련되어 있고, 공동 공간에는 다양한 게임과 영화 등이 마련되어 있다.

Data **Map** 120p-C
Access 메트로 B선 타고 Náměstí Republiky역 하차, 도보 5분
Add Hybernska 22, 110 00 Praha 1 **Tel** 222-221-423
Cost 10인 도미토리 330코루나, 6인 도미토리650코루나, 4인 도미토리550코루나
Web www.hosteloneprague.com

머무름이 신나는
매드하우스 프라하 The MadHouse Prague

'미친자들의 집'이라는 이름이 암시하듯 조용히 잠만 자고 가고 싶은 사람들을 위한 곳은 아니다. 평생 잊지 못할 추억을 만들고 싶은 사람들을 위한 숙소라는 이곳은 몬트리올 출신의 유명 그라피티 아티스트 피토Pito와 구코Guko의 화려한 그림으로 꾸며 놓았다. 강렬한 색의 스프레이 페인트로 꾸민 벽, 깔끔한 침구와 침대가 젊은 투숙객에게 반응이 좋다.

햇빛이 밝게 들어오는 공용 주방에서 새 친구들을 만나볼 수 있고, 정원에서 맥주를 함께 마시거나 하키 게임을 하는 등 호스텔 안에서 함께 할 수 있는 액티비티도 많다. 한 가지 단점이자 장점은 나이 제한이 있다는 것. 18~45세에 한해 손님을 받고 있어 공통 관심사를 가진 친구들을 사귀기에 무척 좋지만 가족 단위로 머무르기에는 어려움이 있다.

Data **Map** 120p-E
Access 메트로 B선 타고 Národní třída역 하차, 도보 5분 **Add** Spálená 102/39, 110 00 Praha 1 **Tel** 222-240-009 **Cost** 8인 도미토리 490코루나, 12인 도미토리 420코루나 **Web** www.themadhouseprague.com

모던 유럽 인테리어 분위기
도브리 프라하 Dobry Praha

감성적인 포근한 분위기의 숙소. 중앙역 도보 10분, 플로렌스 버스 터미널 도보 7분 접근성이 좋고 3분 거리에 한인마트가 있다. 게스트용 맥주 냉장고도 구비하고 있으며 조식이 맛있다. 청결함은 기본! 금요일 저녁에는 이곳만의 파티가 열린다. 엽떡파티~

Data **Map** 120p-C
Access Náměstí Republiky 지하철역에서 도보로 2분 **Add** Havlíčkova 1682/15, 110 00 Nové Město, Praha 1 **Tel** +420 774 667 970 **Cost** 여름 성수기(6월 20일~9월 30일), 겨울 성수기(12월 20일~1월 10일) 도미토리 45유로, 2인실 110유로, 3인실 135~150유로, 5인실 270유로, 평수기 도미토리 40유로, 2인실 100유로, 3인실 120~135유로, 5인실 240유로 **Web** https://dobrypraha.modoo.at/

구시가지 광장 중심에 위치한
햇살가득 프라하 Praha Sunshine

고풍스러운 유럽 가옥의 전통을 잘 보존하고 있는 건물. 2018년 내부 리뉴얼 공사를 통해 깔끔하고 현대적인 주방과 욕실을 갖추었다. 2004년부터 체코에서 민박집을 운영하여 민박집의 노하우도 많이 쌓여 있는 주인장을 만날 수 있다. 구시가지 광장 도보 2분, 카를교 도보 3분 등 접근성이 뛰어난 민박집, 도미토리와 아파트먼트를 같이 운영 중에 있다.

Data **Map** 120p-A
Access Staroměstská 지하철역에서 도보로 2분 **Add** Valentinská 92/3, 110 00 Josefov Praha 1 **Tel** +420 770 606 177 **Cost** 여름 성수기(6월 20일~9월 30일) 도미토리 45유로, 커플룸 130유로(2인 기준요금), 가족룸 170유로(3인 기준요금), 겨울 성수기(12월20일~1월10일) 도미토리 50유로, 커플룸 150유로(2인 기준요금), 가족룸 190유로(3인 기준요금), 평수기 도미토리 40유로, 커플룸 110(2인 기준요금), 가족룸 140유로(3인 기준요금), 커플룸, 가족룸은 기준 인원보다 1인 추가시 40유로 추가 **Web** https://www.prahasunshine.com/

구시가지와 신시가지 동시에 위치한
1박2일 프라하 2 Days 1 Night Praha

카를교 옆에 위치한 1호점은 아파트먼트(에어비앤비)로 운영되고 있으며, 주로 아파트 형태를 선호하는 사람들에게 대여하고 있다. 가족, 커플 등 개인적인 공간이 필요한 사람들에게 적합한 한인 민박이다. 바츨라프 광장에 위치한 2호점은 게스트 하우스로 운영되고 있다. 개인이 여행하며 저렴한 도미토리를 이용하는 사람들에게 적합하다. 아침 식사를 한식이 아닌 셀프 서양식으로 운영하여 가격이 저렴하다. 주방 이용 가능.

Data **Map** 120p-A, 120p-E
Access 1호점 Karlovy Lázně 트램역에서 도보로 2분, 2호점 Muzeum 지하철 역에서 도보 2분 **Add** 1호점 Anenská 5, 110 00 Staré Město Praha 1, 2호점 Krakovská 20, 110 00 Nové Město Praha 1, **Tel** +420 776 601 934 **Cost** 1호점 4인 기준 140유로(1인 추가시 35유로, 최대 8명까지 가능), 2호점 여름 성수기(6월 20일~9월 30일) 도미토리 32유로, 겨울 성수기(12월 20일~1월 10일) 도미토리 40유로, 평수기 도미토리 27유로 **Web** https://12praha.com/

Praha By Area

02

신시가지
Nové Město

신시가지는 중세 도시의 아기자기함과 전통을 간직하면서도 시대에 발맞추어 빠른 속도로 발전하는 양면의 매력이 공존하는 곳이다.
프라하의 상업이 집중되어 있는 곳으로 대형 백화점이 있는 쇼핑의 메카이기도 하면서 민주화 운동이 발발했던 바츨라프 광장이 있는 곳이기도 하다.

신시가지
미리보기

미로처럼 얽혀 있는 구시가지에 비해 도로 간격이 넓은 신시가지에서는 좀 더 여유롭게 돌아보자. 국립박물관, 국립오페라하우스, 댄싱 하우스와 같이 프라하를 상징하는 건축물은 신시가지에도 많다. 신시가지는 다양한 모습으로 여행자를 기다린다.

주요 메트로역 A·C선 Muzeum역, B선 Národní třída역, B선 Karlovo náměstí역, C선 I. P. Pavlova역, C선 Vyšehrad역

SEE
신시가지와 구시가지를 구분 짓는 바츨라프 광장에서 여행을 시작하자. 긴 광장을 왼쪽, 오른쪽으로 나누어 오르락내리락하며 광장 주변의 명소들을 돌아본다. 국립박물관 본관과 신관, 그 옆에 위치한 국립오페라하우스를 방문하거나 강변 쪽으로 향하여 댄싱 하우스를 보러 가도 좋다. 마지막에 아래쪽에 위치한 브세흐라드 묘지를 찾도록 하자. 너무 무섭지 않도록 해가 지기 전에 묘지를 둘러보고, 다시 시가지 위쪽으로 올라와 밤 시간을 보내도록 한다.

EAT
신시가지에서는 미슐랭 레스토랑과 강변의 유서 깊은 카페, 시가지 중심부에 위치한 여러 펍 등 여행자들의 허기를 충족시켜 줄 수 있는 다양한 맛집과 찻집이 넘쳐난다. 관광명소가 많고 쇼핑을 하게 되면 체력 소모가 상당하니 신시가지에서의 음식 예산은 조금 넉넉하게 책정하자. 건축에 관심이 있는 사람에게는 댄싱 하우스 꼭대기 층에서 운영하는 진저&프레드 레스토랑에서의 저녁 식사를 추천한다.

BUY
쇼핑을 원한다면 댄싱 하우스나 브세흐라드 묘지 쪽으로 내려가기 전 프로코프가 부근을 돌아보며 사고 싶은 것들이 있는지 확인하자. 부피나 무게가 부담이 되지 않는다면 바로 사도 좋지만 그렇지 않다면 신시가지 아래편까지 돌아보고 올라오며 구입하는 게 낫다. 매장의 영업시간을 확인하여 너무 늦게 돌아오지 않도록 주의하자. 신시가지는 브랜드 상점과 기념품 상점을 모두 갖추고 있다. 만약 쇼핑할 시간이 딱 하루밖에 없고 세계적인 패션 브랜드의 옷이나 장신구를 쇼핑하고 싶다면 신시가지를 방문하자.

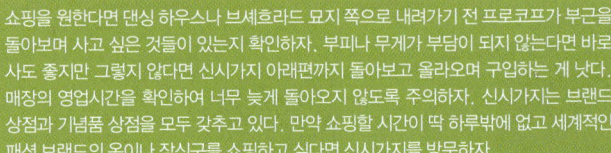

어떻게 갈까?
프라하성 또는 말라 스트라나에서 강을 건너온다면 카를교를 건너 강변을 따라 내려오다 바츨라프 광장에서 신시가지 구경을 시작해도 좋다. 더 아래로 내려가 브세흐라드 묘지부터 거꾸로 올라와도 된다. 카를교에서 브세흐라드까지 도보로 약 30~40분 정도 소요된다.

어떻게 다닐까?
신시가지를 도보로 여행하는 것은 전혀 무리가 없다. 비교적 거리가 먼 브세흐라드를 돌아보고 시가지로 올라올 때 다시 같은 길을 걸어 올라오는 것이 힘들다면 메트로를 이용하자. 메트로 Vyšehrad역과 I.P. Pavlova역, Muzeum역 모두 같은 C선의 역이기에 환승할 필요 없이 두어 정거장만 지나면 신시가지 중심부로 돌아올 수 있다.

신시가지
♀ 1일 추천 코스 ♀

신시가지에서의 하루는 다채롭다. 조식을 든든하게 먹고 느긋하게 일정을 시작하도록 하자. 해가 뜨고, 사람들이 모여든 바츨라프 광장이 완전히 깨어나 에너지 넘치는 모습을 보일 때 찾는 게 좋다. 역사와 건축, 문화가 함께 어우러진 세련된 신시가지의 진면모를 확인할 수 있다.

신시가지의 중심
바츨라프 광장 돌아보기

→ 도보 1분

위엄 있는 국립박물관
방문하기

→ 도보 3분

국립오페라하우스에
잠시 들러 구경하기

↓ 도보 5분

프라하의 행정을 담당하는
신시청사 구경하기

← 도보 5분

카페 루브르에서 잠시
쉬어가며 차 한 잔 마시기

← 도보 7분

프라하의 명동
프리코프가에서 쇼핑 타임!

↓ 도보 5분

춤을 추는 듯한 유쾌한 건물
댄싱 하우스 둘러보기

→ 도보 7분

고요하고 평온한
에마우지 수도원 구경하기

→ 도보 15분

체코 대표 유명인들이 묻혀 있는
브셰흐라드 묘지 둘러보기

↓ 메트로 10분+
도보 5분

우 플레쿠에서 맥주
한 잔으로 하루 마무리하기

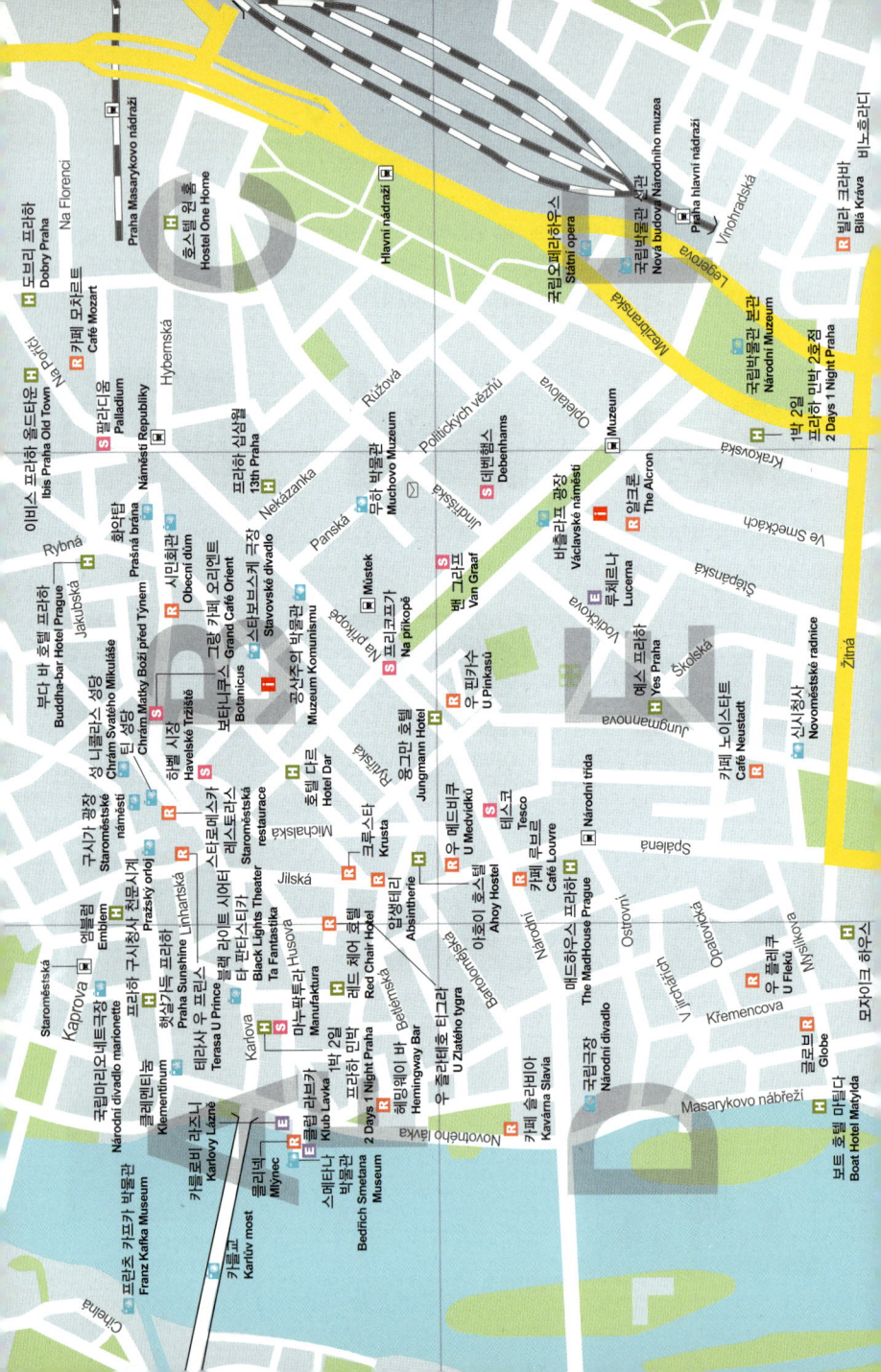

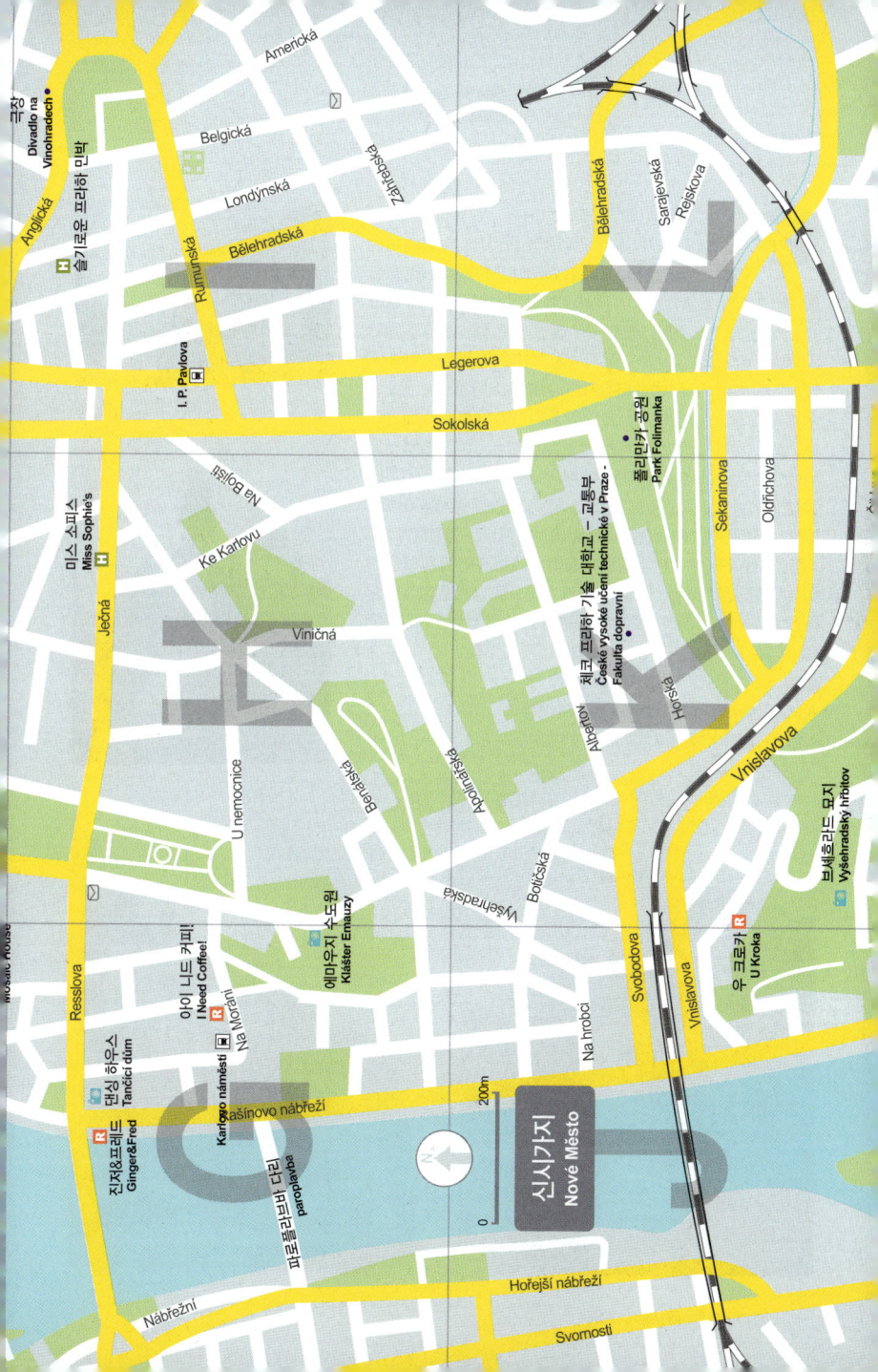

프라하 최대의 번화가

Writer's Pick! **바츨라프 광장** Václavské náměstí

길이 750m, 너비 60m로 차도와 인도가 나뉘어 있고 중앙에 녹지가 조성되어 있어 우리가 흔히 유럽의 광장이라 알고 있는 네모반듯한 모양이 아닌, 매우 넓은 대로 같은 모습을 하고 있다. 14세기 카를 4세가 신시가지를 조성할 때 시장을 위해 닦은 곳이라 한다. 예전에는 곡물 시장, 가축 시장이 열리던 장소로 중세 시대에는 말 시장Koňský trh이라 불리기도 하였다. 현재는 대부분 20세기에 지은 상점, 카페, 은행 등이 광장 양옆에 늘어서 있으며, 프라하 시민들이 만남의 장소로 애용하는 번화가가 되었다. 광장 끝에는 국립박물관 본관이 위치하며 완만한 경사를 이루고 있다. 박물관을 향해 광장을 따라 올라가는 기분은 경건하기까지 하다. 바츨라프는 18세에 왕위에 올라 프라하성 옆에 위치한 성 비투스 성당을 짓게 한 인물로, 왕권 다툼으로 인해 동생에게 살해당하고 죽은 후 체코 사람들에게 순교자로 추대 받아 성인이 되었다.

Data Map 150p-E
Access 메트로 A, C선 타고 Muzeum역 하차, 도보 1분
Add Václavské náměstí, 110 00 Praha 1

|Theme|
바츨라프 광장의 역사

우리나라로 치면 광화문 광장과도 같은 역사적인 의미도 서려 있고
현재도 시민들이 애용하는 뜻깊고 중요한 곳이 바로 바츨라프 광장이다.
프라하의 여러 모습들을 모두 보아 온 이 광장의 역사를 되짚어 보자.

바츨라프 기마상

이 광장은 체코의 최초 왕조인 프르셰미슬 왕가의 왕이자 사후에 성인으로 추대 받은 성 바츨라프의 이름을 딴 것이다. 체코 민족의 수호성인 바츨라프는 10세기경 체코를 통치하였다. 나라가 침략을 당하게 되면 바츨라프가 보헤미아의 산속에 잠들어 있는 중세 기사들을 깨워 이들과 함께 적을 물리치러 온다는 전설이 있다. 이 전설을 기리기 위해 1913년 광장 중앙에 성 바츨라프 기마상이 세워졌다. 기마상 앞뒤에 있는 4개의 호위 성인상은 1920년대에 추가로 만들어졌다.

바츨라프 광장과 체코의 역사

바츨라프 광장은 체코의 역사와 뗄 수 없는 밀접한 관계를 맺고 있다. 1918년 오스트리아 헝가리 제국이 몰락하며 바츨라프 기마상 아래에서 체코슬로바키아 공화국 출범이 선포되었고, 1938년에는 뮌헨 협정으로 독일의 나치 군대가 이 광장을 점령하였다. 10년 후인 1948년에는 공산당이 나라를 지배하게 되어 이곳에서 사회주의 공화국이 선포되었다가 1968년 '프라하의 봄' 당시 소련의 무력 진압에 맞서 싸우고, 1989년 민주화 혁명(벨벳 혁명) 역시 바츨라프 광장에서 일어나 민주화 투쟁의 역사를 낱낱이 보아온 의미 깊은 장소이다.

체코와 프라하 역사의 맥을 짚어 보는
국립박물관 본관 Národní Muzeum

바츨라프 광장 중앙에 서면 정면으로 마주하게 되는 폭 100m, 높이 70m의 네오르네상스 양식의 3층 건물이 바로 국립박물관의 본관이다. 화려한 천장화로도 유명한 이곳은 입장하는 순간 감탄을 내뱉게 된다.
1891년 세워진 이래 수많은 침공과 전쟁을 겪으며 그동안 피해가 쌓여 왔던 것을 전면적으로 살펴보고 고치기 위해 대대적인 보수 공사를 거쳐 재개관했다. 층별로 각기 다른 테마의 전시가 열린다. 주로 광물학, 인류학, 고고학 등 역사와 관련된 유물을 전시하였다.

1층에는 체코 최대 장서를 보유하고 있는 도서관, 2층에는 유사 이전부터 현대까지의 고고학 유물, 광물과 보헤미안 글라스, 자연사 전시관인 3층에서는 5,000여 점의 어류, 조류, 포유류 박제와 표본이 전시되어 있다. 전시물 중 가장 유명한 것은 체코 사람들이 어떻게 별을 보며 상상력의 나래를 펼쳤는지 짐작해 볼 수 있는 관측 기구로, 천문학자 브라헤의 발명품 '육분의'이다. 교향곡의 아버지라 일컬어지는 하이든의 첼로 협주곡 제1번 C장조의 필사본 악보 또한 이곳에 있다.

Data **Map** 150p-F
Access 메트로 A, C선 타고 Muzeum역 하차, 도보 1분 **Add** Václavské náměstí 68, 110 00 Praha 1
Open 10:00~18:00 **Cost** 성인 250코루나, 65세 이상 노인, 15~18세, ISIC 또는 ITIC 학생증 소지자 150코루나, 어린이 15세 미만 무료 **Web** www.nm.cz

특별전으로 특별한 날 만들기
국립박물관 신관 Nová budova Národního muzea

2009년 개관된 신관은 두 시간 정도 관람하고 나오기 딱 좋다. 본관이 문을 닫는 바람에 신관의 관람객도 현저히 줄어들었다. 붐비지 않고 쾌적하게 돌아볼 수 있는 절호의 기회다. 주요 전시물을 중심으로 하는 영구 전시들은 본관에서 열리고 특별한 테마를 선정하여 개최하는 특별전이 신관에서 열린다. 홈페이지에서 전시 스케줄을 보고 흥미로운 전시가 있다면 찾아보도록 하자.

신시가지 중심부에 위치하여 일정에 끼워 넣기에도 무척 편리하다. 특별한 테마가 있는 특별 전시를 관람하면 평범한 날도 특별한 어떤 날로 기억될 것이다. 신관에서는 전시와 관련한 강의도 열고 있다. 대부분 체코어로 진행되지만 무료 강의도 많고 음악 감상을 주제로 하는 강의도 있어 전시를 보다가 잠깐 들러 보기에 좋다. 홈페이지에서 강의 일정과 주제를 확인할 수 있다.

Data Map 150p-F
Access 메트로 A, C선 타고 Muzeum역 하차, 도보 5분 **Add** Vinohradská 1, 110 00 Praha 1
Tel 224-497-111, 224-497-118 **Open** 10:00~18:00(매달 첫 번째 수요일 10:00~20:00, 나머지 수요일 (09:00~18:00) 매달 첫 번째 화요일 휴관 **Cost** 전시마다 상이 **Web** www.nm.cz

긴 역사 속 도시와 함께 운명의 고비를 넘어온
국립오페라하우스 Státní opera

20세기 초반, 전 세계적으로 오페라가 부흥기를 맞았다. 그 중심에 체코의 국립오페라하우스가 있었던 것. 구스타프 말러, 리하르트 슈트라우스, 엔리코 카루소 등 오페라의 거장들은 모두 한 번쯤 이곳에서 공연을 했다. 그야말로 거장들을 위한 꿈의 무대인 셈. 국립오페라하우스는 1888년 프라하에 거주하는 독일인들이 독일어로 오페라 공연을 하기 위해 지은 극장이다. 바그너가 '뉘른베르크의 명가수'로 첫 막을 올렸다. 1945년 종전까지 신독일 극장Neues deutsches Theater이라는 이름을 가지고 있다가 전쟁이 끝나며 프라하의 예술인들이 '5월 4일 오페라단'이라는 새로운 오페라 단체를 결성했다. 그리고 극장의 이름도 '5월 4일 그랜드 오페라'라고 개명하였다. 그 후 공산당에 의해 국립극장 산하의 소속 기관으로 활동하다 독립하여 지금의 이름을 갖게 되었다.

프라하 역사의 굽이마다 함께 운명을 같이했던 국립오페라하우스. 푸치니의 라 보엠 대신에 레온카발로의 라 보엠을 공연하는 등 현대적인 작품에 관심을 가지고 레퍼토리를 구성하는 것으로도 잘 알려져 있다. 조금 다른 느낌의, 다른 곳에서는 보지 못한 오페라 공연을 찾는 사람들이라면 국립오페라하우스의 공연 달력도 일찌감치 살펴보는 게 좋겠다.

Data **Map** 150p-F
Access 메트로 A, C선 타고 Muzeum역 하차, 도보 5분 **Add** Wilsonova 4, 110 00 Praha 1 **Tel** 224-901-448 **Open** 매표소 월~금 10:00~18:00 **Web** www.narodni-divadlo.cz

프라하의 밤과 음악 사이
루체르나 Lucerna

1980~1990년대의 비디오 클럽을 표방하는 신시가지 대표 클럽. 훌륭한 뮤지션들이 프라하에서 공연할 때 가장 많이 찾는 인기 공연장이다. 록, 일렉트로닉, 팝 등 다양한 공연이 열린다. 연간 공연 스케줄을 실시간으로 홈페이지에 업데이트한다. 루체르나에서 자체적으로 계획한 1980~1990년대 팝 음악 비디오 파티가 매주 금요일과 토요일에 열린다. 특별한 드레스코드 기준이 없어 편하게 입고 즐겁게 음악을 즐기기에 안성맞춤인 클럽이다. 바츨라프 광장과 매우 가까워 접근성도 훌륭하다.

Data **Map** 150p-E
Access 메트로 A, C선 타고 Muzeum역 하차, 도보 3분 **Add** Vodičkova 36, 110 00 Praha 1 **Tel** 224-217-108 **Open** 월~금 09:30~19:00, 토·일 공연 시간 동안 오픈 **Cost** 공연마다 상이(홈페이지의 프로그램 확인), 1980~1990년대 팝 비디오 파티 100코루나 **Web** www.musicbar.cz

블타바 강변에서 춤추는 신나는 빌딩
댄싱 하우스 Tančící dům

프라하를 대표하는 건축물 중 하나. 바로크, 고딕, 아르누보 건물들 사이에서 단연 눈에 띄는 건물이다. 블타바 강가에 도시를 대표하는 현대적인 건축물을 만들고자 하는 의도로 세워졌다. 댄싱 하우스의 공식 명칭은 나시오날레 네더란덴Nationale Nederlanden, 크로아티아 체코계 건축가인 블라도 밀루니츠Vlado Milunić와 캐나다 미국계 건축가 프랭크 게리Frank Gehry가 공동 설계했다. 1992년 착수되어 1996년 완공된 프로젝트. 총 6개 층인 댄싱 하우스는 여러 회사와 레스토랑이 함께 사용하고 있다.

처음에는 건물의 유려한 곡선이 세계적인 댄스 듀오인 진저 로저스Ginger Rogers와 프레드 애스테어Fred Astaire의 몸놀림과 유사하다 하여, 이들의 이름을 따 진저&프레드라고 지으려 했다. 그러나 춤추는 듯 착시를 일으키는 외관 때문에 오히려 '댄싱 하우스'라는 별칭으로 불린다. 대신 맨 꼭대기 층에 있는 레스토랑을 '진저&프레드'라 이름 지었다.

Data Map 151p-G
Access 메트로 B선 타고 Karlovo náměstí역 하차, 도보 2분
Add Jiráskovo náměstí 1981/6, 120 00 Praha 2 **Open** 10:00~22:00 **Web** tadu.cz

> **Tip 댄싱 하우스 건축 배경 알아보기**
> 꼭대기에 작은 지구본이 있고 춤추는 듯한 모양으로 독특하게 디자인된 댄싱 하우스! 이 댄싱 하우스 옆 건물에서 바크라브 하벨 전 대통령이 1990년대 중반까지 살았다. 댄싱 하우스 건축 당시 대통령직을 맡고 있던 하벨 전 대통령은 이 댄싱 하우스 건축을 크게 지지했다. 촉이 좋은 그는 이 건물이 훗날 프라하의 중요한 건축, 문화적인 명소가 될 것이라 예상했던 것. 덕분에 세계적인 건축가 게리를 영입하고 적극적인 예산도 투입했다. 댄싱 하우스는 바크라브 하벨 전 대통령의 전폭적인 지지를 업고 탄생한 건물이다.

특별한 의미가 있는
신시청사 Novoměstské radnice

1945년부터 프라하의 시청사로 사용하고 있는 고딕 양식의 신시청사 건물. 이 건물은 구시청사와 유사하지만 3개의 높은 르네상스 박공(고전 건축에서 경사진 지붕의 양쪽 끝부분에 만들어진 지붕면과 벽이 이루고 있는 삼각형 모양의 공간)의 형태를 갖추고 있다. 신시청사 건물이 의미 있는 이유는 체코 역사에서 빼놓을 수 없는 '축출, 창밖으로 내던지기|Defenestration'라는 탄압이 최초로 발생한 장소이기 때문이다.

'창밖으로 던지기'란 종교 개혁 당시 얀 후스의 추종자들이 가톨릭 사제 둘을 창문 밖으로 내던진 것으로 시작한 가톨릭 탄압을 말한다. 창밖으로 내던져진 두 명의 사제는 건초와 분뇨 위로 떨어져 목숨을 건졌다. 현재 신시청사에서는 종종 전시회가 열리기도 하며, 프라하 시민들의 결혼식 장소로도 인기가 많다. 탑에 오르면 신시가지 전경을 감상할 수 있다.

Data Map 150p-E
Access 메트로 B선 타고 Národní třída역 하차, 도보 3분
Add Karlovo náměstí 1/23, 128 00 Praha 2 **Tel** 224-948-229
Open 탑, 갤러리 화~일 10:00~18:00
Cost 성인 60코루나, 학생·65세 이상 40코루나 **Web** nrpraha.cz

베네딕트 수도사의 고요하고 아름다운 거처
에마우지 수도원 Klášter Emauzy

카를 4세의 업적 중 하나로 꼽히는 에마우지 수도원은 1347년부터 오늘날까지 있는 듯 없는 듯 조용히 자기 자리를 지키고 서 있다. 독일인이 지배하던 1300년대는 프라하에서 슬라브 문화를 지켜 내고자 크로아티아 수도사를 초청하여 구 슬라브어로 미사를 보게 했던 전통이 있었다. 그래서 에마우지 수도원을 '슬라브로'라는 뜻의 나 슬로바네흐Na Slovanech라 부르기도 한다. 당시의 교황이었던 클레멘트 6세는 에마우지 수도원이 서양과 동양의 교회들이 융화되는 어우러짐의 장이 될 것이라 생각하여 건축을 허가했다. 1419년 얀 후스의 종교 개혁으로 인해 탄압을 받는 듯했으나 베네딕트 수도원은 후스주의를 받아들여 다행히 건물이 파손되지 않고 그대로 남았다고 한다.

1712년에는 바로크풍으로, 1880년대에는 초기 고딕 양식으로 보수가 이루어졌다. 또 1945년에는 미군 항공기의 폭격으로 고딕 양식의 건물을 제외한 나머지가 소실되어 현재의 모습만 남게 되었다. 멀리서도 알아볼 수 있는 에마우지의 뾰족한 첨탑은 1960년대 재건된 것이다. 사람들이 편하게 찾아올 수 있도록 개방되어 있어 고요한 수도원의 분위기에 젖기에 충분하다. 복도에 그려져 있는 희귀한 프레스코화가 에마우지 수도원의 대표적인 자랑거리이다.

Data Map 151p-G
Access 메트로 B선 타고 Karlovo náměstí역 하차, 도보 5분
Add Vyšehradská 49/320, 128 00 Praha 2 **Cost** 무료
Web www.emauzy.cz

체코를 대표하는 인물들이 잠들어 쉬는 곳
브셰흐라드 묘지 Vyšehradský hřbitov

신시가지에서 더 아래로 내려가면 나타나는 브셰흐라드는 프라하성과 더불어 가장 오래된 동네로, 체코의 시조인 체흐Čech가 사람들을 데리고 정착한 곳이다. 10세기경 이 지역에 나무로 만들어진 최초의 프라하성이 있었다. 그때부터 '높은 곳에 있는 성'이라는 뜻을 가진 브셰흐라드라는 이름으로 불리게 되었다. 아쉽게도 현재는 프라하에 세워진 최초의 성 모습이 전혀 남아 있지 않다. 전설에 의하면 체흐의 셋째 딸인 리뷰셰Libuše 공주가 브셰흐라드에서 프라하 왕가가 탄생하고, 프라하가 상업의 중심지가 되어 번영한다는 예언을 했다. 브셰흐라드를 대표하는 명소로, 국립묘지이기 때문에 국가에 공헌한 바가 있는 사람들만 이곳에 묻힐 수 있다.

현재 약 600여 명의 문화 인사들이 브셰흐라드 묘지에 누워 있다. 원래는 교회에 딸린 작은 공동묘지였는데, 민족 부흥기 후반이었던 19세기에 체코 작가 협회에서 브셰흐라드 터가 국립묘지에 가장 적합한 곳이라 판단하여 국립묘지로 지정됐다. 작곡가 드보르작, 지휘자 카렐 안체를, 화가 알폰스 무하, 시인 얀 네루다, 작곡가 스메타나, 극작가 카렐 차페크 등 유명인들의 묘지를 찾아보는 재미가 있다. 체코의 대문호 카프카의 경우 유태인이라는 이유로 이곳에 묻히지 못했다.

Data Map 151p-K
Access 메트로 C선 타고 Vyšehrad역 하차, 도보 10분 **Add** K Rotundě, Vyšehrad, 128 00 Praha 2
Tel 274-774-835 **Open** 5~9월 08:00~19:00, 11월~2월 08:00~17:00, 3·4·10월 08:00~18:00
Web www.hrbitovy.cz

EAT

Writer's Pick! 500년 넘은 양조장의 맥주맛이란 이런 것!
우 플레쿠 U Fleků

대형 펍과 작은 양조장을 함께 경영하고 있는 우 플레쿠는 프라하에 위치한 전통 체코 펍 중 역사가 가장 오래된 건물에 위치한다. 고대 체코 홀, 아카데미 홀, 카바레 홀, 바츨라프의 방 등 각각 이름을 붙여 만들어 놓은 8개의 개별 홀은 인테리어가 모두 달라 여러 개의 펍이 한 곳에 모여 있는 듯한 기분이 든다. 개별 홀들의 좌석을 총합하면 모두 1,200여 명이 앉을 수 있다. 야외에서 맥주와 음식을 먹을 수 있는 정원도 마련되어 있다. 언제나 체코 전통 음악이 흘러나오며 음식도 체코 전통 요리를 주로 한다. 맥주와 잘 어울리는 오리고기, 돼지고기, 굴라시, 소시지 등이 대표적이다. 자체 맥주를 공급한다는 장점이 우 플레쿠의 가장 큰 특징이며, 맛이 조금 무거워 가벼운 라거를 원하는 사람은 우 플레쿠의 맥주가 아닌 다른 브랜드를 주문할 것을 추천한다. 체코 와인과 소다도 판매한다.

10인 이상의 그룹을 위한 양조장 투어에서는 맥주 테이스팅과 우 플레쿠 맥주잔을 기념으로 받아갈 수 있다. 예약은 필수. 양조장 박물관도 갖추고 있어 양조장을 돌아보지 못하는 아쉬움을 달랠 수 있다.

Data Map 150p-D
Access 메트로 B선 타고 Národní třída역 하차, 도보 3분
Add Křemencova 11, 110 00 Praha 1 **Tel** 224-934-019
Open 10:00~23:00, 박물관 월~토 10:00~16:00(주말 예약제 운영), 양조장 투어 월~금 10:00~16:00(50분, 주말 예약제 운영), 12/24 휴무
Cost 맥주 0.4L 79코루나, 맥주·치즈·버터·양파·모듬안주 129코루나, 박물관 입장료 150코루나, 양조장 투어 320코루나
Web ufleku.cz

아인슈타인이 즐겨 찾던
카페 루브르 Café Louvre

특유의 부르주아적인 분위기 때문에 공산주의 시대에는 잠깐 문을 닫았으나 다시 문을 연 후 지금까지도 인기를 이어오고 있다. 특별 주말 브런치, 채식주의자를 위한 메뉴. 말끔히 차려입은 웨이터, 비흡연실, 무료 무선 인터넷 사용이 가능한 테라스 등 시대에 맞게 다양한 시설을 갖추고 있다. 레스토랑으로 운영되는 2층에는 손님을 위해 비치해 놓은 5개의 당구 테이블이 있다.

대리석 로비에는 카페 루브르가 처음 생겼을 당시 프라하에 있던 약 160여 개 카페들의 위치를 표시한 지도가 있다. 각 카페에 해당하는 버튼을 누르면 전등에 불이 들어오며 위치가 표시된다. 루브르를 자주 찾았던 단골로는 아인슈타인과 카프카가 있다.

Data Map 150p-E
Access 메트로 B선 타고 Národní třída역 하차, 도보 3분
Add Národní třída 22, 110 00 Praha 1 **Tel** 224-930-949
Open 월~금 08:00~23:30, 토·일 09:00~23:30
Cost 클래식 자허토르테 99코루나, 루브르 치즈케이크 99코루나, 파블로바 케이크 119코루나, 티라미수 99코루나, 카푸치노 59코루나
Web www.cafelouvre.cz

인기 많은 사이드 메뉴를 갖춘
아이 니드 커피! I Need Coffee!

큰 창문으로 들어오는 햇살을 받으며 커피 마시기에 더할 나위 없이 좋은 카페. 헝가리에 본사를 두고 있는 라 보엠La Boheme 로스터리의 콩을 사용하며, 블렌드를 판매하기도 한다. 신선하고 감미로운 커피뿐 아니라 차, 간단한 칵테일과 홈메이드 디저트, 프라하와 근교에서 공수하는 간단한 요깃거리까지, 작지만 모든 것을 갖추었다. 커피만큼이나 이곳의 디저트와 먹거리는 맛있기로 소문이 나서 너무 늦게 가면 다 팔리고 없는 날이 많다. 인더스트리얼 분위기의 심플하고 차가운 인테리어는 고풍스러운 장식과 꾸밈에 지쳐가던 눈이 쉬어갈 수 있도록 해준다.

Data Map 151p-G
Access 메트로 B선 타고 Karlovo náměstí역 하차, 도보 1분
Add Na Moráni 1958/7, 128 00 Praha 2 **Tel** 777-446-022
Open 월~금 08:00~22:00, 토·일 10:00~17:00 **Cost** 아메리카노 45코루나, 카푸치노 54코루나 **Web** www.facebook.com/ineedcoffee.cz

음악과 커피의 환상적인 조화

Writer's Pick! **카페 노이스타트** Café Neustadt

시원하게 트인 통유리창과 높은 천장, 모던한 인테리어로 프라하의 젊은이들을 매료시키는 카페. 메뉴는 바 뒤의 흑판에 간단히 쓰여 있다. 직접 만드는 여러 종류의 케이크와 베이커리, 수프 모두 맛있다. 달콤한 케이크 레몬 바보브카lemon bábovka는 맛과 향이 무척 진하다. 계절마다 다른 식재료로 만드는 수프와 빵도 간단한 끼니로 훌륭하다. 건강식으로 구성된 식사 메뉴도 신선하고 맛있지만 디저트 메뉴가 가장 인기다. 아침 일찍 햇살이 비치는 창가의 넓은 테이블 자리에 앉아 브런치를 먹어 보자. 밤이 되면 카페 노이스타트의 인하우스 DJ가 음악을 틀고 종종 파티도 연다. 이때는 사람들이 굉장히 많이 몰려 대화나 편안한 식사는 쉽지 않으니 오전에 방문할 것을 추천한다. 대신 현지 친구들을 사귀어 보고 싶다면 해가 진 후 들러 보자. 전구역 금연.

Data Map 150p-E
Access 메트로 B선 타고 Národní třída역 하차, 도보 3분
Add Karlovo náměstí 1/23, 120 00 Praha 2 **Tel** 775-062-795 **Open** 월~금 09:00~23:00, 토 10:00~23:00, 일 10:00~20:00 **Cost** 아메리카노 50코루나, 오늘의 수프 55코루나, 노이스타트 아침 세트 295코루나
Web www.facebook.com/cafeneustadt

시원한 통유리창 인테리어가 멋진

카페 슬라비아 Kavárna Slavia

진짜 초콜릿을 녹여 만드는 핫초콜릿으로 유명한 카페 슬라비아. 국립극장이 세워진 1884년 문을 열었다. 처음 오픈했을 때는 음악가 스메타나도 단골손님이었다고 한다. 300석이 넘는 자리 중 가장 인기 있는 테이블은 '압생트를 마시는 사람The Absinthe Drinker'이라는 그림이 걸려 있는 자리. 이 자리에 앉으려면 예약을 해야 한다. 예약 없이 언제든 이 자리에 앉을 수 있는 사람은 하벨 전 체코 대통령이 유일하다. 오후 17:00~23:00 사이에는 피아노 연주자가 무대에서 라이브 공연을 펼친다. 1930년대풍의 아르데코 인테리어와 음악이 무척 잘 어울려 마치 시간 여행을 온 것 같은 기분이 든다.

Data Map 150p-D
Access 메트로 B선 타고 Národní třída역 하차, 도보 10분
Add Smetanovo nábřeží 2, 110 00 Praha 1 **Tel** 224-218-493
Open 월~금 08:00~00:00, 토·일 09:00~00:00 **Cost** 카푸치노 85코루나, 핫초콜릿 90코루나, 비엔나 소시지 구이 180코루나
Web www.cafeslavia.cz

규모가 아닌 맛으로 승부하는
알크론 The Alcron

셰프 로만 파울루스Roman Paulus가 이끄는 알크론은 프라하에 있는 2개의 미슐랭 레스토랑 중 하나이다. 1932년 문을 연 오랜 역사의 알크론은 2012년부터 3년 연속 미슐랭 별을 받았다. 해산물 요리를 주로 한다. 많은 식도락가들 사이에서는 요리와 궁합이 잘 맞는 와인을 기가 막히게 페어링하여 추천하는 것으로 찬사를 받고 있다. 1930년대풍의 화로와 수많은 촛불로 꾸며진 아늑한 공간에는 최대 24명을 수용할 수 있는, 단 7개의 테이블이 준비되어 있다.

격식을 차려 서빙하는 미슐랭 레스토랑이기에 남성은 재킷을 입어야 하며 여성도 캐주얼한 차림은 허용하지 않는다. 코스별 음식의 양도 푸짐하여 훌륭한 미슐랭 식사를 배불리 할 수 있다. 점심 코스 가격이 저녁 코스 가격의 절반으로, 양질의 식사를 부담스럽지 않은 가격에 즐길 수 있어 알뜰한 여행자에게는 점심 식사를 추천한다. 저녁 시간보다 덜 붐빈다는 점도 좋다.

Data **Map** 150p-E
Access 메트로 A, C선 타고 Muzeum역 하차, 도보 3분
Add Radisson Blu Alcron Hotel, Štěpánská 40/623, 110 00 Praha 1
Tel 222-820-000 **Open** 월~금 12:00~14:30, 17:30~22:30,
토 17:30~22:30 **Cost** 저녁 4코스 2,000코루나, 와인 페어링 1,400코루나
Web www.alcron.cz

열정 넘치는 댄서의 이름을 딴
진저&프레드 Ginger&Fred

댄싱 하우스 맨 위층 2개를 사용하는 레스토랑. 외관과 상이하게 로맨틱하고 깔끔한 분위기의 프렌치 요리를 선보이며, 원형의 실내 식사 공간과 여름에 인기가 좋은 테라스 자리로 나뉜다. 블타바강과 강 건너편 말라 스트라나를 감상하기에 더없이 훌륭한 뷰를 가지고 있어, 연인들에게 특히 입소문이 많이 난 곳이다.

옥상 테라스 자리는 날씨가 좋은 6~9월 동안만 오픈한다. 진저&프레드의 메뉴는 민물 생선, 바다 생선, 양고기, 우둔살 스테이크, 돼지고기 콩퓌 등으로 다채롭게 이루어져 있어 한 번의 식사로 다양한 식감과 요리 방법을 눈으로 보고 입으로 맛볼 수 있다. 프렌치 레스토랑답게 다양한 종류의 진한 프랑스 치즈 플래터가 유명하니 어울리는 와인을 추천받아 디저트로 먹어 보도록 하자.

Data **Map** 151p-G
Access 메트로 B선 타고 Karlovo náměstí역 하차, 도보 2분
Add Jiráskovo náměstí 1981/6, 120 00 Praha 2
Tel 221-984-160 **Open** 11:30~00:00
Cost 우둔살 스테이크 795코루나, 시저 샐러드 375코루나,
새우스파게티 395코루나 **Web** www.gfrest.cz

서점과 카페가 한곳에
글로브 Globe

따뜻한 컵을 한 손으로 감싸 쥐고 다른 한 손으로는 책장을 넘기며 한가로운 시간을 보낼 수 있는 곳이다. 1993년, 프라하에서 최초로 생긴 영어권 이주자의 아지트였다. 제2의 헤밍웨이를 꿈꾸는 문학가들이 문을 열기 무섭게 글로브를 찾곤 했다. 아늑한 독서실과 카페가 조화롭게 공존하여 한국으로 부칠 엽서 한 장 쓰기에도 더할 나위 없이 적합한 카페이다. 낭송회나 책 발표회, 저자 강연 등 다양한 문화 행사가 종종 열리니 홈페이지를 통해 알아보자.

카페 내에는 인터넷을 이용할 수 있는 공간과 친구 찾기, 알림 사항을 붙여 놓을 수 있는 메모 보드도 있어 단골손님들의 교류의 창으로 이용된다. 커피 외에도 간단한 식사를 할 수 있도록 홈메이드 버거, 파스타, 샐러드 등을 제공한다. 커피와 함께 먹기 좋은 베이커리도 있다. 주말에는 09:30~16:00에만 주문 가능한 브런치 메뉴를 추천한다. 와플, 프렌치토스트 등 평일 다른 시간대에 주문 가능한 브런치 메뉴가 주말에는 좀 더 저렴하다.

Data **Map** 150p-D
Access 메트로 B선 타고 Národní třída역 하차, 도보 5분
Add Pštrossova 6, 110 00 Praha 1
Tel 224-934-203
Open 월~금 10:00~00:00, 토·일 09:30~00:00
Cost 카푸치노 69코루나, 잉글리쉬 브랙퍼스트 270코루나, 브랙퍼스트 버거 285코루나
Web www.globebookstore.cz

군더더기 없는 맛
우 크로카 U Kroka

깔끔한 보헤미안 요리를 선보이는 가족 레스토랑. 브셰흐라드로 가는 길목에 위치해 있다. 여행자들이 우연히 찾았다가 우 크로카의 맛있는 요리에 반해 다음날 또 온다는 맛집이다. 식당 이름은 체코의 선조 체흐 다음으로 체코를 통치하였다는 크로크 Krok의 이름을 따왔다. 1895년 여인숙으로 시작하여 공산주의 치하에서는 학교 식당으로 사용되었고, 2003년 복원되어 현재와 같이 식당으로 운영되기 시작하였다.

2011년 리노베이션을 거친 후 깔끔한 인테리어가 돋보인다. 또한, 접시를 꽉 채우는 플레이팅이 우 크로카의 특징이다. 모든 음식은 지역에서 나는 신선한 재료만을 사용하며 양념으로는 소금, 후추와 정원에서 갓 딴 허브만 사용한다. 평일 중 11:00~15:00 사이에는 예약을 받지 않으며, 매일 바뀌는 데일리 메뉴만을 주문할 수 있다. 데일리 메뉴는 매일 홈페이지에 업데이트 된다.

Data Map 151p-K
Access 메트로 C선 타고 Vyšehrad역 하차, 도보 15분
Add Vratislavova 12, 128 00 Praha 2 **Tel** 775-905-022 **Open** 11:00~23:00, 크리스마스 주간 휴무
Cost 믹스 소시지 구이 155코루나, 오리구이 345코루나 **Web** ukroka.cz

프랑스 컨트리사이드 스테이크 하우스
빌라 크라바 Bílá Kráva

프라하에 스테이크 레스토랑은 많이 있지만 프랑스식 스테이크 레스토랑은 아주 드물다. 이곳은 좋은 재료를 사용해 최고의 스테이크를 맛볼 수 있는 레스토랑이다. 대표 메뉴는 체코 와규와 등심스테이크. 유럽에서 찾아보기 힘든 와규 스테이크를 판매한다. 2인이 방문할 경우 셀렉션 와규 스테이크 2인을 추천한다. 체코 와규, 스파이더 스테이크, 필레, 등심스테이크와 2가지 사이드 디쉬, 그리고 소스를 선택할 수 있다. 이곳은 체코인들에게 워낙 인기가 많은 레스토랑이라 방문 전 인터넷 예약이나 전화 예약은 필수다. 점심, 저녁 식사 시간이 아닌 시간에도 자리가 없을 정도. 꼭 예약해서 프랑스 와인과 함께 맛있는 스테이크를 즐겨 보자.

Data Map 151p-F
Access 메트로 A, C선 타고 Muzeum역 하차, 도보 5분
Add Rubešova 83/10, 120 00 Praha 2 **Tel** 603 397 367
Open 월~금 11:30~22:30, 토 17:00~22:30, 일요일 휴무
Cost 2인 스테이크 메뉴 1,380코루나, 럼프스테이크 200g 415코루나, 등심 스테이크 200g 470코루나, 와인(1병) 490코루나~

BUY

프라하의 명동
Writer's Pick! **프리코프가** Na příkopě

구시가지와 신시가지 사이에 위치한 이 대로는 바츨라프 광장과도 맞닿아 있어 접근성이 훌륭하다. 언제나 사람들로 북적대는 프리코프가의 이름은 '호(성곽이나 고분의 둘레를 감싼 도랑) 위에 있다'는 뜻. 프라하에서 가장 비싼 상업 지구에 속하며 우리에게 낯익은 체인 상점과 레스토랑이 많이 보인다. 패션 브랜드 라코스테Lacoste, 망고MANGO, 자라Zara, 베네통United Colours of Benetton, 화장품 브랜드 록시땅L'Occitane en Provence, 프랑스 베이커리 폴PAUL과 패밀리 레스토랑 TGI도 있다. 많은 쇼퍼들이 찾는 거리이기 때문에 현금지급기도 심심찮게 눈에 띈다.

체코 국립은행Czech National Bank 건물도 프리코프가에 위치한다. 체코 국립은행은 프리코프가에 위치한 건물을 1950년대부터 사용해 왔으나, 건물이 많이 낡고 설비도 부족하여 1997년부터 3년에 걸친 대대적인 보수를 시행했다. 엄청난 예산을 투입한 보수공사가 성공적으로 끝나고 2000년에 다시 신시가지의 중심부로 돌아왔다.

Data **Map** 150p-B
Access 메트로 A, B선 타고 Můstek역 하차, 도보 3분
Add Na příkopě, 110 00 Praha 1

프리코프가 갤러리

프리코프가에는 독특하게도 개별 상점이 아니라 여러 상점이 모여서 이루어진 '갤러리'라 불리는 건물들이 많다. 대표적인 프리코프가의 갤러리를 소개한다.

영국 브랜드 쇼핑을 원한다면
미슬베크 Myslbek

많은 영국 체인 브랜드가 입점되어 있는 갤러리. 유명 조각가 요세프 바클라프 미슬베크의 이름을 딴 건물로 1996년 오픈 이래 꾸준히 많은 프라하 시민들의 사랑을 받고 있다.

〈대표 상점〉
- 비벨롯Bibelot: 고품질, 고가의 필기구 판매
- 델마스Delmas: 고급 가죽 제품 상점
- 간트Gant: 아메리칸 프레피 브랜드
- 기가 스포츠GigaSport: 스포츠용품점
- H&M: 남녀, 아동 중저가 의류 브랜드
- 마더케어Mothercare: 영국 아동 의류 아웃렛
- 넥스트Next: 중저가 영국 의류 체인점

100년도 더 된 패션 갤러리
체르나 루제 Černá Růže

'흑장미'라는 뜻의 이 갤러리는 20세기 초반부터 운영되어 온 곳이다. 프라하에서 가장 오래된 상점 중 하나. 체코 브랜드는 물론이고 다양한 해외 패션 브랜드를 판매한다.

〈대표 상점〉
- 엘라자르 레더Elazar Leather: 고품질의 남녀 가죽 가방, 부츠, 외투 판매
- 지 스타 로G-Star Raw: 중저가 남녀 청바지 브랜드
- 맥 그레거McGregor: 남성 클래식 캐주얼 의류 브랜드
- 모세르Moser: 체코 유리공예 전문 브랜드
- **유명 해외 패션 브랜드**: 피에르 가르뎅Pierre Cardin, 발렌티노Valentino, 기 라로쉬Guy Laroche, 로베르토 카발리Roberto Cavalli

패셔니스타를 위한
슬로반스키 둠 Slovanský dům

고급 영화관인 프리미어 시네마(팰리스 시네마스 슬로반스키 둠Palace Cinemas Slovansky Dum)를 갖추고 있는 격조 높은 하이엔드 갤러리. 가장 유행에 민감하며 디자이너 브랜드를 많이 보유하고 있다. 스시 바를 비롯해 분위기 좋은 레스토랑이 많다.

〈대표 상점〉
- 크랩트리&에블린Crabtree&Evelyn: 보디용품 브랜드
- 나이키Nike: 스포츠용품, 스포츠 웨어 브랜드
- 제이콥 코헨Jacob Cohen: 수제청바지 브랜드
- 위켄드 막스마라Weekend Maxmara: 고급 여성 의류, 잡화 판매
- 히프노즈Hypnose: 베르사체Versace, 알렉산더 맥퀸Alexander McQueen, 미쏘니Missoni, 필로소피 디 알베르타 페레티Philosophy di Alberta Ferretti 등을 수입해 판매하는 셀렉트숍

|Theme|
신시가지 백화점

생각지도 않았던 기본적인 아이템이 갑자기 필요할 때, A/S나, 텍스 리펀까지 확실한 브랜드를 원할 때, 신시가지에 믿음직스럽게 서 있는 프라하 대표적 백화점 TOP 3 중 한 곳을 찾아보자.

동유럽에서는 잘 알려진 체인 백화점
밴 그라프 Van Graaf

바츨라프 광장 중앙에 있다. 트렌디한 브랜드부터 디자이너 컬렉션, 인터내셔널 브랜드까지 의류에 최적화된 백화점이다. 5개 층에 걸쳐 의류를 판매한다. 캐주얼한 의상, 레저를 위한 스포츠 웨어, 드레스 코드가 있는 만찬이나 음악회에 참석하기 적합한 의상인 비즈니스 웨어와 이브닝 웨어도 구비하고 있다. 특히 탈의실이 넓어 좋다.

교환, 환불 서비스도 잘되어 있으며 200여 개가 넘는 밴 그라프 입점 브랜드 중에는 남성 브랜드도 많아 남자들이 쇼핑하기에도 좋다. 대표적인 입점 브랜드로는 아디다스Adidas, 디젤Diesel, 게스Guess, 휴고 보스Hugo Boss 등이 있다. 홈페이지에 소식 업데이트가 자주 올라오니 최신 세일, 할인 뉴스를 확인해 보고 찾아가자.

Data **Map** 150p-E
Access 메트로 A, B선 타고 Můstek역 하차, 도보 3분
Add Národní 63/26, 110 00 Praha 1 **Tel** 222-815-111
Open 백화점 월~토 08:00~21:00, 일 09:00~20:00, 푸드 코너 월~토 07:00~21:00, 일 08:00~20:00
Web www.vangraaf.com/en

영국에서 온
데벤햄스 Debenhams

런던을 여행했던 사람이라면 눈에 익은 백화점일 것이다. 바츨라프 광장에 위치한 데벤햄스는 테스코와 마찬가지로 다양한 상품군을 판매하는 종합 백화점이다. 특히 의류에 강점을 보인다. 다양한 소비자층에 어필하기 위해 많은 종류의 브랜드와 스타일을 구비하고 있다. 현지 날씨와 맞지 않는 옷을 가져와 갑자기 기본 의류를 구비해야 하는 경우 데벤햄스를 추천한다.

웨딩서비스가 있어 예비 신랑, 신부라면 들러 보기를 권한다. 적합한 결혼 선물과 퍼스널 쇼퍼 서비스를 제공하여 결혼 준비를 하는 커플이나 결혼식에 참석하는 하객들이 유용하게 백화점을 이용할 수 있도록 돕는다. 한국에서는 찾을 수 없는 데벤햄스 소유의 브랜드 상품을 둘러보자. 데벤햄스 지하에는 간단한 식재료와 음식, 냉동식품, 주류, 베이커리를 취급하는 슈퍼마켓도 있다.

Data **Map** 150p-E
Access 메트로 A, B선 타고 Můstek역 하차, 도보 5분 **Add** Václavské náměstí 831/21, 110 00 Praha 1
Tel 221-015-057 **Open** 월~토 09:00~20:00, 일 10:00~20:00

프라하에서 가장 큰 백화점
테스코 Tesco

프라하에서 가장 크고 접근성도 좋아 시민들의 많은 사랑을 받고 있는 백화점. 여행 중 갑자기 필요한 생필품이 있거나 숙소에서 직접 요리를 해 먹을 때 이용하기 좋다. 지하를 포함 총 5층으로 이루어진 테스코는 지하 1층에 신선한 식재료를 판매하는 푸드 코너가 있다. 알코올, 음료, 약국, 화장품, 신문, 담배, 가정용품, 잡화 및 의류, 아동용품, 책과 필기류, 장난감, 스포츠용품, 애완동물 용품 등도 판매한다.
프라하에 장기간 머무는 여행자라면 매 끼니를 밖에서 사 먹기는 어려울 터. 이곳에서 식료품을 구매하여 직접 요리를 해 보는 것도 좋다. 물가가 싼 편이지만 그래도 직접 요리를 해 먹으면 식비 절감에 도움이 된다. 1층에는 영국 커피 체인점인 코스타Costa가 있어 쇼핑 전후로 쉬기 좋다. 옥상에도 시가지를 내려다볼 수 있는 전망 좋은 카페가 있다.

Data **Map** 150p-E
Access 메트로 A, B선 타고 Můstek역 하차, 도보 3분 **Add** Václavské náměstí 17, 147 00 Praha 1
Tel 296-304-200 **Open** 10:00~21:00 **Web** www.itesco.cz/cs

SLEEP

호텔 같지만 호텔은 아닌 너
미스 소피스 Miss Sophie's

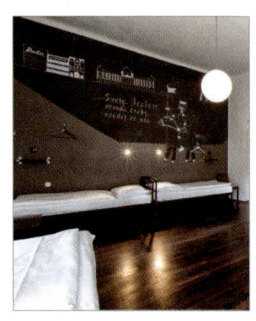

디자이너 호텔이나 부티크 호텔과 견줄 정도로 독특한 인테리어가 매력적인 미스 소피스. 뉴욕 타임스, 엘르, 워싱턴 포스트, 가디언, 론리 플래닛 등 수많은 매체에 프라하에서 꼭 묵어야 할 숙소로 소개된 적 있는 검증된 숙소이다. 도미토리와 1인실, 아파트도 함께 운영하고 있어 개인 객실을 원하는 사람도 이곳에서 묵을 수 있다.

도미토리 베드에도 개인 전등, 선반, 콘센트, 로커가 마련되어 있고, 최대 두 방 당 하나의 욕실을 함께 쓰기 때문에 도미토리에 묵어도 호텔에 묵는 것과 그리 큰 차이를 느낄 수 없다. 헤어드라이어, 다리미 등도 대여해 주고, 공용 주방도 사용 가능하다.

Data **Map** 151p-H **Access** 메트로 C선 타고 I.P. Pavlova역 하차, 도보 2분 **Add** Melounová 2, 120 00 Praha 2 **Tel** 210-011-200 **Cost** 싱글룸 48유로, 더블룸 61유로 **Web** www.miss-sophies.com

언제나 음악이 가득한
모자이크 하우스 Mosaic House

38개의 쉐어룸, 55개의 개인실, 23개의 디자인 아파트먼트로 구성되어 있다. 호텔 객실 못지않게 깔끔한 검은색 철제 침대 프레임과 원목 바닥은 언제나 청결하게 유지된다. 체코 최초의 탄소중립(이산화탄소를 배출한 만큼 이산화탄소를 흡수하도록 하여 실질적인 이산화탄소 배출량을 '0'으로 만드는 것) 호스텔이기도 하다. 투숙객이 아니더라도 많은 사람들이 이곳의 음악 바&라운지 라 로카 La Loca를 찾아 흥겨운 밤을 보낸다.

Data **Map** 150p-D **Access** 메트로 B선 타고 Národní třída역 하차, 도보 5분 **Add** Odborů 278/4, 120 00 Praha 2 **Tel** 221-595-350 **Cost** 클래식 더블룸 2,299코루나 **Web** www.mosaichouse.com

블타바강 위에서 잠을 청하다
보트 호텔 마틸다 Boat Hotel Matylda

블타바강 한가운데 정박한 보트 호텔 마틸다. 보트 호텔 마틸다는 '마틸다'라는 이름의 보트와 그 옆의 보트 클로틸다 Klotylda 두 곳을 사용한다. 독특한 콘셉트로 언제나 인기가 많아 성수기에는 미리 예약을 하자. 두 보트에 자리한 각각의 선실은 견고한 나무 마룻바닥으로 마감되어 있고, 일부 선실은 전용 발코니와 안락의자도 갖추고 있다. 여름 테라스가 마련된 이탈리아 레스토랑과 바, 카페도 운영하고 있어 블타바강을 바라보며 조식을 먹을 수 있다.

Data **Map** 150p-D **Access** 메트로 B선 타고 Karlovo náměstí역 하차, 도보 3분 **Add** Masarykovo nábřeží, 110 00 Praha 1 **Tel** 222-511-826 **Cost** 스탠다드 더블룸 비성수기 79유로, 이그제큐티브 더블룸 비성수기 109유로 **Web** www.botelmatylda.cz

2022년 8월 정식 오픈한
프라하 십삼월 13th Praha

최근에 생긴 프라하 민박집. 프라하 중앙역에서 가까운 거리에 위치해 있으며 프라하성 지역을 빼고 나머지 구시가지 광장, 바츨라프 광장, 카를교 등을 도보로 15분 내로 이동할 수 있다. 새로 생긴 만큼 청결은 기본. 친절한 사장님과 스태프들도 이 민박집의 자랑거리!

Data **Map** 150p-B
Access M:stek 지하철역에서 도보로 3분 **Add** Nekázanka 6, 110 00 Nové Město Praha 1 **Tel** +420-773-736-338 **Cost** 도미토리 40유로, 패밀리룸(2인 기준요금) 110유로(최대 3인, 1인 추가시 40유로) 최소예약 2박 이상 **Web** https://www.instagram.com/13th_praha/

관광지와 가까워 이동의 편리함이 있는
예스 프라하 Yes Praha

지하철역 도보 3분, 트램 정류장 도보 2분. 시내 중심가에 위치한 예스 프라하는 프라하 관광 시 교통 비용이 들지 않는다. 푸짐한 한식을 조식으로 제공하며 넓고 깨끗한 거실에서 여행자들과 정보를 공유할 수 있다. 실내는 정기적으로 소독을 진행해 청결하며 4개의 화장실과 3개의 샤워실을 구비하고 있다.

Data **Map** 150p-E
Access M:stek 지하철역에서 도보로 3분
Add Jungmannova 12, 110 00 Nové Město Praha 1
Tel +420-722-651-935 **Cost** 여름 성수기(6월 20일~9월 30일), 겨울 성수기(12월 20일~1월 10일) 도미토리 45유로, 1인실 90유로, 2인실 110유로, 3인실 150유로, 4인실 200유로, 5인실 250유로, 평수기 도미토리 40유로, 1인실 80유로, 2인실 100유로, 3인실 130유로, 4인실 170유로, 5인실 210유로 **Web** https://www.instagram.com/yespraha_guesthouse/

관광 노른자위에 자리잡은 신상 숙소
슬기로운 프라하 민박

가장 최근에 프라하에 정식으로 오픈한 슬기로운 프라하. 바츨라프 광장, 국립박물관 도보 5분 거리로, 관광지를 쉽게 도보로 이동할 수 있는 위치에 있다. 중앙역, 플로랜스 버스 터미널 모두 한번에 갈 수 있는 교통의 중심지. 따스한 햇살이 비치는 창이 이쁜 방들, 편안하고 깨끗한 복층 형태의 숙소, 넓은 욕실과 화장실을 구비하고 있다.

Data **Map** 151p-I
Access I.P. Pavlova 지하철역에서 도보로 3분
Add 77, Londýnská 424, Vinohrady, 120 00, Praha 2
Tel +420 773 720 254
Cost 여름 성수기(6월 20일~9월 30일) 도미토리 45유로, 2인실 95~100유로, 겨울 성수기(12월 20일~1월 10일) 도미토리 60유로, 2인실 135~145유로, 평수기 도미토리 40유로, 2인실 90~95유로
Web https://www.instagram.com/seulgi_praha/

Praha By Area

03
유대인 지구
Josefov

블타바강에 맞닿아 있는 구시가지 뒤편 유대인 지구는 오랫동안 핍박받던 유대인의 삶을 고스란히 간직하고 있는 지역이다. 유대인은 이 지역 안에서만 거주할 수 있도록 했던 법이 수 세기 동안 있었기에 오래전 프라하에 살던 유대인의 당시 생활상을 살펴볼 수 있는 독특한 분위기의 동네이다. 유대인의 아픈 역사를 보존하고 있는 유대인 예배당 시나고그와 박물관, 구 유대인 묘지를 둘러볼 수 있다.

유대인 지구
미리 보기

골목마다 유대인 예배당 시나고그가 있는 유대인 지구는 프라하의 여러 지역들 중 그 특색이 가장 강하게 드러나는 동네이다. 수 세기를 이곳에 갇혀 살았던 유대인들이 켜켜이 쌓아놓은 전통과 그들만의 문화를 강렬하게 느낄 수 있다. 거대한 야외 박물관 같은 기분이 드는 곳이다. 행정 구역으로는 정확히 유대인 지구에 포함되지 않지만 강을 건너면 바로 찾아볼 수 있는 드넓은 레텐스케 공원도 함께 소개한다.

주요 메트로역 A선 Staroměstská역, B선 Náměstí Republiky역

SEE

유대인 지구는 궁전과 성당, 좁은 돌길과는 또 다른 매력을 선사한다. 6개의 시나고그와 유대인 시청사, 묘지를 둘러싼 유대인 지구의 골목들을 돌아보며 프라하를 구성하는 또 다른 중요한 조각을 알아보자.

EAT

깨끗하고 잘 정돈된 동네 분위기와 어울리는 베이커리나 카페가 많다. 늦잠을 잤다면 유대인 지구에서 가장 인기가 좋은 베이커리 겸 카페 베이크 숍에서 브런치를 해 보는 것은 어떨까? 여행 중 쉬어가기 좋고 개성 만점인 카페 임페리얼도 추천한다.

BUY

통이 큰 쇼퍼들을 위한 곳이 바로 유대인 지구다. 프라하에서 가장 럭셔리한 대로, 프라하의 샹젤리제라 불리는 파르지주스카에는 한눈에 보아도 비싼 브랜드가 줄을 지어 서 있다. 보석과 명품, 디자이너 플래그십 스토어를 찾는다면 한방에 해결 가능한 거리다. 럭셔리 브랜드 쇼핑을 할 계획이 없다면 유대인 지구에서는 구매할 것이 없다.

어떻게 갈까?

구시가지와 맞닿아 있다. 구시가지 부근의 숙소에 묵는다면 교통수단을 이용하지 않고 걸어서 갈 수 있다. 강 건너편에서 넘어온다면 유대인 지구와 이어지는 다리가 3개나 되므로 역시 걸어서 넘어오기 무난하다. 카를교를 넘어오는 경우 다리를 건너 구시가지를 지나 유대인 지구에 이르기까지 10분이면 충분하다. 메트로를 이용한다면 A선 스타로메스트스카Staroměstská역이 유대인 지구의 여러 명소로 이동하기에 가장 용이하다.

어떻게 다닐까?

구시가지보다 면적이 좁은 유대인 지구는 보고, 먹고, 쇼핑할 곳들이 가까이 모여 있다. 일단 도착하고 나면 지구 내에서 이동하는 거리가 그리 넓지 않다. 강 건너편 레텐스케 공원과 카루셀을 보러 갈 때는 메트로를 이용해도 된다. 하지만 유대인 지구 내 있는 A, B선과 레텐스케 공원 쪽의 C선 역이 연결되지 않아 도보가 훨씬 빠르다. 카를교를 건널 때와는 또 다른 블타바의 강을 볼 수 있어 걸어서 다녀올 것을 추천한다.

유대인 지구
📍 반나절 추천 코스 📍

유대인 지구는 박물관도 가고, 모든 시나고그를 다 돌아보고, 중간중간 쇼핑에 맛집까지 들러도 반나절이면 충분할 만큼 작은 동네다. 따라서 한 번 더 가 보고 싶은 다른 동네와 연계하여 반나절 정도만 유대인 지구에서 보내는 계획을 세우자. 특히 유대인 지구는 여행 첫날이 아닌 후반에 찾아보는 것이 효율적이다.

구 유대인 묘지와 6개의
시나고그를 돌아보기

→ 도보 3분 →

프라하의 샹젤리제
파르지주스카에서
신나는 쇼핑하기

→ 도보 3분 →

베이크 숍에서 한아름
빵 사 가지고 나오기

↓ 도보 15분

노스트레스 카페에서
스트레스 없는 저녁 식사하기

← 도보 10분 ←

레텐스케 공원에서
한가로운 오후 보내기

← 도보 5분 ←

루돌피눔 공연장과
블타바 강둑 구경하기

↓ 도보 7분

음악과 보트가 만나다!
재즈 보트 타 보기

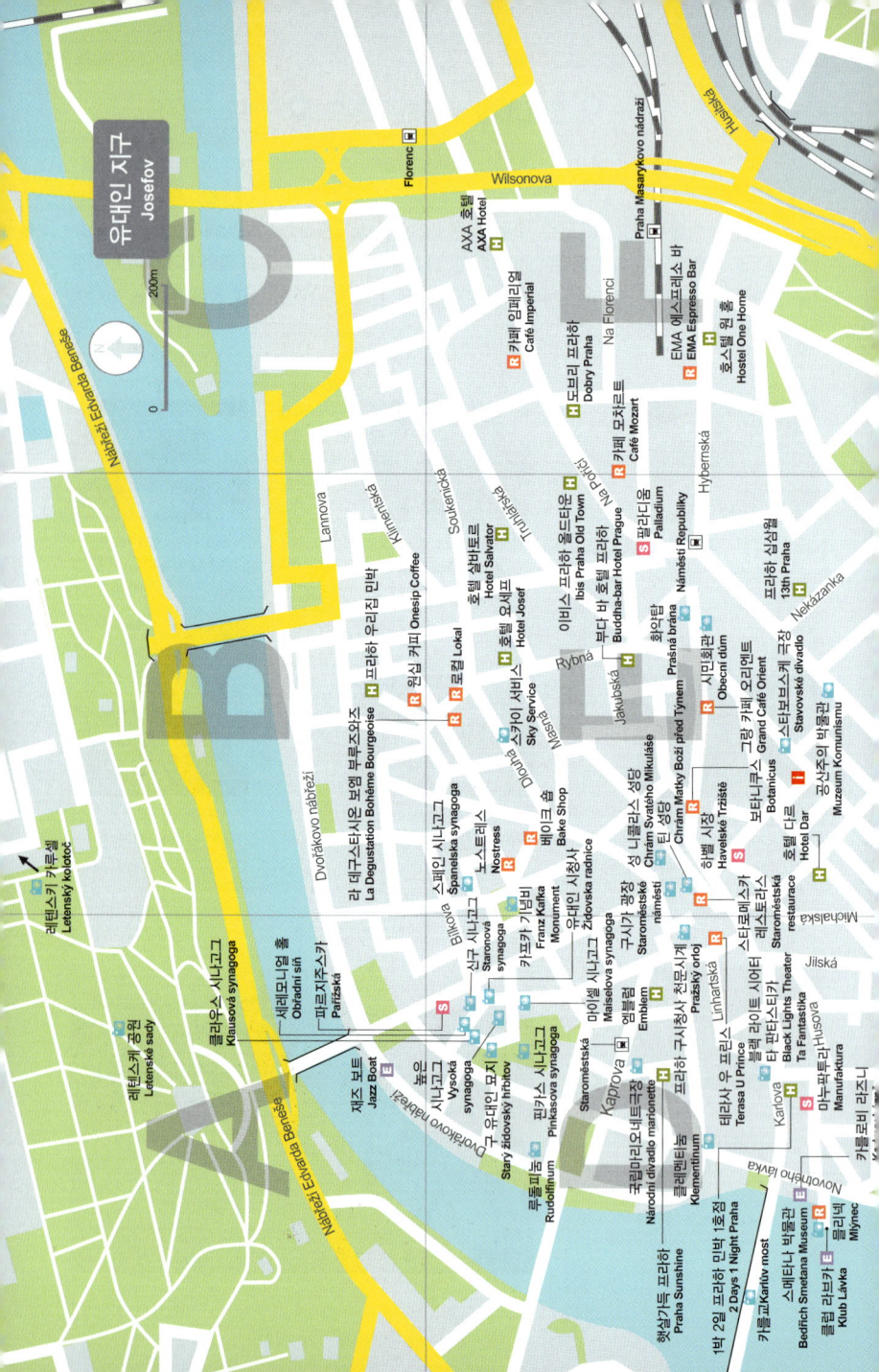

과거 유대인들의 중요한 회의가 열렸던
유대인 시청사 Židovska radnice

1586년 지어진 유대인 시청사는 신구 시나고그 옆에 위치한 르네상스풍 건물이다. 현재 대중에게 공개되지는 않지만 유대인 지역 사회의 중심부 역할을 했던 곳이니 지나가면서 눈도장이라도 찍어 보자. 18세기 로코코 사조의 파사드를 추가하여 지었다는 점이 건축학적으로 주목할 만한 특징이다. 이 건물의 또 다른 주요한 특징은 2개의 시계. 하나는 지붕에 있고 하나는 시계탑으로 분리되어 있다.

시계탑의 시계는 로마식 숫자로 표기가 되어 있는 반면 지붕에 위치한 것은 히브리어 숫자 표기를 사용한다. 히브리어는 숫자와 알파벳이 같은 모양이고, 글을 오른쪽에서 왼쪽으로 읽는 특징이 있는데, 이런 히브리어의 특징을 반영해 시계도 반대 방향으로 돌아간다. 이 2개의 시계가 있는 유대인 시청사는 본인들의 정체성을 잃지 않으면서도 현지의 문화를 받아들이는 유대인의 특징을 가장 잘 나타낸 건물이라는 평을 받고 있다.

Data Map 176p-D
Access 메트로 A선 타고 Staroměstská역 하차, 도보 3분 **Add** Maiselova 250/18, 110 00 Praha 1

> **Tip 프라하의 유대인 역사 살펴보기**
>
> 유대인은 프라하에 10세기부터 정착해 살아왔다. 1096년 첫 유대인 학살 후 유대인은 게토Ghetto라 불리는 거주지에 고립된 채 지내도록 했다. 1262년에는 자치권을 얻어 상황이 나아지는 듯하였으나 1389년 집단 학살이 일어나 약 1,500명의 유대인이 부활절 일요일에 죽음을 맞이했다. 16세기 말, 유대인 시장인 모르데카이 마이젤Mordecai Maisel이 재무부 장관으로 취임하면서 유대인의 지위가 좋아졌고, 1781년 마침내 유대인은 완전히 해방되었다. 이를 가능케 한 당시 신성 로마 제국 황제 요제프 2세의 이름을 따 1850년 이 동네의 이름이 지어졌다. 현재 이름의 모태가 된 '요제프스타트Josefstadt'라 명명된 것. 해방령에 따라 유대인은 게토 밖으로 나갈 수 있게 되었고, 1893~1913년에는 파리를 모델로 하여 이 구역을 새로이 조성했다. 이로 인해 건물의 상당수가 사라졌으나 아직까지도 이곳에는 유대인들의 흔적이 많이 남아 있다.

6개의 유대인 명소로 이루어진
유대인 박물관 Židovské muzeum v Praze

구 유대인 묘지, 클라우스 시나고그, 마이셀 시나고그, 스페인 시나고그, 핀카스 시나고그, 세레모니얼 홀을 통틀어 유대인 박물관이라 부른다. 따라서 별도의 박물관 건물을 찾으려고 헤매지 말자. 6곳 모두 개별 매표소를 가지고 있으며 한 곳에서 산 표로 모두 출입이 가능하다. 그러나 한 곳에 한 번씩만 출입을 허용하니 다시 오겠다는 생각으로 구경하다 중간에 나와 버리지 않도록 하자. 다른 나라에서도 유대인 관련 전시품을 가져와, 세계에서 유대인 관련 예술품, 직물, 은 세공품을 가장 많이 보유한 박물관으로 알려져 있다. 4만여 개의 전시품과 10여만 권의 관련 도서를 소장, 전시한다. 나치 점령하에서도 유대인 관련 물품이 많이 보존된 이유는 나치가 일부러 이곳을 보존케 명하였기 때문이다. 곧 자신들에 의해 완전히 멸종되어 다시는 볼 수 없을 유대인의 생활상을 박물관으로 만들어 구경거리처럼 남겨 놓으려 했던 것이다.

Data **Map** 176p-D
Access 메트로 A선 타고 Staroměstská역 하차, 도보 3분
Add Josefov, 110 00 Praha 1
Tel 222-749-211
Open 10월 말~3월 말 09:00~16:30, 3월 말~10월 말 09:00~18:00
Cost 어른 400코루나, 6~15세·26세 이하 학생 300코루나, 6세 미만 무료 (신구 시나고그까지 출입 가능한 패스는 어른 550코루나, 6~15세·26세 이하 학생 400코루나), 프라하 카드 소지자 무료 **Web** www.jewishmuseum.cz

Tip 시나고그란?

유대교 회당을 가리키는 '시나고그'라는 단어는 그리스어로 '만남의 장소'란 뜻을 가진 히브리어 '베트 크네세트Bet Hakeneset'의 번역어이다. 회당의 시초는 기원전 586년 예루살렘이 무너지고 유대인이 포로로 잡혀간 이후에 생겨난 것으로 추정된다. 시나고그는 세계 어느 곳이든지 유대인이 있는 곳이면 반드시 세워지며, 예배뿐 아니라 여러 모임이나 교육, 훈련 등이 이루어지는 곳으로 유대인에게 가장 중요한 건물이다. 종교적인 의의와 함께 교육적, 행정적, 사교적 중요성을 띠는 장소이기에 학교와 동일시되기도 하였다. 시나고그는 유대 민족이 스스로를 통합하고 유지하는 방법 그 자체이기도 하다.

유대인 박물관 명소 둘러보기

Writer's Pick! 유럽에서 가장 오래된
구 유대인 묘지 Starý židovský hřbitov

유대인 지구에서 가장 중요한 장소 중 하나. 1478년부터 300년간 유일하게 유대인에게 허용되었던 묘지이다. 처음에는 작았지만 점점 더 확장되어 약 200평 남짓한 묘지가 되었다. 그러나 이후에는 화장을 하지 않는 유대인의 장례 문화 때문에 자리가 부족하여 이미 있는 묘지를 파고 그 위에 시체를 다시 묻었다고 한다. 무덤을 파손하고 치울 수 없도록 하는 유대인의 법 '할라카Halakha'가 겹겹이 묻는 관행에 한몫했다. 비석은 12,000개를 웃돌며, 약 10만 명이 넘는 유대인이 이곳에 잠들어 있을 것으로 추정한다.

묘비에 새겨진 날짜로 미루어 보아 가장 오래된 묘는 1439년 죽은 시인 카라Avigdor Kara의 묘라고 한다. 묘지가 폐쇄된 후에는 프라하 10지구에 신 유대인 묘지를 만들었다. 카프카도 이곳에 묻혀 있다. 구 유대인 묘지에 묻힌 인물 중 가장 유명한 사람으로는 유대교의 위대한 랍비로 일컬어지는 랍비 로위Judah Löew ben Bezalel가 있다.

Data Map 176p-D
Add Široká, 110 00 Praha 1
Tel 222-749-211

구 유대인 묘지 입구에 위치한
클라우스 시나고그 Klausová synagoga

'작은 건물'이라는 뜻의 독일어 '클라우스klaus'에서 따온 클라우스 시나고그는 한 개의 건물이 아니라 여러 개의 건물로 구성되어 있다. 그중 구 유대인 묘지 바로 옆에 위치한 예배당은 건립 당시 유대인 지구에서 가장 큰 시나고그였다.

1694년 완공되었으나 1880년대 보수 작업을 거쳐 현재의 모습을 하고 있다. 바로크 양식의 이 예배당은 프라하의 유대교인을 이끌던 수장 모드레하이 마이셀Mordechai Maisel이 세운 것으로, 유대인에 관한 역사 자료를 전시한다. 1층에는 유대인이 태어나 결혼하기까지 겪는 일반적인 연대기에 대한 전시가 있다. 2층에서도 출산, 할례, 바르미츠바(13세가 되면 행하는 유대인들의 성인식), 결혼, 이혼 등 유대인의 전통과 관습에 관한 역사 자료를 전시한다. 구 유대인 묘지 옆에 있는 작은 건물에서도 클라우스 시나고그의 전시품을 볼 수 있다.

Data Map 176p-D
Add U starého hřbitova 3a, 110 00 Praha 1
Tel 221-711-511

여러 번 고쳐 지은 기구한 역사의 예배당
마이셀 시나고그 Maiselova synagoga

마이셀 가문이 1592년 건립한 곳이다. 유대인 지구의 시장을 지내기도 한 마이셀은 유대인 억압 정책을 완화시키는 조건으로 본인 유산의 반을 당시 통치자 로돌프 2세에게 넘겨주는 등 유대인의 지위 향상을 위해 노력했다. 본래의 르네상스 양식 건물은 1689년 큰 화재로 소실되었다. 이후 마이셀 가문만을 위한 시나고그로 사용하기 위해 바로크 양식으로 새롭게 지었지만, 이 역시 손상되어 고딕 양식을 참조하여 지금의 모습으로 개축되었다.

유대교 율법의 석판과 모세의 책이 그려져 있는 건물 전면 파사드가 특징이다. 1960년대부터 이곳에서는 나치 군이 수집한 유대인 은 세공품, 섬유, 출간물과 서적이 모이기 시작하며 전시 중에 있다. 현재 10~18세기 보헤미아와 모라비아 시기, 유대인 역사에 대한 전시 가운데 첫 부분(정착과 해방의 시작)을 마이셀 시나고그에서 담당하고 있다.

Data Map 176p-D
Add Maiselova 63/10, 110 00 Praha 1 Tel 221-711-511

프라하 시나고그 중 가장 예쁜
스페인 시나고그 Španelska synagoga

유대인 지구에는 이미 오래된 예배당이 하나 있었기 때문에 신구 시나고그가 세워질 때 그 이름은 '신 시나고그'였다. 신 시나고그가 1867년 무너지고, 이듬해 그 자리에 들어선 것이 바로 스페인 시나고그이다. 1942년 추방당한 무어Moors족과 스페인 유대인의 건축 문화가 혼재하는데, 이를 모두 반영한 건물이다. 실내 장식을 무어식으로 했기 때문에 스페인 시나고그라 이름 붙였다. 유럽의 여느 성당처럼 스테인드글라스 장식도 볼 수 있어 스페인 시나고그는 가톨릭, 무슬림, 유대교의 특징을 모두 갖춘 독특한 건축물로 평가받는다. 체코의 국가를 작곡한 프란티셰크 슈크로우프František Škroup가 10여 년 동안 이 시나고그의 오르간 반주자로 활동한 바 있다.

약 20년 동안 문을 닫고 있다가 설립 130주년을 맞아 다시 개방하였다. 스페인 시나고그의 재개장은 유대인 박물관이 가장 주력하는 사업이었다. 보헤미아와 모라비아 시기 유대 해방부터 현재까지 유대인 역사의 전시를 스페인 시나고그에서 담당하고 있다. 마이셀 시나고그에서 전시 앞부분을 보고 바로 스페인 시나고그로 넘어와 이곳의 전시를 감상하면 좋다.

Data Map 176p-E
Add U staré školy 1, 110 00 Praha 1 Tel 222-749-211

유대인 지구에서 두 번째로 오래된 예배당
핀카스 시나고그 Pinkasova synagoga

1479년 부유한 핀카스 랍비에 의해 세워진 후기 고딕 양식의 이 예배당은 홀로코스트의 희생자를 기리는 곳 중 한 곳이다. 제2차 세계대전 후 체코의 유대인 중 77,297명이 프라하에서 북쪽으로 70km 정도 떨어진 테레진Terezin 수용소에서 희생되었으며 이들의 이름이 핀카스 시나고그 벽면에 새겨졌다. 이곳에 새겨진 이름 중에는 1997년부터 2001년까지 미국 최초의 여성 국무장관으로 재직했던 매들린 올브라이트Madeleine Korbel Albright의 조부모도 있다. 올브라이트는 본인이 체코 유대인 출신임을 모르고 단지 프라하에서 미국으로 이주해서 살던 것으로 알았다. 그녀의 가계를 조사하던 언론에 의해 이 사실을 알게 된 것. 1997년 그녀는 핀카스 시나고그를 찾아 조부모의 이름을 예배당 벽에서 확인하였다.

다른 전시물로는 테레진 수용소에서 살아남은 아이들이 그린 그림과 17세기 여성들을 위해 조성되었던 갤러리가 있다. 1968년 누수로 인한 보수 공사 중 지반을 검사하다가 우물과 종교 의식을 위한 목욕탕이 발견되었다. 공사 당시 집권하던 공산주의 정부는 일부러 공사를 연장시키고 새로이 발견된 공간 안에 새겨진 글귀 등을 모두 삭제하였다.

Data Map 176p-D
Add Široká 23/3, 110 00 Praha 1
Tel 222-749-211

작지만 알찬 전시 공간
세레모니얼 홀 Obřadní síň

프라하 장례 단체의 사무실인 세레모니얼 홀. 구 유대인 묘지의 영안실로 사용되던 곳이다. 건축가 게르스틀J. Gerstl에 의해 1911, 1912년 지어진 네오 르네상스 양식의 건물로, 이 작은 공간도 유대인 박물관의 전시 공간으로 사용되고 있다. 1, 2층에 나누어 유대인의 생활 양식과 전통에 대한 영구 전시를 진행하고 있다. 특히 의약과 장례 절차, 풍습에 관한 자료가 많아 구 유대인 묘지를 둘러보는 데 참고할 만한 전시가 될 것이다.

Data Map 176p-D
Add U starého hřbitova 3a, 110 00 Praha 1
Tel 222-317-191

동유럽에서 가장 오래된 예배당
신구 시나고그 Staronová synagoga

1270년 완공된 신구 시나고그는 현재까지 예배를 보는 곳이다. 동유럽권에서 가장 역사가 오래된 시나고그로, 프라하의 가장 초기 고딕 양식 건물이기도 하다. 여러 시나고그를 돌아볼 수 있도록 판매하는 통합 입장권이 아니라 개별적으로 관리하는 곳이기 때문에 입장하려면 별도로 티켓을 구입해야 한다. 유대인 지구에서 두 번째로 지어져 신 시나고그로 불리우다가 새로운 시나고그가 생기면서 신구 시나고그로 불리게 되었다.

천사들이 예루살렘에서 돌을 운반해 프라하에 시나고그를 지은 것이 바로 이 신구 시나고그이며, 메시아가 하늘에서 내려오면 다시 이 돌은 하늘나라로 돌려보내질 것이라는 전설이 전해져 내려온다. 예배는 남자와 여자를 구분해 따로 앉도록 하는 전통적인 방식을 현재까지 따르고 있다. 시나고그 내부는 사진 촬영이 불가하다.

Data **Map** 176p-D
Access 메트로 A선 타고 Staroměstská역 하차, 도보 5분
Add Maiselova 18, 110 01 Praha 1
Tel 224-800-812 **Open** 성수기 09:00~18:00, 비성수기 09:00~17:00, 금요일은 샤바트 1시간 전 폐관
Cost 성인 220코루나, 6~15세·26세 미만 학생 150코루나, 6세 미만 무료 **Web** www.synagogue.cz

한 층 더 올라가 예배를 봐야 했던
높은 시나고그 Vysoká synagoga

신구 시나고그 바로 맞은편에 위치한 시나고그. 당시 유대인 지구 시장이었던 마이셀이 자금을 대고 저명한 이탈리아 건축가 판크라치오 로데르 Pankracio Roder가 설계, 건축하여 1568년 완공되었다. 시나고그 건물 자체는 높지 않지만 16세기 당시에는 드물게 예배를 보는 공간이 1층이 아니라 2층에 있도록 설계하였다. 계단을 올라 높은 곳에서 예배를 봐야 했기에 '높은 시나고그'라는 이름이 붙었다고 한다. 이곳은 유대인 의원의 개인적인 설교 장소였지만 나치 점령 하에서는 유대인 박물관의 일부로 히브리어 서적을 보관하였다. 최근 보수 공사를 거쳐 다시 본래의 목적에 부합하게 사용되고 있다. 대중에게 공개되지 않아 허가증이 있는 가이드와 함께여야만 출입이 가능하다. 홈페이지를 통해 미리 프라하 유대인 커뮤니티에 허가를 받아야 한다.

Data **Map** 176p-D
Access 메트로 A선 타고 Staroměstská역 하차, 도보 5분
Add Maiselova, 110 00 Praha 1 **Tel** 224-800-812
Web www.kehilaprag.cz

그리운 대문호를 추모하는
카프카 기념비 Franz Kafka Monument

2000년, 18명의 체코 조각가가 지명되어 카프카 기념비를 위한 설계를 제출하고 그중 하나를 선택하였다. 시청에서는 기념비가 세워질 위치로 카프카가 한때 거주했던 곳이자 구시가지와 유대인 지구의 경계선인 두슈니Dušní와 베젠스카Vězeňská 거리가 교차하는 코너를 골랐다. 또 성당과 시나고그가 모두 보이는 위치로 카프카와 프라하를 상징하는 모든 심벌을 어우르는 곳이다. 이 경연에서 프라하 유리 공예와 예술 학교를 졸업한 자로슬라브 로나Jaroslav Róna가 우승하였다. 속이 텅 비어 있는 외투와 바지 차림의 어깨 위에 어린아이의 모습을 한 카프카가 올라타고 있는 모습의 기념비였다. 높이 3.75m, 무게 800kg인 이 작품의 제작 기간은 2년 8개월이, 제작 비용은 약 4백만 코루나가 소요되었다. 다른 남자 어깨 위에 올라타 프라하를 누비는 주인공의 이야기를 다룬 카프카의 짧은 단편 〈어느 투쟁의 기술Popis jednoho zápasu〉에 영감을 받은 것이라고 한다. 대부분 무섭고 어둡게 느껴지는 카프카의 작품 속에 유머도 있다는 점을 표현하고자 했다.

Data Map 176p-E
Access 메트로 A선 타고 Staroměstská역 하차, 도보 5분
Add Dušní, 110 00 Praha 1

체코 필하모닉의 공식 공연장
루돌피눔 Rudolfinum

1870년대 초반 금융 회사의 창립 50주년을 기념하여 설계한 건물. 공개적으로 도안을 모집하여 건축가 요제프 지테크Josef Zitek와 요제프 슐츠Josef Schultz의 신 르네상스 양식의 설계에 따라 1884년에 완공되었다. 1885년 열린 개관식에 참석한 합스부르크가 황태자의 이름을 따서 루돌피눔이라 부른다. 내부에는 작곡가 드보르작Antonín Dvorák의 이름을 딴 주 공연장 드보르작 홀을 비롯하여, 작곡가 겸 바이올리니스트 요제프 수크Josef Suk의 이름을 딴 수크 홀 등 좀 더 규모가 작은 여러 연주회장이 있다. 1918~19338년 잠시 체코슬로바키아의 국회의사당으로 쓰인 적도 있었으나 현재는 체코 필하모니Česká filharmonie의 공식 공연장으로 이용된다. 루돌피눔은 봄에 열리는 체코 최대의 음악 축제인 '프라하의 봄' 때 가장 바쁘다. 루돌피눔 광장 앞에 세워져 있는 드보르작의 동상으로 멀리서도 알아볼 수 있다. 강둑에 위치하였기 때문에 공연을 보고 나오면 그 감동과 여운이 더 오래도록 가슴속에 남는 낭만적인 공연장이다.

Data Map 176p-D
Access 메트로 A선 타고 Staroměstská역 하차, 도보 7분
Add Alšovo nábřeží 12, 110 00 Praha 1 **Tel** 227-059-227 **Web** ceskafilharmonie.cz

레트나 언덕 위 평화로운
레텐스케 공원 Letenské sady

블타바강을 카를교가 아닌 다른 곳에서 감상하고 싶은 사람들에게 가장 먼저 추천하는 곳이다. 유대인 지구에서 다리만 건너면 찾을 수 있어 접근성이 훌륭하고 카를교와는 분위기가 완전히 달라 마치 근교 여행을 떠나온 듯한 기분이 든다. 쉬어가기 알맞은 정자와 벤치가 많아 피크닉을 즐겨도 좋을 것이다. 경사가 진 레텐스케 언덕 위에 조성되었기 때문에 시가지를 내려다볼 수 있는 훌륭한 전망대가 되어 주며, 해 질 녘 프라하의 가장 아름다운 모습을 볼 수 있는 '야경 스폿'으로 손꼽힌다.

레텐스케 공원의 명물로는 레텐스키 카루셀과 함께 스탈린Stalin 기념비가 있다. 1955년 세워진 이 동상은 1962년 파손되어 현재는 볼 수 없으나 1991년부터 그 자리에 프라하 메트로놈이 설치되어 있다. 1891년에 세워진 하나브스키 파빌리온Hanavský Pavilion도 구경하고 가자. 신 바로크 양식으로 지어진 예쁜 정자는 세계 박람회를 위해 세워진 것이다. 공원에서는 다양한 문화 행사도 열리는데, 마이클 잭슨의 1996년 History 세계 투어의 문을 연 첫 공연장이기도 하다. 당시 약 13만 명 가까이 되는 관중이 레텐스케 공원에서 발을 구르며 팝의 황제에게 열광했다.

`Data` **Map** 176p-A
Access 메트로 B선 타고 Náměstí Republiky역 하차, 슈테파니쿠브 다리Štefánikův most 건너편. 또는 메트로 C선 Vltavská역 하차, 도보 10분 **Add** Nábřeží Edvarda Beneše, 170 00 Praha 7

> **Tip** 유럽에서 가장 오래된 회전목마
> **레텐스키 카루셀** Letenský kolotoč
>
> 처음 만들어졌을 당시 직접 회전목마를 손으로 돌려 작동시켰다. 1890년 후반 전기 모터로 교체되었고 1930년에는 말과 함께 달릴 4대의 마차가 추가되었다. 레텐스케 공원의 놀이 기구로 활약하였으나 시간이 지나며 21개의 나무 말이 훼손되었고, 현재 레텐스키 회전목마는 이용할 수 없으며 말도 공개하지 않고 있다.
> 회전목마의 말은 나무를 직접 깎아 만든 것이다. 말갈기는 실제 말의 털을 이용하여 장식하였으며 죽은 말의 가죽을 벗긴 안장을 덮어놓은 것이다.

낭만적인 저녁을 보낼 수 있는 최적의 장소

재즈 보트 Jazz Boat

아름다운 블타바강에 매료된 커플이 '프라하에서의 추억'을 더욱 강렬하게 만들어줄 사업을 시작하였다. 노을 진 블타바강을 둥실 떠다니는 보트를 타고 맛있는 체코 전통 요리와 기분 좋은 재즈를 함께 즐길 수 있는 코스를 개발한 것. 돼지고기, 닭고기, 연어, 채식주의자 세트 메뉴와 개별 메뉴가 마련되어 있으며, 전체 메뉴는 홈페이지에서 확인할 수 있다.

공연에 대한 상세한 정보 역시 홈페이지에 정기적으로 업데이트된다. 매일 연주하는 밴드가 다르고, 각 밴드가 사용하는 악기는 무엇인지, 보컬이 있는지 등의 세부 디테일이 홈페이지에 나와 있어 보트 탑승자의 음악 취향까지 고려한다. 출연자의 유튜브 페이지까지 링크를 걸어 두어 어떤 분위기의 공연을 볼 수 있을지도 미리 알 수 있다. 보트는 약 2시간 30분 동안 운행된다.

Data **Map** 176p-A
Access 메트로 A선 타고 Malostranská역 하차, 체후프Čechův 다리 아래 5번 항구
Add Dvořákovo nábřeží 901, 110 00 Praha 1 **Tel** 731-183-180 **Open** 20:30 출발(20:00시 탑승 시작)
Cost 690코루나~ **Web** www.jazzboat.cz

유대인 지구

EAT

한 번 먹어 보면 잊을 수 없는 빵 맛
베이크 숍 Bake Shop

모든 빵은 직접 효모를 만들어 구워낸다. 치즈케이크, 깔루아초콜릿케이크, 로프 케이크 등 달콤한 케이크도 인기가 많지만 1등 상품으로 주력하는 것은 바로 사워도우 베이글Sourdough Bagel이다. 시큼한 맛이 나는 독특한 풍미의 산성 반죽을 이용해 여느 베이글과는 맛이 다르다. 매일 구워 내는 여러 종류의 사워도우 베이글은 무엇과 먹어도 잘 어울리지만, 특히 고기나 생선과 곁들여 먹으면 최고다.

일정이 바쁜 날에는 베이크 숍에서 베이글 샌드위치를 포장하여 점심 대용으로 먹으면 좋다. 판매하는 빵은 그날 새벽 일찍부터 준비하여 굽는다. 바삭한 크루아상과 빵 오 쇼콜라는 베이크 숍의 커피와도 찰떡궁합이다. 점심시간에는 직장인들이 베이커리류 못지않게 샌드위치, 수프, 샐러드를 주문하기 위해 몰려들어 발 디딜 틈이 없으니 아침 일찍 오거나 오후 늦은 시간에 찾을 것을 추천한다.

Data Map 176p-E
Access 메트로 A선 타고 Staroměstská역 하차, 도보 10분 **Add** Kozí 918/1, 110 00 Praha 1
Tel 222-316-823 **Open** 07:00~21:00 **Cost** 사워도우 베이글 35코루나, 시나몬 요거트 머핀 50코루나, 로프케이크 대 480코루나, 소 260코루나, 1조각 55코루나 **Web** www.bakeshop.cz

모자이크 장식이 눈부시게 아름다운
카페 임페리얼 Café Imperial

1914년 세워진 아르데코 건축물인 임페리얼 호텔에 속한 카페. 과거의 어두운 분위기를 탈피하고자 대대적인 보수를 하여 세라믹 모자이크 인테리어가 만들어내는 밝고 화려한 분위기를 자랑하게 되었다. 메뉴의 모든 음식은 체코 음식을 기반으로 하고 셰프의 손맛을 가미하여 만들어낸다. 어떤 인공적인 맛도 첨가하지 않음을 강조한다.

금요일과 토요일에는 라이브 음악 공연을 볼 수 있다. 음악을 감상하며 차 한 잔을 마시거나 여유롭게 브런치를 즐기는 호사를 누려 보자. 저녁 식사를 하려면 반드시 예약을 해야 할 정도로 언제나 만석인 인기 만점 식당이다. 다양하게 세분화된 카페 임페리얼의 일품 조식도 강추다.

Data Map 176p-F
Access 메트로 B선 타고 Náměstí Republiky역 하차, 도보 3분 **Add** Na Poříčí 15 110 00 Praha 1
Tel 246-011-440 **Open** 07:00~23:00 **Cost** 임페리얼 아침 뷔페(07:00~10:30) 375코루나, 잉글리시 브랙퍼스트 285코루나, 아메리칸 브랙퍼스트 285코루나, 프렌치 브랙퍼스트 179코루나, 카푸치노 85코루나
Web www.cafeimperial.cz

정겹지만 세련된 동네 펍
로컬 Lokal

장식이라고는 아무것도 없는 흰 벽에 긴 복도식으로 되어 있는 로컬의 내부가 처음에는 낯설 것이다. 실내에는 긴 나무 벤치가 놓여 있어, 자칫 모르는 사람과 함께 나란히 앉게 되는 상황이 생길 수도 있다. 그러나 딱딱하고 차가운 인테리어와는 완전히 다른 메뉴를 곧 만나게 된다. 우선 맥주부터 한 잔 시켜 보자. 로컬에서는 필스너 우르켈을 특별한 맥주 탱크에 보관한다. 서빙할 때도 전통적인 방식에 따라 크림과 같은 거품을 도톰하게 올려 균형이 잘 잡힌 맛을 담아낸다. 맥주에 대해 궁금한 것을 물어보면 무엇이든 친절하게 알려 주는 매니저 루카스 스보보다 Lucas Svoboda와 셰프 마렉 야누흐 Marek Janouch가 있다.

이들의 환상적인 협업으로 로컬에서는 음식 하나, 맥주 한 잔만 주문하는 것은 불가능할 정도다. 프라하 햄은 매콤한 시금치소스와 함께 나오며, 이곳의 대표 메뉴는 소박한 감자튀김이다. 함께 곁들여 먹는 타르타르소스의 맛이 기가 막힌다. 맥주를 배우고 싶은 사람들을 위해 맥주 학교도 함께 운영한다.

Data Map 176p-E
Access 메트로 A선 타고 Staroměstská역 하차, 도보 15분 **Add** Dlouhá 33, 110 00 Praha 1
Tel 734-283-874 **Open** 월~금 11:00~01:00, 토 12:00~01:00, 일 12:00~23:00
Cost 프라하 햄 139코루나, 탈리안 소시지 115코루나, 소고기 굴라쉬 179코루나, 필스너 우르켈 0.5L 59코루나
Web lokal.ambi.cz

아시아, 유러피언, 프렌치 음식의 집합
노스트레스 Nostress

이름 그대로 스트레스를 완전히 날려 버리는 곳. 어둡고 매끈한 벽과 바닥, 아시아풍의 전등, 옻칠을 한 듯한 가구는 복합적인 이곳의 정체성을 확실하게 보여 준다. 메뉴가 무척 다양하여 가벼운 샌드위치와 커피 한 잔으로 브런치를 하러 잠깐 들르기에도 좋고, 도톰한 스테이크를 썰며 푸짐한 저녁 식사를 하기에도 적합하다. 아시아 요리에도 강세를 보여 다양한 종류의 딤섬도 먹어볼 수 있으며, 소스와 메인 요리를 각각 다른 지역 요리법을 이용해 만드는 퓨전 메뉴도 있다. 평일 점심시간(11:30~16:00)에는 애피타이저, 메인, 후식을 각각 세 가지씩 준비하여 요리 2개 또는 3개를 각각의 카테고리에서 골라 주문할 수 있다.

노스트레스에 다시 오게 되는 가장 큰 이유는 바로 디저트. 피스타치오 비스킷, 피스타치오 크림, 초콜릿 무스로 만드는 '초코 피스타쉬'나 망고, 휘핑크림, 화이트 초콜릿 크림을 얹은 '파블로바', 헤이즐넛과 초콜릿 비스킷을 곁들여 먹는 '커피 크림'은 달콤한 것을 좋아하는 사람이라면 반드시 먹어 봐야 한다. 식당 옆에는 노스트레스 갤러리가 있어 젊은 체코 예술가들의 현대 사진전을 구경할 수 있다.

Data **Map** 176p-E
Access 메트로 A선 타고 Staroměstská역 하차, 도보 7분
Add Vězeňská 8, 110 00 Praha 1 **Tel** 602-156-682 **Open** 월~토 08:00~19:00 일 09:00~17:00
Cost 점심 2코스 메뉴 290코루나, 3코스 메뉴 350코루나 **Web** www.nostress.cz

프라하에서 인기 많은 카페
EMA 에스프레소 바 EMA Espresso Bar

러시아워를 피해서 가야 하는 핫플레이스로, 최근 포토제닉한 내부 장식으로만 승부를 보는 트렌디한 카페들과는 질적으로 확연히 다른 카페다. 유럽 전역의 유명 로스터리들을 엄선하여 블렌드를 가져오고, 실력 있는 바리스타 팀이 상주하고 있다. 다양한 방법으로 커피를 추출하여 진짜 커피 애호가들의 민감한 입맛까지 만족시켜 준다. 사용하는 에스프레소 머신과 그라인더, 필터기 모두 홈페이지에 세세하게 안내하고 있으며, 이곳에서 사용하는 커피 추출 기구들을 구입할 수도 있다.
기분 좋게 쉬었다 가고 싶은 모던하고 깔끔한 인테리어는 덤이다. 상호의 EMA는 아라비카 콩의 훌륭한 만남(Extraordinary Meeting of Arabicas), 에스프레소, 모카, 아메리카노(Espresso, Mocha Americano) 등 해석하기 나름이라며 여러 뜻을 유쾌하게 제시한다.

Data Map 176p-F
Access 메트로 B선 타고 Náměstí Republiky역 하차, 도보 1분 **Add** Na Florenci 1420/3, 110 00 Praha 1
Tel 730-156-933 **Open** 월~금 08:00~18:00, 토·일 10:00~18:00 **Cost** 아메리카노 54코루나, 카푸치노 59코루나
Web www.emaespressobar.cz

두 명의 유쾌한 바리스타가 상주하는
원십 커피 Onesip Coffee

커피 맛 하나로 프라하 사람들을 금세 사로잡은 신상 카페. 영국의 라운드 힐Round Hill과 워크숍Workshop 로스터리를 비롯하여 세계 각지의 유명 커피 로스터리에서 콩을 받아 사용한다.
카페 규모는 작아도 워낙 인기가 좋아 프라하 시내 곳곳에서 팝업 스토어를 운영한다. 최고급 재료만을 사용하여 맛있는 초콜릿을 만드는 체코의 인기 초콜릿 브랜드 아잘라Ajala의 초콜릿으로 만드는 디저트는 부드럽고 고소한 커피와 무척 잘 어울린다. 프라하에서 가장 중요한 고딕 빌딩으로 알려진 성 아그네스의 수도원 Klášter sv. Anežky České은 이곳에서 걸어서 1분이면 찾을 수 있어 원십 커피를 방문하기 전 들러보자.

Data Map 176p-B
Access 메트로 B선 타고 Náměstí Republiky역 하차, 도보 10분 **Add** Haštalská 755/15, 110 00 Praha 1
Tel 605-411-441 **Open** 월~금 09:00~18:00, 일 10:00~17:00 **Cost** 카푸치노 55코루나, 플랫 화이트 65코루나, 퍼스트 키스(아포가토&럼) 85코루나 **Web** onesip.coffee

©La Degustation Boheme Bourgeoise

미슐랭 별을 받아 마땅한
라 데구스타시온 보엠 부루즈와즈 La Degustation Bohême Bourgeoise

2006년 문을 연 이래 수년간 훌륭한 음식과 최상의 서비스를 제공하여 2012년 미슐랭 별을 받았다. 라 데구스타시온은 보기에도 좋고 향까지 좋은 메뉴와 식사하는 이의 모든 감각을 깨우고 다음 코스를 기다리게 만드는 메뉴를 개발하기 위해 늘 고민한다. 체코 전역에 있는 유기농 농장들과 직거래하여 신선한 식재료를 공급받는 것은 기본이다. 라 데구스타시온의 오너이자 셰프인 올드르지흐 사하이다크Oldřich Sahajdák는 매일 100년도 더 된 18세기 요리책을 들여다보며 현대적으로 해석한 메뉴를 구성한다.

밖이 시원하게 보이는 통유리창과 나무 테이블의 디테일이 인상 깊다. 조명에 특히 신경을 써서 식사하는 동안 분위기가 살아나도록 했다. 여러 음식을 맛보기 적합한 테이스팅 6코스와 11코스가 마련되어 있다. 개별 단품 메뉴 중 추천하는 것은 와사비소스와 타피오카 진주를 넣은 느타리버섯 요리다. 럼, 생강, 빵, 자두에 재운 달걀노른자 요리, 파슬리 오일과 함께 먹는 가금류의 심장과 간 요리 등도 맛볼 수 있다.

Data Map 176p-E
Access 메트로 B선 타고 Náměstí Republiky역 하차, 도보 10분
Add Haštalská 18, 110 00 Praha 1
Tel 222-311-234
Open 화~토 18:00~00:00(12/24 휴무)
Cost 8코스 테이스팅 메뉴 3,450코루나, 와인 페어링 2,100코루나
Web www.ladegustation.cz

BUY

Writer's Pick! 프라하의 샹젤리제
파르지주스카 Pařížská

유대인 지구의 넓고 긴 중심대로 파르지주스카에는 아침부터 저녁까지 패션에 일가견이 있는 쇼퍼들로 가득하다. 현재 프라하에서 가장 비싼 상점들이 들어선 거리다. 파르지주스카에 있는 건물은 어느 하나 예쁘지 않은 것이 없다. 살 것이 없더라도 걸어 다니는 것만으로 즐겁다. 세련된 카페와 럭셔리한 상점들이 이 대로를 수놓고 있으며, 앤티크 상점과 크리스털, 보석 가게도 종종 보인다. 이 대로의 이름이 파르지주스카인 이유는 유대인 지구를 밀어내고 새로 도시 계획을 세울 때 파리를 모델로 삼았기 때문이다. 수많은 명품과 준명품 브랜드들의 상점이 파르지주스카에 위치한다. 화려한 디스플레이에 마음을 뺏기는 것은 당연하지만 파리나 밀라노와 같은 서유럽 쇼핑 도시와 똑같지는 않다. 서유럽의 대도시에 비해서는 상점 규모가 비교적 작은 편으로 입점한 물품의 종류나 개수도 적다. 그래도 국내 백화점이나 시중에서 볼 수 없는 상품들이 상당수 있어 아주 구하기 어려운 리미티드 제품을 찾는 것이 아니라면 들러 볼 만하다.

Data Map 176p-D
Access 메트로 A선 타고 Staroměstská역 하차, 도보 5분 **Add** Pařížská, 110 00 Praha 1

〈대표상점〉

나열한 상점 중 가고 싶은 곳이 있다면 여행을 떠나기 전 구글맵 등 지도에서 미리 찾아보고 표시를 해두자. 찾아가는 데 용이할 것이다.

- 알프레드 던힐 Alfred Dunhill (119/14번지)
- 카르티에 Cartier (2번지)
- 에르메네질도 제냐 Ermenegildo Zegna (18번지)
- 라코스테 Lacoste (7번지)
- 루이 비통 Louis Vuitton (66/13번지)
- 살바토레 페라가모 Salvatore Ferragamo (20번지)
- 에르메스 Hermès (120/12번지)
- 보테가 베네타 Bottega Veneta (14번지)
- 펜디 Fendi (12번지)
- 디올 Dior (4번지)
- 돌체&가바나 Dolce&Gabbana (28번지)
- 프라다 Prada (16번지)
- 구찌 Gucci (9번지)
- 롤렉스 Rolex (14번지)
- 쇼파드 Chopard (125/16번지)
- 버버리 Burberry (67/11번지)
- 에스카다 Escada (204/21번지)
- 지미 추 Jimmy Choo (7번지)

🛎 SLEEP

소문난 레스토랑을 보유한
호텔 살바토르 Hotel Salvator

구시가지와는 도보로 5분, 메트로역에서는 100m 정도 떨어져 편리한 위치에 있다. 호텔 내 재즈 바와 정원 테라스가 연결되어 있는 세련된 스타일의 스페인 레스토랑 라 보카La Boca가 있다. 객실은 전부 안뜰 또는 조용한 거리를 향해 있어, 흥겨운 재즈 바와 시끌벅적한 레스토랑을 벗어나면 금세 편안한 휴식을 취할 수 있다. 밝은 색을 주로 사용한 클래식한 인테리어는 편히 쉬기 적합하다.

또한, 친구나 가족들의 선물을 쇼핑하지 못한 사람들은 로비에 있는 기념품 가게를 요긴하게 이용할 수 있다. 호텔 어디에서나 무료 무선 인터넷 사용이 가능하고, 관광 안내 사무소가 있어 관광 관련 정보를 얻기가 무척 편리하다. 백화점 팔라디움Palladium은 호텔 바로 뒤에, 근교 도시로 떠나기 위해 시외버스를 타는 플로렌츠Florenc 버스 정류장도 300m 거리에 있다. 자전거 대여 서비스와 어린이 놀이터도 살바토르의 매력 포인트.

Data **Map** 176p-E
Access 메트로 B선 타고 Náměstí Republiky역 하차, 도보 3분
Add Truhlářská 1114/10, 110 00 Praha 1
Tel 222-312-234
Cost 싱글룸 1,200코루나
Web www.salvator.cz

구시가지의 조용한 골목에 위치한
호텔 요세프 Hotel Josef

런던에서 활동하는 체코 건축가 에바 이리크나Eva Jiricna가 설계한 호텔. 밝은 유리창 외관이 돋보이며, 아방가르드 갤러리 노드NoD와 연결되어 있는 점도 인상적이다. 노트북 보관이 가능한 금고 및 미니 바가 있는 객실 109개로 구성되어 있다. 사우나, 피트니스 센터, 회의실도 제공되며 다국어를 구사하는 친절한 직원을 통해 콘시어지 서비스, 관광, 티켓 안내, 웨딩 서비스 등이 이용 가능하다. 추가 요금을 지불하고 공항에서 호텔까지 가는 셔틀 및 기차역 픽업 서비스도 사용할 수 있다. 모든 객실에는 DVD 플레이어 및 위성 채널을 이용할 수 있는 플라스마 TV, 에스프레소 메이커가 마련되어 있다. 다리미, 저자극성 침구 등도 요청 가능하다. 해마다 여름에 열리는 프라하 작가 페스티벌Prague Writers Festival을 주최하여 문인들에게 특히 인기가 많은 호텔이다.

Data **Map** 176p-E
Access 메트로 B선 타고 Náměstí Republiky역 하차, 도보 5분 **Add** Rybná 693/20, 110 00 Praha 1
Tel 221-700-111 **Cost** 디럭스룸 2,821코루나 **Web** www.hoteljosef.com

여행자의 편안한 휴식을 우선시 하는
프라하 우리집 민박

유대인 지구 근처에 위치한 아늑하고 아담한 한인 민박. 민박집 이름대로 우리집 같은 느낌을 주는 민박집이다. 여행자들에게 더 나은 음식의 맛과 서비스를 제공하기 위해 늘 노력하고 있다. 블타바 강변과 가까워서 산책하기 좋다.

Data **Map** 176p-B
Access Dlouhá Třída 트램역에서 도보로 2분 **Add** Haštalská 760/27, 110 00 Staré Město Praha 1
Tel +420 777 882 391 **Cost** 여름 성수기(6월20일~9월30일), 겨울 성수기(12월20일~1월10일) 도미토리 40유로, 2인실 100유로, 3인실 130유로, 4인실 170유로, 5인실 210유로, 평수기 도미토리 35유로, 2인실 90유로, 3인실 115유로, 4인실 150유로, 5인실 185유로
Web http://prahawoorijib.com

Praha By Area

04

프라하성&
말라 스트라나

Pražský hrad&Malá Strana

프라하성이 있는 블타바강 좌안은 수많은 성과 궁전이 들어서 있다. 오랫동안 귀족적인 지역으로 분리되어 왔던 것이다. 프라하성뿐 아니라 성 아래의 작은 마을들을 하나로 통합해 보헤미아 왕국의 오토카르 2세가 세운 말라 스트라나는 위엄 있고 웅장한 바로크, 르네상스 양식의 건물로 가득하다.

프라하성&말라 스트라나
미리보기

말라 스트라나라는 체코어로 '작은 쪽'이라는 뜻이다. 우안에 비해 크기가 작아 붙여진 이름. 크기가 작다고 해서 우안에 비해 돌아다니는 게 수월하지는 않다. 평평하여 걷기 좋은 구시가지나 유대인 지구에 비해 말라 스트라나는 경사진 길이 많다. 어느 곳을 가더라도 여러 번 오르락내리락해야 한다. 이 동네를 여행할 때는 체력도 시간도 넉넉히 안배하도록 하자. 어디서든 멋진 프라하성이 보이니 자주 고개를 들어 위엄 있는 성의 모습을 눈에 한가득 담자.

주요 메트로역 A선 Malostranská역, Hradčanská역

SEE
높은 건물들이 많아 이 지역을 여행할 때는 종일 고개를 들어야 한다. 오랫동안 기억하고 싶은 멋진 건축물의 모습에 절로 셔터를 누르게 된다. 동유럽 건축미의 정수를 느낄 수 있다. 시간이 지날수록 감상의 깊이가 더욱 깊어지니 간단히 돌아보고 내려올 것이 아니라 천천히 공을 들여 살펴보도록 하자.

EAT
프라하성&말라 스트라나에서는 꼭 체코 음식을 먹어볼 것을 권한다. 아무 데나 들어가도 맛있는 식사를 할 수 있다. 블타바 강 우안에 비하면 그 수는 적지만 지친 다리를 쉴 수 있는 포근한 카페도 곳곳에 숨어 있다. 식당, 카페들이 한곳에 몰려 있으니 배가 고플 땐 바로 식사를 하자. 이 동네를 여행할 때는 길거리에서 장사하는 트르들로 가판이 그렇게 반가울 수가 없다.

BUY
카프카의 팬이 아니라면 이 동네에서는 쇼핑할 것이 전혀 없다. 프란츠 카프카 박물관이나 황금소로에서 소장하고 싶은 양장본이나 사진, 엽서 등을 많이 찾아볼 수 있다. 간혹 보이는 기념품점이나 상점이 있지만 구시가지에 있는 상점들이 훨씬 더 다양하고 좋은 가격의 상품을 판매한다.

어떻게 갈까?
가까운 메트로역이 2개밖에 없다. 내려서 약 5~10분은 걸어야 주요 명소에 이를 수 있다. 가정 먼저 프라하성을 보고 싶다면 트램(22번)을 타는 방법을 추천한다. 그러나 오르막길을 올라오며 보는 골목 풍경이 예쁘니 천천히 걸어서 성 주변의 경관을 감상하는 편을 추천한다. 카를교 초입에서 프라하성까지 여유롭게 걸으면 20분 정도 소요된다.

어떻게 다닐까?
말라 스트라나의 중심이 되는 말라 스트라나 광장을 기준으로 하여 위쪽의 프라하성 주변에 위치한 많은 성당과 궁전을 돌아볼지, 아래의 골목과 상권을 여행할지 그 순서를 정하고 일정을 소화하자. 오르막길을 올라 성에 가야 한다는 것을 고려하여 먼저 성 쪽을 먼저 돌아보고 내려와 동네를 여행하는 것이 수월하다.

프라하성&말라 스트라나
📍 1일 추천 코스 📍

18세기부터 다른 지역에서 프라하로 이주해 온 가문들은 성 근처에 자리 잡고 살기를 원했다. 따라서 프라하성&말라 스트라나에는 일찍이 다양한 국가에서 넘어온 사람들이 살게 되었고, 그 덕분에 현재까지도 프라하 내 모든 대사관이 이곳에 위치한다. 치안이 좋고 거리가 깨끗하다. 경사진 길 외에는 걱정할 것 없으니 신발만 편한 것으로 챙겨 신고 여유롭게 돌아보도록 하자.

말라 스트라나에서 가장 화려한 건축물, 성 미쿨라셰 성당 구경하기

도보 5분 →

놓칠 수 없는 프라하 최고의 명소, 프라하성 둘러보기

도보 5분 →

프라하성의 여러 궁전과 성당을 모두 본 후 황금소로 거닐기

도보 5분 ↓

아름다운 카를교를 걸어 구시가지, 신시가지로 넘어가기

← 도보 5분

체코의 자랑, 대문호 카프카를 기념하는 프란츠 카프카 박물관 방문하기

카를교에 있는 성 요한 네포무크 동상

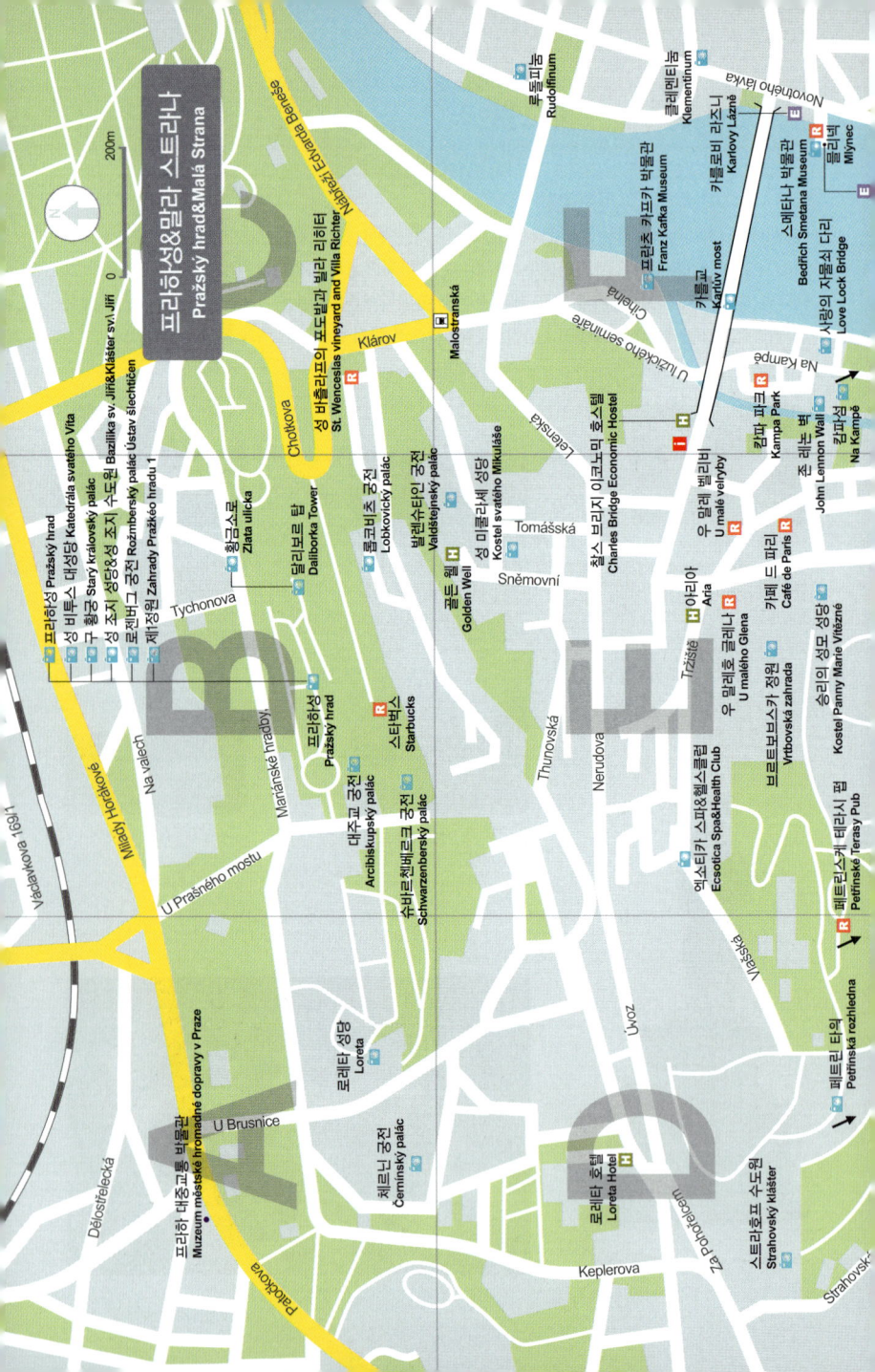

SEE

Writer's Pick! 프라하의 젖줄을 가로지르는
카를교 Karlův most

600년도 더 된 카를교를 보지 않고서는 프라하를 여행했다고 말할 수 없다. 나이를 가늠할 수 없을 정도로 견고하고 믿음직스러운 카를교는 사람이 많을 때와 없을 때, 해가 쨍쨍 나는 낮과 또 칠흑 같은 밤에 드러나는 모습이 다르다. 여러 가지 얼굴을 한 카를교는 몇 번을 보아도 매번 새롭다. 오랜 세월을 잘 버텨온 카를교의 비결은 뭘까? 다리 공사를 할 때 시멘트와 모래를 물로 반죽한 모르타르 속에 달걀노른자를 섞었다는 설이 사실일까? 프라하 시민은 물론이고, 영원한 사랑을 맹세하기 위해 프라하를 찾은 수많은 커플의 프러포즈 일등 장소로 손꼽히는 곳.

안개가 걷히지 않은 새벽녘에 카를교를 건너면 이 다리만이 가지고 있는 서늘하고 고요하며 그로테스크한 분위기를 완전히 느낄 수 있으니 부지런하게 일어나 아무도 없는 아침의 카를교에 발을 디뎌 보자. 낮에는 모자나 기타 케이스를 열어 놓고 신명 나게 연주하고 노래하는 아마추어 악단과 각종 기념품을 파는 상인, 10분이면 뚝딱하고 초상화 한 장을 완성해 내는 화가들이 다리 각 귀퉁이를 한자리씩 차지한다.

Data Map 198p-F
Access 메트로 A선 타고 Malostranská역 하차, 도보 5분
Add Karlův most, 110 00 Praha 1

도시 어느 곳에서도 보이는
프라하성 Pražský hrad

Writer's Pick!

왕궁 건물만 길이 570m, 너비 128m. 단일 성채로는 세계 최대 규모를 자랑한다. 프라하성은 유네스코에도 문화유산으로 등록된 체코의 보물이다. 9세기 말부터 건설되기 시작하여 14세기에 비로소 지금의 모습을 비슷하게 갖추었고, 18세기 말에 완공되었다. 그야말로 체코를 대표하는 국가적 상징물이다. 시간이 오래 걸린 건축물인 만큼 다양한 건축 양식을 찾아볼 수 있으며, 주 왕궁 건물 외에도 3개의 성당(성 비투스 성당, 성 조지 성당, 성 십자가 성당)과 성 조지 수도원이 성터에 함께 위치한다. 9세기 이후 통치자들의 궁전으로 사용되어 모든 보헤미아의 군주들을 모신 프라하성은 1918년 체코슬로바키아 공화국 탄생 후 대통령 관저로 사용되면서 내부 장식과 정원이 새로이 정비되었다. 왕궁을 비롯하여 성터 내 모든 건물들이 정교한 조각과 첨탑, 깃대 등을 갖게 되었고, 피라미드, 오벨리스크와 같은 조형물이 새로이 설치되었다. 유럽에서도 최고의 성 중 하나로 꼽히는 건축물이다.

밤에 조명이 들어오면 프라하성은 더욱 멋지다. 멀리서도, 가까이서도 꼭 공들여 사진을 찍어 보자. 프라하성으로 입장하는 문은 흐라트차니 광장 근처 정문, 말라 스트라나 정면의 동문, 성 정원 쪽으로 나가는 북문으로 총 3개의 문이 있다. 각각의 문은 1시간마다 교대하는 위병이 지킨다. 정오에 펼쳐지는 멋진 위병 교대식은 프라하성을 찾은 관광객이 반드시 보고 가는 구경거리 중 하나다.

Data Map 198p-B
Access 메트로 A선 타고 Malostranská역 하차, 도보 10분 **Add** 119 08 Praha 1 **Tel** 224-373-368
Open 프라하성 관광지·성당 등을 제외한 성채 4~10월 05:00~00:00, 11~3월 06:00~23:00, '프라하성 이야기' 전시·프라하성 사진 갤러리·화약탑, 4~10월 09:00~17:00, 11~3월 09:00~16:00, 승마학교·황실 마구간·마리아 테레지아 별관 10:00~18:00, 성채 내 정원 4·10월 10:00~18:00, 5·9월 10:00~19:00, 6·7월 10:00~21:00, 8월 10:00~20:00(정원은 성채 오픈 시간과 동일)
* 보수공사 등의 이유로 개별 건물이 예고 없이 닫히거나 일찍 폐관할 수 있다.

Cost 프라하성 서킷 A(성 비투스 대성당, 구 황궁, 프라하성 이야기 전시, 성 조지 성당, 황금소로, 달리보르 탑, 화약탑, 로젠버그 궁전) 일반 350코루나, 할인 175코루나, 서킷 B(성 비투스 대성당, 구 황궁, 성 조지 성당, 황금소로, 달리보르탑) 일반 250코루나, 할인 125코루나, 서킷 C(성 비투스 대성당, 프라하성 사진 갤러리) 일반 350코루나, 할인 175코루나, 6세 미만·장애인 무료, 프라하성 이야기 전시 일반 140코루나, 할인 70코루나, 프라하성 사진 갤러리 일반 100코루나, 할인 50코루나, 화약탑 입장과 일반 전시 70코루나, 할인 40코루나, 남쪽 타워+갤러리 150코루나
* 입장권은 프라하성 2, 3번 정원 내 위치한 인포메이션 센터, 프라하성 사진 갤러리, 구 황궁, 황금소로에 위치한 2곳의 매표소, 롭코비츠성에서 구매할 수 있으며 2일간 유효하다. 환불은 불가하다. 단기, 특별 전시에 대한 입장권은 전시장에서 구매 가능하다.
Web www.hrad.cz/en/prague-castle-for-visitors

프라하성 꼼꼼히 둘러보기

겉과 속 모두 숨 막히게 아름다운
성 비투스 대성당 Katedrála svatého Víta

프라하성 3번 정원에 위치한 성 비투스 대성당은 높고 뾰족한 첨탑으로 멀리서도 알아볼 수 있다. 가까이 가서 보면 첨탑보다 눈에 먼저 들어오는 것은 정문 바로 위에 위치한 지름 10.5m의 '장미의 창'이다. 활짝 핀 장미꽃과 같은 모습을 하고 있다. 11세기 건물을 원형으로 하여 로마네스크 양식으로 재건축되었다가 14세기 카를 4세가 고딕 양식의 건축을 추진하였고, 20세기에 이르러 지금의 모습을 갖추게 되었다. 얀 후스 종교 개혁 당시 잠시 중단된 것을 제외하고는 계속 공사 중이었던 셈.

오랜 작업의 결과물은 실로 대단하다. 전체 길이 124m, 너비 60m, 높이 33m로 성채 내에서 단연 돋보이는 화려한 외관을 자랑한다. 성당 내부의 화려한 아르누보 스테인드글라스와 바츨라프의 유물이 전시된 '성 바츨라프 예배당'이 성 비투스 성당의 대표적인 관광 포인트. 특히 스테인드글라스 중 눈길을 끄는 알폰스 무하Alfons Mucha의 스테인드글라스와 1,372개의 보석이 박혀 있는 황금색으로 옻칠을 한 예배당 벽은 눈부시게 아름답다. 성당 지하에는 역대 체코 왕들의 석관묘가 안치되어 있다.

Data Map 198p-B
Open 11~3월 월~토 09:00~16:00, 일 12:00~16:00, 4~10월 월~토 09:00~17:00, 일 12:00~17:00
Web katedralasvatehovita.cz

> **Tip** 성 비투스 대성당 보물 전시
> 약 10년이라는 기간 동안 공들여 준비해 온 139개의 전시물이 있다. 주로 예배 의식에 사용되었던 화려한 성유물함은 이 전시에서 볼 수 없지만, 다른 여러 보물 전시품들을 통해 예술사적인 면에서 금은 세공의 화려함을 느낄 수 있다. 성 비투스 대성당 보물 전시를 포함하는 입장권을 구매하면 오디오 가이드를 준다. 카탈로그(490코루나)는 별도로 구매할 수 있다.

'투척' 사건의 발생지
구 황궁 Starý královský palác

왕이 대관식을 거행하고 외빈들을 접대하던 곳. 지금은 사용하지 않아 '구' 황궁이라 부른다. 이곳에서 가장 주목받는 방은 루드비히 윙 Ludwig Wing이다. 얀 후스의 종교 개혁 중 후스파가 가톨릭 정부에 의해 체포, 구금당하자 이들의 석방을 요구하며 구 황궁 내에서 가톨릭 평의원들과 대립하였고, 의원들이 후스파의 석방을 거부하자 그들을 창밖으로 내던지는 사건이 발생했다. 바로 1419년의 '투척' 사건이다. 개신교와 합스부르크 왕가 사이의 갈등이 있었던 17세기에도 개신교 귀족 무리가 황궁에 찾아와 2명의 합스부르크인을 창밖으로 내던진 두 번째 투척 사건도 있었기에 구 황궁은 체코의 '투척'과 뗄 수 없는 장소이다. 이 2명의 합스부르크인들이 밖으로 내던져진 방이 바로 루드비히 윙이다.

Data Map 198p-B
Open 4~10월 09:00~17:00, 11~3월 09:00~16:00

프라하에서 가장 오래된 로마네스크 양식의
성 조지 성당 & 성 조지 수도원 Bazilika sv. Jiří & Klášter sv. Jiří

성 조지에게 헌정된 예배당과 수도원. 성인 조지는 기독교 초기 순교자 중 한 사람이다. 갑옷 차림으로 백마를 탄 채 용을 무찌르는 모습으로 자주 묘사되는 인물. 그의 용맹스러운 기백을 나타내듯 이 건물의 외관은 강렬한 붉은색으로 치장되어 있다.
성당 건물 후면에 위치한 붉은색 2개의 탑은 굵기가 각기 다르다. 왼쪽 탑은 이브 Eve를 상징하기 때문에 아담 Adam을 상징하는 오른쪽 탑보다 조금 더 두께가 얇다.

Data Map 198p-B
Open 4~10월 09:00~17:00, 11~3월 09:00~16:00

귀부인들을 위한 거처
로젠버그 궁전 Rožmberský palác Ústav šlechtičen

귀족 부인을 위한 교육 기관으로, 마리아 테레지아 황후의 명을 받들어 1755년 세워진 르네상스 궁전이다. 기거할 곳이 없어져 어려움을 겪는 귀족 아녀자를 위해 거처를 만들어 준 것이다.
내부에는 높은 천장과 프레스코화로 꾸며진 자체 성당과 당시 귀족 부인들이 실제로 사용했던 침실이 있다. 2010년 4월 처음 대중에게 공개되었다. 당시 생활상에 대한 전시도 볼 수 있다.

Data Map 198p-B
Open 4~10월 09:00~17:00, 11~3월 09:00~16:00

위엄 있는 모습과 근위병 교대식이 볼 만한
제1정원 Zahrady Pražského hradu 1

쓰러진 적의 목덜미를 붙잡고 한 거인은 칼을, 또 다른 거인은 몽둥이를 높이 쳐들고 있는 조각상이 있는 '거인의 문' 앞의 하나의 예술 작품과 같다. 문 건너편 제1정원에서 매일 진행되는 프라하성의 근위병 교대식은 꼭 보고 가자. 정원에 세워진 거인의 문은 궂은 날씨를 잘 견디지 못해 복제품을 세워 두었다. 문안에 위치한 뜰에서 열리는 근위병 교대식을 보기 위해 문밖에는 관광객들이 언제나 몰려 있다. 근위병 교대식은 매일 정오에 진행하며, 성을 지키는 보초병의 교대식은 오전 7시부터 하절기는 오후 8시까지, 동절기에는 오후 6시까지 매 시각 정시에 한다.

거인의 문 앞에 위치한 흐라드차니 광장 Hradčanské náměstí에는 1920년 체코 민주주의를 실현한 체코슬로바키아 초대 대통령 토마시 가리구에 마사리크 Tomáš Garrigue Maʹsaryk의 동상이 있다. 마사리크는 '건국의 아버지'라 불린다. 동상은 2000년, 그의 탄생 150주년을 기념해 만들어졌다.

Data Map 198p-B

첫 수감자의 이름을 딴
달리보르 탑 Daliborka Tower

황금소로 옆에 위치한 달리보르 탑은 1496년에 지어진 요새의 일부분이다. 1781년 불에 타 소실되기 전까지 지하실을 감옥으로 이용했다. 1883년부터 대중에게 공개되었으며 탑의 이름은 이곳에 처음으로 수감되었던 달리보르 Dalibor의 이름에서 따왔다. 보헤미아의 기사였던 달리보르는 성주의 학대를 피해 탈출한 농노를 숨겨준 죄로 수감되었다. 비교적 가벼운 죄를 지으면 높은 층에 갇히고 중죄를 지은 범죄자들은 지하에 가두었는데, 달리보르는 한 번 갇히면 다시는 빠져나올 수 없다는 지하 토굴에서 사형 집행을 기다리게 되었다.

그런데 희한하게도 그는 감옥 안에서 바이올린 켜는 법을 배워 매일 밤 바이올린을 연주했다. 달리보르의 바이올린 선율이 너무나 슬퍼 사람들이 탑 주위로 몰려들어 매일 줄에 음식을 매달아 내려보냈다는 설이 있다. 이 이야기를 가지고 체코를 대표하는 작곡가 스메타나는 오페라 〈달리보르〉를 썼다. 그러나 역사학자들은 바이올린이라 말하는 것이 악기가 아니라 고문 도구였으며, 바이올린 소리가 아닌 수감자의 비명소리라 추정한다.

Data Map 198p-B
Open 4~10월 09:00~17:00, 11~3월 09:00~16:00

카프카의 작업실이 위치한 동화 같은 골목길
황금소로 Zlata ulicka

프라하성 입구를 지나면 작은 집이 다닥다닥 붙어 있는 좁은 골목길이 나타난다. 이름처럼 진짜 금빛은 아니지만, 동화 속 마을처럼 알록달록한 색의 집들이 들어 서 있다. 본래 프라하성에서 일하는 시종, 집사들과 성을 지키는 병사들의 막사로 닦은 길이지만 16세기 후반 루돌프 2세가 고용한 연금술사와 금은 세공사들이 살게 되며 지금의 이름을 갖게 되었다. 문은 몸을 수그리고 들어가야 할 정도로 낮다. 당시 이곳에 살던 사람의 직업을 반영한 살림살이를 그대로 유리 케이스 안에 보존했다. 대장장이, 영화감독, 일반 가정 등 다양한 사람들이 살던 집의 인테리어를 구경할 수 있다.

가장 인기가 있는 집은 1916년 11월부터 이듬해 5월까지 카프카의 작업실로 쓰였던 푸른색 대문의 22번지. 이곳에서 카프카는 프라하성을 배경으로 한 소설 〈성〉을 집필했다. 고개만 들면 성 비투스 대성당의 첨탑이 보이는 위치이니 프라하성에서 영감을 받지 않을 수 없었을 것이다. 중간중간 기념품 상점이 위치하고, 중세 시절의 투구나 장신구 등을 전시하는 곳도 있다.

Data Map 198p-B
Open 4~10월 09:00~17:00, 11~3월 09:00~16:00

> **Tip 프라하성 관광 시 유의 사항**
>
> ❶ 화약탑, 달리보르 탑, 황금소로 일부, 홀리 로드 채플Holy Rood Chapel을 제외하고 모든 건물은 휠체어 입장이 가능하도록 되어 있다.
>
> ❷ 실내 사진 촬영은 50코루나를 내야 가능하다(플래시, 삼각대 사용 불가). 프라하성 이야기The Story of Prague Castle, 성 비투스 대성당의 보물과 프라하성 사진 갤러리 촬영 불가.
>
> ❸ 전문 투어가이드와 함께하는 프라하성 투어는 약 1시간 30분 남짓으로 월~토 진행하며 이메일로 (tourist.info@hrad.cz) 문의하여 예약할 수 있다. 투어는 체코어, 영어, 독일어, 프랑스어, 스페인어, 이탈리아어, 러시아어로 진행하며 최소 4명 이상이 모여야 가능하다.
> **Cost** 체코어 가이드 1명 당 50코루나, 기타 언어 1명 당 100코루나
>
> ❹ 약 3시간 남짓한 오디오 가이드는 성 안팎에 대한 정보를 자세히 제공하지만 안타깝게도 한국어는 제공하지 않는다. 지원하는 언어는 체코어, 영어, 독일어, 프랑스어, 스페인어, 이탈리아어, 러시아어이다. 프라하성 제2, 3번 정원에 위치한 인포메이션 센터에서 대여 가능하다.
> **Cost** 3시간 350코루나, 1일 450코루나

숨은 이야기가 깃든 재력가의 작품
발렌슈타인 궁전 Valdštejnský palác

17세기 초반, 종교 분쟁으로 보헤미아인이 합스부르크 왕가의 지배에 대항해 반란을 일으키자 개신교를 지지하는 알브레히트 벤젤 에우세비우스 폰 발렌슈타인은 병사를 모집하여 황제 페르디난트 2세를 지원하였다. 그 공적을 인정받아 발렌슈타인은 황실의 군대 사령관이 되었다. 그 후 30년 전쟁 때 황제에 대한 반감으로 왕가에 등을 돌려 프라하성의 권위를 실추시키기 위한 목적으로 이 궁전을 지었다.
2층으로 지어진 본관 홀 천장에는 발렌슈타인을 전투의 신 마르스에 비유하여 그린 프레스코화가 있다. 다른 궁전이나 성당과 차별되는 가장 큰 매력 포인트는 인공 호수, 인공 종유석으로 꾸민 동굴, 나무와 벽 등으로 꾸며 놓은 드넓은 바로크식 정원이다. 발렌슈타인 궁전은 1945년까지 발렌슈타인 가문의 소유였으나 제2차 세계대전 후 체코 정부에 귀속되었다. 문화부 관저로 쓰이다 현재 상원위원 건물로 이용되고 있다.

Data Map 198p-E
Access 메트로 A선 타고 Malostranská역 하차, 도보 3분 **Add** Valdštejnské nám. 17/4, 118 00 Praha 1
Tel 257-075-707 **Open** 궁 11~3월 매달 첫 번째 주말&공휴일 10:00~16:00, 4·5·10월 주말&공휴일 10:00~17:00, 6~9월 주말과 공휴일 10:00~18:00
Web www.senat.cz

강렬한 외관이 인상적인
슈바르첸베르크 궁전 Schwarzenberský palác

흑백 스그라피토sgraffito로 장식한 독특한 외관의 건물이다. 1545년 이래로 주인이 여러 차례 바뀌었는데, 1811년 슈바르첸베르크 가문이 인수하여 지금과 같은 르네상스 양식의 모습으로 재건시켰다. 19세기부터 국립기술박물관, 프라하 국립미술관 등 다양한 용도의 박물관으로 사용되었다. 현재는 국립전쟁박물관으로 활용되고 있다.

Data Map 198p-B
Access 메트로 A선 타고 Malostranská역 하차, 도보 10분 **Add** Hradčanské nám. 2, 118 00 Praha 1
Tel 233-081-730 **Open** 화~일 10:00~18:00
Cost 성인 220코루나, 학생 120코루나
Web www.ngpraguc.cz

잘 보존된 프라하 가톨릭의 모처
대주교 궁전 Arcibiskupský palác

얀 후스의 종교 개혁 중 본래 있던 대주교 궁전이 불타 없어지면서 새로 지은 건물이다. 1562년부터 프라하 주교들이 기거한 곳이기도 하다. 후대에 바로크 양식으로 재건되었으며, 건물의 정면과 내부는 로코코풍으로 꾸며져 있다. 내부에는 프라하 주교들의 초상화들과 9개의 프랑스 자수 공예품이 전시되어 있다. 대주교 궁을 방문하려면 홈페이지 또는 전화를 통해 목적을 밝히고 허락을 구해야 한다.

Data Map 198p-B
Access 메트로 A선 타고 Malostranská역 하차, 도보 10분 **Add** Hradčanské nám. 16, 119 02 Praha 1
Tel 220-392-111
Web www.apha.cz

성스럽고 경건한 예배당
성 미쿨라셰 성당 Kostel svatého Mikuláše

프라하에서 가장 아름다운 바로크 양식의 건물이라 불리는 성 미쿨라셰 성당은 12세기에 다른 양식으로 건축되었지만 18세기에 바로크 양식으로 재건되었다. 현재 미사를 보는 곳으로 사용되고 있으며 종종 음악회가 열린다. 1787년 모차르트가 이곳에서 직접 연주했던 오르간이 보관되어 있어 클래식 음악을 좋아하는 사람들은 프라하에서 반드시 가 봐야 할 명소로 꼽는다.

고개를 들어 천장의 70m 돔을 올려다보면 음악의 수호성인인 성 세실리아가 오르간을 내려다보는 모습이 담긴 프란츠 팔코Franz Palko의 프레스코화 '성 미쿨라셰의 축제'가 그려져 있다. 성당 입장 전 앞에 있는 말라 스트라나 광장에서 성 삼위일체 기둥을 구경해 보자. 1713년 프라하를 점령했던 흑사병을 물리친 기념으로 세워진 거대한 대리석 기둥이 무척 화려하다.

Data **Map** 198p·E
Access 메트로 A선 타고 Malostranská역 하차, 도보 10분
Add Malostranské náměstí, 118 00 Praha 1 **Tel** 257-534-215
Open 3~10월 09:00~17:00, 11~2월 09:00~16:00(3월 말~11월 초, 화요일을 제외하고 매일 18:00에 약 1시간 동안 콘서트 개최) **Cost** 성인 70코루나, 10~26세 50코루나, 10세 미만·장애인 무료 **Web** stnicholas.cz

현 체코 외무성 건물
체르닌 궁전 Černínský palác

체르닌 궁전은 1660년 합스부르크 왕가 시절, 베네치아와 로마에 황실 대사로 파견되었던 외교관 후데니체 체르닌Humprecht Jan Černín z Chudenic의 의뢰로 세워졌다. 이탈리아 건축가 프란체스코 카라티Francesco Caratti의 작품. 프라하에 있는 모든 바로크 궁전 중 규모가 가장 크다. 궁전의 내부는 유럽 각국에서 수입된 가구와 그림, 이탈리아 화가들의 스투코Stucco(석고를 주재료로 하여 칠하는 도료)로 장식되어 있다.

후대에 이르러 체르닌의 후손들에 의해 갤러리가 딸린 바로크 양식의 건물로 변형되었다. 18세기에 전쟁을 두 번 겪은 후 큰 손상을 입어 엄청난 수리 비용이 부담되었던 체르닌 가문은 결국 1851년 궁전을 국가에 팔았다. 이후 이곳은 병영으로 쓰이다가 현재는 외무부 청사로 이용되고 있다. 북쪽에 계단 조각과 함께 새로이 꾸민 프랑스식 정원이 무척 예쁘다. 업무적으로 외무부에 볼 일이 없다면 내부를 보기는 어렵다. 일반 여행객에게는 개방하지 않는다.

Data **Map** 198p·A
Access 메트로 A선 타고 Malostranská역 하차, 도보 15분 **Add** Loretánské náměstí 5, 118 00 Praha 1
Tel 224-181-111 **Web** www.mzv.cz

구교도의 승리를 기원하며 건립한
로레타 성당 Loreta

얀 후스의 종교 개혁 이후에도 구교도와 신교도의 대립이 계속되자 카테리나 로브코비츠 남작부인이 1626년 구교도의 승리를 기원하는 의미로 세운 성당이다. 정면에 보이는 건물을 둘러싼 6개의 예배당, 47개의 천장 벽화가 그려진 회랑, 정원으로 구성되어 있다. 로레타가 유명한 이유는 이탈리아의 산타 카사Santa Casa를 그대로 재현해 두었기 때문이다. 외벽은 성모 마리아의 일생을 새긴 부조 장식과 은으로 된 제단, 흑단나무로 만든 성모 마리아상으로 되어 있다. 시계탑 정면에 있는 27개의 '로레타의 종'은 매시 정각이 되면 성모 마리아를 찬양하며 종소리를 울린다. 수염을 기른 채 십자가를 진 한 여인의 조각상Svatá Starosta도 보고 가자. 로레타 성당 정원에 있는 '슬픔의 성모 마리아 예배당kaple P. Marie Bolestné' 안에 위치해 있다.

2층에는 16세기부터 18세기의 다양한 성물을 볼 수 있는 전시실과 금고가 있다. 이곳에 있는 보물은 성 비투스 대성당의 보물 다음으로 체코에서 가장 값진 보물이다. 가장 유명한 전시물은 17세기 말 오스트리아 빈에서 제작되었으며, 6,222개의 다이아몬드로 장식된 '프라하의 태양Prague Sun'이라 불리는 성체를 안치해 놓는 도구이다. 이를 만드는 데 쓰인 다이아몬드는 한 백작 부인의 드레스에 박혀 있던 것을 기증받았다. 영구 전시 외에 특별전도 종종 열린다.

Data Map 198p-A
Access 메트로 A선 Malostranská역 하차, 도보 20분
Add Loretánské náměstí 100/7, 118 00 Praha 1 **Tel** 220-516-740
Open 4/1~10/31 09:00~17:00, 11/1~3/31 09:30~16:00 **Cost** 성인 210코루나, 학생 130코루나, 70세 이상 160코루나, 6~15세 100코루나(금고와 계절별 특별 전시 포함) **Web** loreta.cz

너무 일찍 스러진 체코의 보물 같은 작가를 기리는 곳
Writer's Pick! ## 프란츠 카프카 박물관 Franz Kafka Museum

프라하는 도시 전체가 카프카 박물관이라 해도 과언이 아닐 정도로 시내 곳곳에서 그의 흔적을 만날 수 있다. 그럼에도 불구하고 굳이 박물관을 찾아봐야 하는 이유는 다양한 오디오와 영상 자료가 마련되어 있어 작가에 대한 깊은 이해를 할 수 있기 때문이다. 카프카가 살아생전 썼던 편지, 일기, 원고, 그가 남긴 사진과 스케치 등을 볼 수 있고, 여러 설치물과 전시품을 통해 카프카의 생애와 각 작품을 차근차근 알아갈 수 있다.

카프카 관련 다양한 상품과 그의 책 등을 판매하는 기념품숍이 박물관 맞은편 건물에 있고, 넓은 정원과 익살스러운 조형물이 있는 작은 분수, 박물관을 둘러보고 나와 잠시 카프카의 책을 읽어 볼 수 있는 카페도 있다.

Data Map 198p-F
Access 메트로 A선 타고 Malostranská역 하차, 도보 7분 **Add** Cihelná 2b, 118 00 Praha 1
Tel 257-535-507 **Open** 10:00~18:00 **Cost** 성인 240코루나, 학생·65세 이상·장애인 160코루나, 가족 티켓 (성인 2명+아동 2명) 620코루나, 프란츠 카프카와 프라하 지도 55코루나 **Web** www.kafkamuseum.cz

공연과 전시를 모두 볼 수 있는
롭코비츠 궁전 Lobkovický palác

16세기 가장 세력이 컸던 펀스타인Pernstejn 가문의 궁전으로 지어진 이 건물은 1627년 롭코비츠의 포리에세나의 소유가 되어 롭코비츠 궁전이라 불린다. 제2차 세계대전 중 나치에게 빼앗겼다가 1948년에는 공산주의 정권에게 빼앗기고, 2002년이 되어서야 10대 롭코비츠 공의 후손인 윌리엄 롭코비츠에게 소유권이 돌아갔다. 본래 르네상스 양식으로 지어진 이 궁전은 30년 전쟁 후 1651년부터 7년 동안 초기 바로크풍으로 재건축되어 현재의 모습이 되었다. 르네상스 양식의 모습을 간직한 것은 2곳의 홀과 예배당 1곳이다. 롭코비츠 궁전에서 가장 아름다운 방으로 손꼽히는 연회장에는 신화를 바탕으로 한 화려한 17세기 프레스코화가 그려져 있다. 1983년 이후부터 현재까지 체코 역사 속 기념비적 유물을 전시하는 박물관으로 쓰이고 있다.

독특한 화풍의 독일 화가 크라나흐Cranach, 기계적인 사실주의자인 이탈리아의 카날레토Canaletto, 낭만주의에 큰 영향을 미친 이탈리아 화가 겸 판화가 피라네시Piranesi의 그림도 궁 안에 걸려 있으며, 7대 롭코비츠 공이 음악가들을 적극 후원해 모차르트, 베토벤, 하이든의 주석이 달린 악보 원본도 전시되어 있다. 방대한 악기 컬렉션도 전시되어 있다. 매일 오후 1시에 궁전 안에서 클래식 공연을 연다. 궁전 안 카페도 분위기가 좋아 인기다. 특히 테라스 자리가 명당이다.

 Map 198p-B
Access 메트로 A선 타고 Malostranská역 하차, 도보 3분
Add Jiřská 3, 119 00 Praha 1 **Tel** 233-312-925 **Open** 10:00~18:00
Cost 입장 성인 290코루나, 7~15세·학생증 소지자·65세 이상 220코루나
Web www.lobkowicz.cz

프랑스 요리를 전문으로 하는
카페 드 파리 Café de Paris

아늑하고 우아한 이곳은 가족이 운영하는 정겨운 식당이다. 프라하에서 손꼽히는 프렌치 식당으로 분위기와 맛 모두 훌륭하다. 메뉴가 다양하지는 않지만 가장 자신 있는 것만 선보이기 때문에 무엇을 골라도 맛있다. 카페 드 파리의 자랑거리는 특정 메뉴가 아니라 '소스'이다. 소고기 요리와 가장 잘 어울리는 타라곤으로 만드는 베르네스Bearnaise소스, 레드 와인으로 만드는 파리지앵Parisian소스, 75년 된 특급 비밀 레시피로 만드는 카페 드 파리Café de Paris소스를 비롯하여 섬세한 풍미를 잘 살리는 특제 소스가 한 번 찾은 식객들을 다시 또 오게 만든다.

대표적인 프랑스 요리인 양파수프나 시저샐러드도 맛있지만 가장 인기가 많은 메뉴는 감자튀김을 곁들여 먹는 소고기 앙트레코트Beef Entrecote. 부드러운 갈빗살로 머스터드가 살짝 들어간 소스와 함께 먹는다. 실내는 옛 파리 비스트로처럼 오래되어 빛바랜 사진과 붉고 긴 의자로 꾸며 놓았다. 프랑스 대사관과 얼마 떨어져 있지 않아 프랑스 손님들도 많이 찾는다.

Data **Map** 198p-E
Access 메트로 A선 타고 Malostranská역 하차, 도보 15분 **Add** Maltézské námesti 4, 118 00 Praha 1
Tel 603-160-718 **Open** 11:30~00:00 **Cost** 양파 수프 99코루나, 소고기 스테이크 597코루나, 샐러드 209/289/379코루나 **Web** www.cafedeparis.cz

© Café de Paris a

단 하나의 예외로 소개하는 카페 체인점
스타벅스 Starbucks

이곳에서 보는 프라하 시가지의 모습은 정말 아름답다. 설령 커피 맛이 한국의 스타벅스와 똑같다 하더라도 프라하성 지점은 꼭 가 봐야 한다. 프라하성 주변의 모든 식당과 카페를 통틀어 명당 중 최고 명당인 곳이니까. 스타벅스 프라하점의 테라스 자리는 한 번 앉으면 엉덩이를 떼는 것이 너무나 힘들 정도로 멋진 파노라마 뷰를 자랑한다. 메트로에서 내려 프라하성 쪽으로 올라와 언덕 위에 서면 가장 먼저 보인다. 성을 구경하고 다시 오자고 생각하지 말고 우선 앉았다 가도록 하자. 성채 주변을 모두 돌아보고 나면 황금소로를 본 후 반대편으로 내려가게 되어 다시 이쪽으로 오기가 어렵다.

실내 자리도 넓어 날씨가 조금 쌀쌀하거나 테라스 자리가 만석이면 아늑한 소파 자리에서 쉬었다 가도 좋다. 한국에서는 볼 수 없는 사이드 메뉴가 유리 진열장에 가득하여 조금은 색다른 간식을 맛볼 수 있다는 점도 좋다.

Data **Map** 198p-B
Access 메트로 A선 타고 Malostranská역 하차, 도보 7분 **Add** Ke Hradu, 118 00 Praha 1
Tel 235-013-536 **Open** 일~목 08:30~21:00, 금·토 08:30~22:00 **Cost** 카페라테 톨 사이즈 79코루나
Web www.starbuckscoffee.cz

포도밭 한가운데 위치한
성 바츨라프의 포도밭과 빌라 리히터 St. Wenceslas vineyard and Villa Richter

프라하성을 모두 구경하고 내려오는 길에 마주하게 되는 반가운 맛집. 보헤미아에서 가장 오래된 포도밭에 위치한 프라하성의 여름 별장 건물이 수년의 보수 공사를 거쳐 식당으로 재탄생했다. 프라하 수호성인의 이름을 딴 이 포도밭에서는 총 2,500송이의 포도 피노 누아 Pinot Noir와 라인강 리슬링Rhine Riesling을 재배한다. 피노 누아로 만든 와인은 판매도 한다. 포도밭 위에 자리하여 내려다보이는 밭의 풍경이 식욕을 돋운다.

빌라 리히터는 총 2개의 식당으로 이루어져 있으며 빌라 밖 정원에서도 간단한 먹거리를 판매한다. 1층에 위치한 빌라 리히터 피아노 테라 VILLA RICHTER Piano Terra는 총 250명을 수용할 수 있으며 체코 가정식 요리를 한다. 2층에 위치한 빌라 리히터 피아노 노빌레VILLA RICHTER Piano Nobile에는 90명이 앉을 수 있으며, 최고급 요리를 선보이는 엘리트 레스토랑을 표방한다. 이탈리아, 프랑스, 체코 요리 등 다양한 유러피안 요리들을 선보인다.

Data **Map** 198p-C
Access 메트로 A선 타고 Malostranská역 하차, 도보 15분
Add Staré zámecké schody 6/251, 118 00 Praha 1
Tel 702-205-108 **Open** 11:00~23:00 **Cost** 오늘의 생선 565코루나,
슈니첼 475코루나 **Web** www.villarichter.cz

SLEEP

음악을 테마로 한 리조트&스파 호텔
아리아 Aria

격조 높은 5성급 호텔. 드보르작, 모차르트, 엘비스, 빌리 홀리데이까지 재즈, 오페라, 클래식, 현대 음악 등 다양한 장르의 음악가들이 아리아 호텔 각 객실의 테마가 되어, 테마와 어울리는 책과 미술품으로 꾸몄다. 객실 내 컴퓨터에서 음악가의 연대를 살펴볼 수 있으며 음악이 가득한 아이팟과 애플 TV도 마련되어 있다. 음악학 박사가 아리아의 음악 감독으로 주재하며 다양한 음악과 DVD가 구비된 호텔의 음악 도서관과 개인 감상실을 책임진다.

투숙객은 음악 감독에게 프라하의 음악 공연 등에 대해 문의할 수 있으며, 모든 객실에 설치된 아이튠즈iTunes를 이용하여 호텔 음악 감상실에 등록되어 있는 음악을 자유로이 감상할 수 있다. 또한 최고급 체코 요리를 선보이는 레스토랑 코다CODA와 전망 좋은 바로크풍 정원, 아르데코풍 옥상 바, 피트니스 센터, 스파가 있다.

Data Map 198p-E
Access 메트로 A선 타고 Malostranská역 하차, 도보 10분
Add Tržiště 368/9, 118 00 Praha 1
Tel 225-334-111
Cost 디럭스룸 228유로
Web www.ariahotel.net

객실은 단 9개, 극진한 대접을 받을 수 있는
로레타 호텔 Loreta Hotel

1384년에 지어진 고풍스러운 건물을 사용하는 로레타 호텔은 프라하 성과 단 200m 거리에 위치한다. 모든 객실에서 정원이 내려다보이는 로레타는 무료 무선 인터넷, 미니 바, 위성 TV를 제공한다. 몇몇 객실은 정원으로 이어져 산책하기가 편리하다.

시크하게 꾸며진 곳에서 조식 뷔페를 즐기고, 호텔 내 레스토랑 로레타Loreta에서는 전통 체코 요리를 맛볼 수 있다. 자동차로 여행하는 사람을 위한 주차장이 마련되어 있고, 호텔에서 100m만 걸어가면 현금 인출기도 있다. 겨울에는 후끈한 난방을 넉넉히 틀어 따뜻하게 묵어간다는 후기가 유독 많다.

Data Map 198p-D
Access 메트로 A선 타고 Malostranská역 하차, 도보 15분
Add Loretánské náměstí 102/8, 118 00 Praha 1
Tel 233-310-510 **Cost** 더블룸 1,631코루나 **Web** www.hotelloreta.cz

명사들의 단골 호텔
골든 웰 Golden Well

아름다운 장미 정원을 끼고 있는 16세기 건물에 위치한 골든 웰. 트립어드바이저에서 2014년 체코 최고의 럭셔리 호텔상과 2014년 체코 최고의 로맨틱 호텔상을 받은 화려한 수상 경력을 가지고 있는 별 5개짜리 특급 호텔이다. 따뜻하고 낭만적인 분위기 덕에 결혼식 장소로도 인기가 높다. 보헤미아 시절 루돌프 2세가 소유했던 건물을 2000년 대대적인 공사를 거쳐 개조하여 사용하고 있다. 최고의 천문 관측 학자로 꼽히는 천문학자 티코 브라헤Tycho Brahe도 이 건물에 거주했었다고 한다.

체크인 시 호텔 곳곳을 소개해 주는 친절한 서비스가 돋보이며, 방에는 무선 인터넷, TV, DVD 플레이어 등이 구비되어 있다. 난방이 되는 욕실 바닥은 골든 웰에서 제공하는 섬세한 서비스. 호텔의 지름길을 이용해 프라하성을 견학하는 프로그램도 마련되어 있다. 훌륭한 조식과 전망 좋은 테라스 레스토랑 테라사 우 즐라테 스트드네U Zlaté Studně도 추천한다.

Data **Map** 198p-E
Access 메트로 A선 타고 Malostranská역 하차, 도보 5분 **Add** U Zlate Studne 166/4, 118 00 Praha 1
Tel 257-011-213 **Cost** 슈페리어 더블룸 7,000코루나 **Web** www.goldenwell.cz

알뜰하고 똑똑한 여행자를 위한
찰스 브리지 이코노믹 호스텔 Charles Bridge Economic Hostel

카를교 바로 옆에 위치하여 접근성이 훌륭한 호스텔이다. 6개의 싱글 침대와 1개의 퀸 사이즈 2층 침대로 이루어진 혼성 8인실, 5개의 싱글 침대로 이루어진 혼성 5인실, 2개의 샤워실이 딸린 싱글 침대로 구성된 여성 전용 7인실, 5개의 싱글 침대와 1개의 퀸 사이즈 2층 침대로 구성된 혼성 7인실 도미토리를 운영한다. 주방을 갖춘 개인 아파트도 렌트하고 있으며 1인실, 2인실도 있다.

무료 무선 인터넷 서비스와 무제한으로 제공되는 네스프레소 커피를 이용할 수 있으며, 2시간 동안 이루어지는 세그웨이 투어 50% 할인권을 제공한다(할인가 1인 750코루나). 오페라, 콘서트, 블랙라이트 시어터 등 프라하 내 다양한 행사와 이벤트를 안내하고, 예매, 예약을 돕는다. 공항 셔틀 서비스도 이용 가능하다.

Data **Map** 198p-F
Access 메트로 A선 타고 Malostranská역 하차, 도보 7분
Add Mostecká 53/4, 118 00 Praha 1 **Tel** 257-213-420, 606-155-373
Cost 6인 도미토리 550코루나 **Web** www.charlesbridgehostel.cz

Praha By Area

05

페트린
Petřín

페트린은 프라하 좌안 한가운데 위치한 높이 327m의 언덕 주변을 칭한다. 카프카의 〈어느 투쟁의 기록〉과 밀란 쿤데라의 〈참을 수 없는 존재의 가벼움〉 배경으로 등장하는 그림 같은 동네이다. 프라하의 많은 건물이 페트린 언덕에서 가지고 온 돌로 지어졌다. 13세기 과수원으로 개간되었던 페트린 언덕은 지금도 과실나무로 가득해 향긋하다.

페트린
미리보기

시가지와는 완전히 다른 매력을 지닌 페트린에서는 자연과 동유럽 특유의 좁은 골목을 만끽할 수 있다. 화려하지는 않아도 때묻지 않은 프라하의 자연과 그 속에 어우러지는 관광 명소에 마음이 크게 동할 것이다.

주요 메트로역 A선 Malostranská역, B선 Anděl역

SEE

페트린 언덕을 올라야 하고 좁은 돌길도 많다. 구두는 벗어두고 편하고 튼튼한 운동화부터 챙기도록 하자. 페트린 언덕의 푸르른 녹음, 페트린 타워에 올라 마시는 시원한 공기, 아기자기한 캄파 공원 부근의 자연친화적인 명소는 도심의 분주함과는 달리 여유로움으로 가득한 하루를 만들어 줄 것이다.

EAT

페트린 언덕에 오르면 작은 매점 몇 개를 제외하고 맛집을 찾기 어렵다. 일단 언덕에서 내려와 강가 부근으로 나와야 식당이나 카페를 찾을 수 있다. 다른 지역에 비해 식당의 종류나 개수가 부족한 것은 사실이나 캄파 공원 부근에 체코 전통 음식을 하는 펍이 꽤 있다. 분위기 좋고 맛있는 맥주도 곁들일 수 있으니 든든한 고기 요리를 먹어 보도록 하자.

BUY

페트린 타워를 방문했을 때 기념이 될 만한 작은 소품을 사는 것 이외에는 페트린에서 지갑을 열 일이 별로 없다. 쇼핑할 것이 없으니 당연하다. 지갑을 열 때는 입장권과 교통권을 살 때, 그리고 식사할 때 정도뿐이다.

어떻게 갈까?

페트린 주변에는 메트로역이 많지 않다. 그나마 A선의 Malostranská역과 B선의 Anděl역이 가깝지만 내린 후에도 꽤 걸어야 한다. 블타바강 우안에서 다리를 건너오는 경우 메트로를 이용하지 않고 도보로 이동하는 것이 좋다. 페트린 타워로 가는 푸니쿨라 앞에 바로 내리는 트램은 6번, 9번, 12번, 20번, 22번이 있으니 트램을 이동해도 좋다. 트램 노선은 www.dpp.cz/en/transport-around-prague/transit-schematics에서 확인 가능하다.

어떻게 다닐까?

대중교통이 마땅치 않기 때문에 도보로 이동하는 것이 가장 편하다. 페트린 지역이 지도상에서는 꽤 넓어 보여도 힘들지 않게 명소들을 돌아볼 수 있다. 페트린 언덕에 올라가거나 내려올 때만 푸니쿨라를 이용한다.

페트린
◉ 반나절 추천 코스 ◉

페트린 언덕을 오르는 일이 생각보다 힘들지 않아 이곳에서 하루 전체를 다 쓰지 않아도 된다. 아침 일찍부터 부지런히 움직이면 프라하성&말라 스트라나와 페트린 일대를 관광하는 일정도 무리 없이 소화할 수 있다. 페트린에는 쉬어갈 곳도 많고 공기도 좋으니 사진기에서 눈을 떼고 하늘을 자주 올려다보며 여행하자.

카를교를 건너 바로 만날 수 있는 캄파섬 돌아보기

도보 5분 →

존 레논 벽과 사랑의 자물쇠 다리에서 낭만 충전하기

도보 5분 →

푸니쿨라 타고 페트린 타워 올라가기

슈테파닉 관측소에서 프라하 하늘 위 별 바라보기

← 도보 1분

동심으로 돌아가 거울 미로에서 즐거운 시간 보내기

← 푸니쿨라+ 도보 5분

↓ 도보 3분

언덕에서 내려와 프라하 최초의 성당인 승리의 성모 성당에서 아기 예수 만나기

푸니쿨라+ 도보 10분 →

카페 사보이에서 따뜻한 차 한 잔으로 일정 마무리하기

크림처럼 부드러운 벨벳맥주도 꼭 마셔 보자.

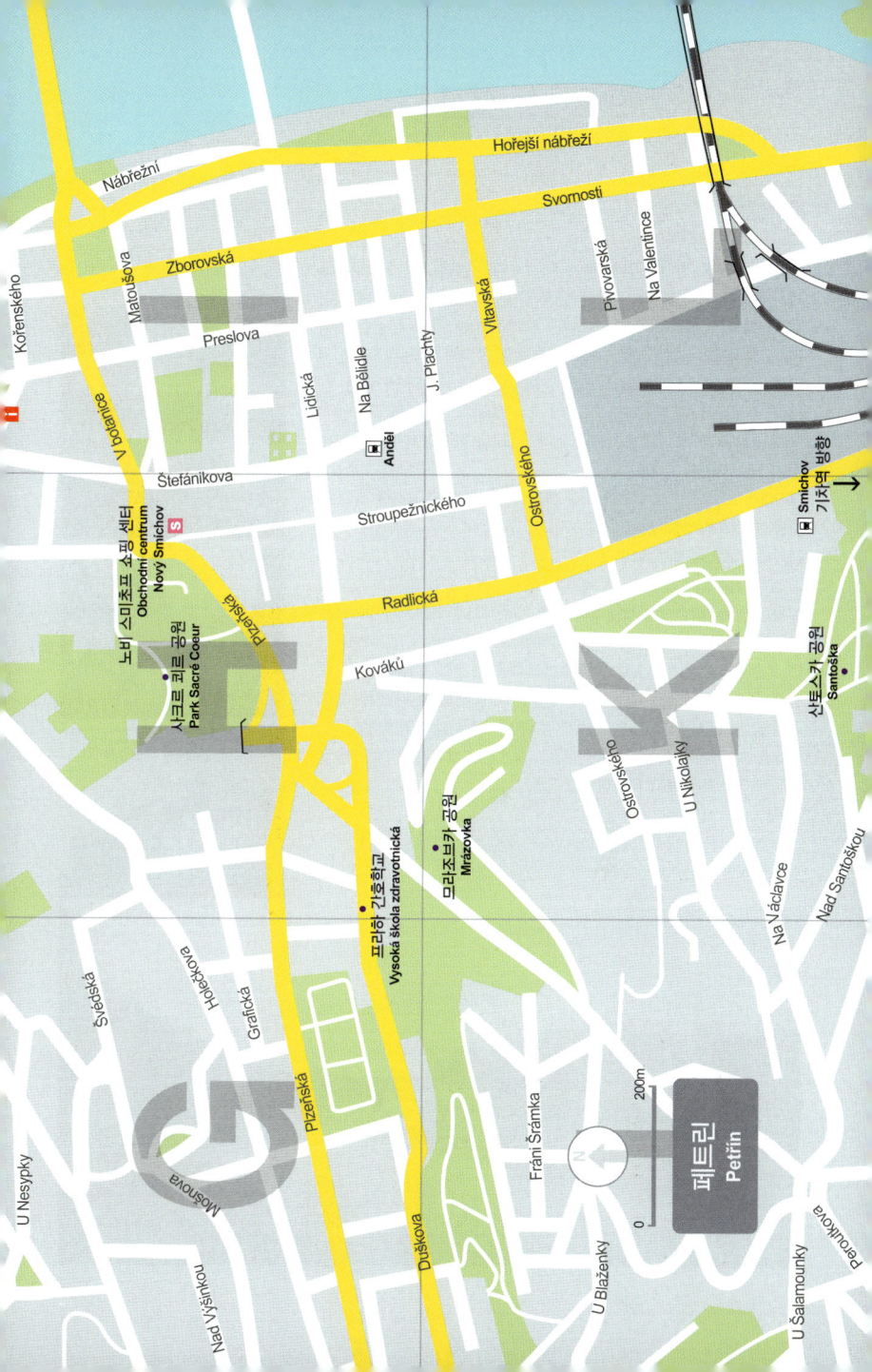

작지만 있을 것은 다 있는
캄파섬 Na Kampě

캄파섬과 카를교는 나 캄파Ulice na Kampě 길로 연결되어 있어 우안에서 카를교를 건너오는 사람들은 바로 캄파섬을 찾을 수 있도록 되어 있다. 캄파는 '평원'을 뜻하는 라틴어 캠퍼스Campus에서 유래한 지명이다. 오랫동안 텅 빈 채로 사용하지 않았던 땅이었기 때문이다. 섬이라고 부르지만 좁은 수로와 다리로 연결되어 있어 섬같이 보이지는 않는다. 프라하 사람들이 개를 데리고 나와 산책하거나 자리를 펴고 늘어지게 낮잠을 자거나 피크닉 바구니를 들고 나와 한가로이 독서를 하는 등 쉼터로 자리 잡고 있다.

1600년, 카를교 바로 옆에 위치한 접근성 때문에 다리 공사를 하던 일꾼들의 집이 캄파섬에 들어서게 되었다. 캄파섬에 사는 사람들은 과거 블타바강이 자주 범람하여 강물이 넘치고 집에 습기가 많이 차는 등 여러 불편함을 겪는다는 연유로 세금을 내지 않았다. 캄파 공원과 그 옆의 강둑은 영화 〈미션 임파서블 I〉의 배경이 되었다. 캄파섬에서 바라보는 카를교와 구시가지의 전경이 무척 예뻐서 사진 찍기 좋아하는 사람이라면 이곳에서 긴 시간을 보내게 될 것이다. 윗동네 말라 스트라나와는 좁은 인공 수로 체르토브카Čertovka로 구분된다. 넓지 않지만 다양한 볼거리가 많은 매력적인 섬이다. 프라하에서 가장 짧은 길인 이르지호 체르베네호Jiřího Červeného도 캄파섬 안에 있다. 길이가 27m밖에 되지 않으니 알아채지 못하고 지나칠 수도 있다.

Data Map 218p-C
Access 메트로 A선 타고 Malostranská역 하차, 도보 10분
Add 118 00 Praha 1

캄파섬 둘러보기

악마의 수로
체르토브카 Čertovka

더 이상 존재하지 않는 물방앗간에 동력을 공급하기 위해 12세기에 인공적으로 만든 수로. 이 수로와 블타바강이 캄파를 섬으로 만든다. '7개의 악마'라 불리던 집에 입이 매우 거친 여인이 살았다. 그 여인의 이름을 따 이 수로를 악마의 수로라 이름 붙였다는 설이 있다. 그런데 수로의 물레방아가 너무 예뻐 이름과는 전혀 어울리지 않는다. 어떤 이들은 이 수로 때문에 캄파섬을 '프라하 속의 베네치아'라고 부르기도 한다. 카를교에 있는 아마추어 화가들이 자주 그림의 소재로 삼기도 한다.

 **Map** 218p-C
Access 메트로 A선 타고 Malostranská역 하차, 도보 10분
Add 118 00 Praha 1

새하얀 외관이 눈에 띄는
캄파 미술관 Museum Kampa

주로 유럽, 특히 체코의 현대 미술품을 전시하는 갤러리. 전시품은 얀 믈라데크 Jan V. Mládek의 부인 메다 믈라데크 Meda Mládek의 개인 소장품이다. 캄파 미술관은 다 허물어져 가던 밀가루 방앗간 소바스 밀스 Sova's Mills라는 건물을 사용하였다. 1999년, 건물 소유주인 프라하 시는 얀과 메다 믈라데크 재단에게 무료로 건물을 임대하고 전면 보수 공사까지 이행해 주기로 결정하였다. 대신 믈라데크 재단이 이곳을 박물관으로 탈바꿈시킬 전시 컬렉션을 담당하기로 한 것이다. 2002년 대홍수가 일어나 캄파섬이 거의 물에 잠겨 2001년 선공개되었다가 보수 공사를 마치고 2003년 비로소 개관하게 되었다.

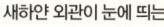 **Map** 218p-C
Access 메트로 A선 타고 Malostranská역 하차, 도보 15분
Add U Sovových mlýnů 2, 118 00 Praha 1
Tel 257-286-147
Open 10:00~18:00
Cost 전시마다 상이(90~350코루나)
Web www.museumkampa.cz

프라하 최초의 성당
승리의 성모 성당 Kostel Panny Marie Vítězné

1613년, 독일의 루터교인을 위해 세워진 프라하 최초의 성당이다. 본래 성 삼위일체를 기리기 위해 세워져 '성 삼위일체 성당'이라 불렸다가 이름이 바뀌었다. 여기에 있는 아기 예수 조각상 Pražské Jezulátko이 유명해 '아기 예수 성당'으로도 불린다. 나무와 왁스로 만든 작은 아기 예수 조각상은 스페인에서 만들어져 1600년대부터 이 성당에 있었다. 체코 사람들은 이 아기 예수 조각상이 아이와 출산의 고통을 겪는 부녀자를 돕는 힘이 있으며, 도시를 역병과 30년 전쟁으로부터 보호해 주었다고 믿고 있다. 2009년 9월 교황 베네딕트 16세가 성당과 성당 안에 있는 아기 예수 조각상을 체코 사도의 길 첫 번째 지점으로 명명하였다. 교황은 아기 예수 조각상에게 8개의 조개와 진주, 가넷으로 장식된 황금 왕관을 선물하였다. 약 80여 개의 옷을 포함하여 수 세기 동안 아기 예수 조각상이 받은 선물은 성당 박물관에 따로 전시되어 있다. 성당 한쪽에는 가져갈 수 있는 한글 기도문도 있으니 참고하자. 16세기에 성립한 카르멜회의 파인 '맨발의 카르멜회'가 이 성당을 여전히 관리, 운영한다.

Data **Map** 218p-B
Access 메트로 A선 타고 Malostranská역 하차, 도보 15분
Add Karmelitská 9, 118 00 Praha 1
Tel 257-533-646
Open 성당 월~토 08:30~19:00, 일 08:30~20:00, 프라하 아기 예수 조각상 박물관 월~토 09:30~17:00, 일 13:00~18:00 **Cost** 무료
Web pragjesu.info, www.karmel.at

비틀즈 팬이라면 반드시 들러야 할

Writer's Pick! 존 레논 벽 John Lennon Wall

체르토브카로 향하는 다리에서 몇 걸음 떨어지지 않은 곳에 영국 밴드 비틀스의 멤버 존 레논을 기리는 큰 벽이 있다. 당시 공산주의 정권은 자유를 부르짖는 존 레논의 음악을 포함하여 영국, 미국 등 서방의 팝 음악을 금지시켰다. 1980년 레논이 암살당한 후 프라하의 젊은이들이 당국의 눈살에도 불구하고 이 벽을 만들었다. 한때는 누가 이 벽에 와서 글을 쓰는지 감시하기 위해 카메라까지 설치했다. 많은 사람들이 그라피티, 펜 등으로 형식 없이 자유롭게 메시지를 남기고 간 벽은 멀리서 보면 마치 여러 색의 물감을 이용하여 그린 추상화처럼 보인다.

원래 이 벽에 그려져 있던 레논의 얼굴 위로 많은 글과 그림이 그려져 현재는 흔적을 찾을 수 없다. 가까이 가 보면 세계 각국의 언어로 외치는 다양한 말을 읽을 수 있다. 이곳에 글을 남기는 사람들은 주로 존 레논의 생애와 그의 가치관을 존경하는 젊은이로, 정치적이거나 음악과 관련한 내용이 대부분이다. 벽 앞에는 종종 아마추어 가수들이 비틀스의 노래를 부르며 버스킹을 하기도 한다.

Data Map 218p-C
Access 메트로 A선 타고 Malostranská역 하차, 도보 10분 **Add** Velkopřevorské náměstí, 118 00 Praha 1

유명한 도서관을 갖춘
스트라호프 수도원 Strahovský klášter

스트라호프 광장 남쪽에 위치한 수도원. 플라디슬라프 2세가 집권했던 1140년에 프레몬트레 수도회 건물로 세워졌지만 전쟁과 화재로 17~18세기에 걸쳐 재건축되며 다양한 건축 양식을 보인다. 1783년 수도원 해체령 당시 해를 면하기 위해 잠시 학자들의 연구 기관이 되었고, 1951년 사회주의 정권이 들어서면서 폐쇄되었다가 1953년에는 체코 국립문학박물관이 되었다. 1989년 사회주의 정권이 물러나면서 비로소 다시 수도원이 되었다. 현재는 문학박물관도 겸하고 있다. 문학박물관에는 총 14만 권에 달하는 책이 있는데, '철학의 방'과 '신학의 방'으로 나뉘는 고전도서관과 고전주의 이후의 도서를 모아놓은 '근대도서관'으로 나누어 보관하고 있다.

수도원 안 프레몬트레 수도회의 수호성인인 성 노르베르트에게 헌정된 아름다운 성모 성당에는 성 노르베르트의 삶을 바탕으로 한 프레스코화로 장식되어 있다. 1787년 이곳을 방문했던 모차르트가 직접 연주했던 오르간도 그대로 보존되어 있으며, 대리석 제단과 미라로 만든 코끼리 코, 도도새 박제와 같은 자연 과학 전시품이 보관되어 있는 '호기심 보관장'이라는 곳도 수도원의 자랑거리이다. 서점도 운영한다.

Data **Map** 218p-A
Access 메트로 A선 타고 Malostranská역 하차, 도보 20분
Add Strahovské nádvoří 1/132, 118 00 Praha 1 **Tel** 233-107-718
Open 갤러리 09:30~17:00(점심시간 11:30~12:00, 12/24, 12/25, 부활절 일요일 휴관), 도서관 09:00~17:00(점심시간 12:00~13:00, 12/24, 12/25, 부활절 일요일 휴관) **Cost** 갤러리 성인 190코루나, 6~27세 ISIC, ITIC 학생증 소지자 90코루나, 가족 티켓(성인2 +아동 2) 380코루나, 6세 미만·장애인·65세 이상 노인 무료, 도서관 150코루나
Web www.strahovskyklaster.cz

연인들은 자물쇠를 들고 찾아오세요
사랑의 자물쇠 다리 Love Lock Bridge

존 레논 벽에서 코너만 돌면 바로 나타나는 작은 다리. 이 다리에 자물쇠를 채우고 열쇠는 강물 위로 던지는 퍼포먼스가 유명한 곳이다. 많은 연인들이 프라하 여행을 떠나와 이 작은 다리에 자물쇠를 건다. 프라하 시민들은 이 풍습을 그리 반기지 않는다고 한다. 여태까지 철거된 자물쇠만도 수없이 많다고. 그러나 아무리 철거해도 다리는 어느새 또 다른 자물쇠들로 빈틈을 보이지 않게 된다. 영원한 사랑에 대한 간절함이 그만큼 큰 걸까?

Data **Map** 218p-C
Access 메트로 A선 타고 Malostranská역 하차, 도보 10분
Add Velkopřevorské náměstí, 118 00 Praha 1

유네스코 문화유산으로 등록된
브르트보브스카 정원 Vrtbovská zahrada

약 300년 전 브르트바 공이 궁전을 꾸미기 위해 특별히 조성한 정원이다. 현재는 프라하시 소유이며 1998년 약간의 보수를 거친 것 외에는 처음 만들어졌던 그 모습 그대로 보존되어 있다. 동유럽에서 가장 아름다운 바로크식 정원 중 하나로 꼽힌다. 크기는 않지만 우아한 계단, 화려하게 장식된 난간과 테라스, 발코니 아래 대칭 장식, 조각상, 꽃밭과 화단 등 섬세한 디테일이 감탄을 부른다. 공연, 전시, 가든파티, 특별한 이벤트 등 개인, 단체들이 예약하여 사용하기 때문에 개방하는 기간이라 하더라도 미리 행사가 잡혀 있으면 입장할 수 없다. 또한, 정원에 대한 가이드북을 제공한다.

Data Map 218p-B
Access 메트로 A선 타고 Malostranská역 하차, 도보 10분
Add Karmelitska 25, 118 00 Praha 1 **Tel** 272-088-350
Open 4~10월 10:00~18:00
Cost 성인 120코루나, 아동·학생 95코루나, 가족 티켓(성인 2+아동 2) 350코루나
Web www.vrtbovska.cz

희생당한 넋을 위로하는
공산주의 희생자 추모비 Pomník obětem komunismu

우예즈드Újezd 트램 정류장에서 페트린 언덕으로 올라가는 푸니쿨라를 타러 탑승장을 향해 가는 길에 눈길을 끄는 여러 조형물이 있다. 바로 1948~1989년 동안 집권했던 공산주의 정권 하에서 희생된 모든 이들을 기리는 추모비이다. 이 조형물은 공산주의 정권이 무너진 지 12년 만에 만들어졌으며, 체코 조각가 올브람 주벡Olbram Zoubek과 건축가 얀 케렐Jan Kerel, 제넥 홀젤Zdeněk Holzel의 합동 작품이다. 청동으로 만든 이 조형물은 실제 사람과 비슷한 크기다. 계단을 한 계단 올라갈 때마다 조형물의 형체를 점점 잃는다. 한 개인이 어떻게 공산주의에 영향을 받는지를 나타낸 것. '공산주의에 희생된 이들을 기리는 이 추모비는 수감 생활을 하거나 사형된 이들뿐 아니라 전체주의에 삶을 희생당한 모든 이들을 위한 것입니다'라는 글귀가 조형물 앞 동판에 새겨져 있다.

Data Map 218p-C
Access 메트로 A선 타고 Malostranská역 하차, 도보 20분
Add Újezd, 118 00 Praha 1

아이들이 가장 좋아하는
거울 미로 Mirror Maze

미로 안에 설치되어 있는 14개의 대형 볼록 거울 방에 들어서면 왜곡된 거울 속 모습에 절로 웃음이 난다. 거울로 만들어진 이 미로는 어른보다 아이들이 즐거워하는 명소다. 이곳에 입장하는 대부분의 사람들은 가족 단위로 페트린 언덕을 찾은 이들이다. 거울 미로는 강 건너편 신시가지 아래에 위치하며, 지금은 흔적만 남아 있는 브셰흐라드Vyšehrad의 스피카Spicka 고딕 양식의 문을 본떠 똑같이 지어 놓은 미니어처 성채와 생김새가 비슷한 건물을 사용한다. 정문의 출입구에는 보헤미아, 모라비아, 실레시아, 체코슬로바키아 문양이 그려져 있다.

건물은 1891년 만국박람회 때 처음 공개된 후로 인기가 좋아 계속 운영 중이다. 내부 거울은 1911년에 따로 설치되었다. 미로 안 대형 입체 모형 디오라마Dioramic의 크기는 약 80㎡로, 약 50일이 걸려 완성된 작품이다. 카를교에서 스웨덴과 1648년 치렀던 30년 전쟁을 묘사한다.

Data Map 218p-A
Access 메트로 A선 타고 Malostranská역 하차, 도보 5분 거리의 Újezd역에서 푸니쿨라 탑승, Petřín역 하차
Add Petřínské sady, 118 00 Praha 1 **Open** 3·10월 10:00~20:00, 11~2월 10:00~18:00, 4~9월 10:00~22:00
Cost 성인 100코루나, 26세 이하 학생·65세 이상·6~15세 80코루나, 가족 티켓(성인 2+아동 4) 240코루나, 5세 이하 무료, 프라하 카드 소지자 무료

> **Tip** 언덕 아래와 위를 잇는 푸니쿨라 Funicular
> 우예즈트Újezd 정류장에서 푸니쿨라를 타고 페트린 언덕으로 올라가자. 한 번에 100명씩 탈 수 있는 푸니쿨라는 언덕 위아래를 잇는 유일한 교통수단이다. 출발하는 우예즈트 정류장과 도착하는 페트린 언덕 정류장 사이에는 네보지제크Nebozízek역이 하나 더 있다. 이곳에서 하차하여 경치를 구경하며 걸어 올라갈 수도 있다. 푸니쿨라를 타면 5분도 채 걸리지 않는 짧은 거리다. 매일 09:00~23:20까지 운영하며 3월 중순과 10월 중순에는 정비를 위해 약 2주간 운영하지 않는다. 일반버스, 트램, 메트로에서 사용하는 단일권을 이용하면 된다. 푸니쿨라 탑승장 주변에는 놀이터도 조성되어 있어 가족들이 좋아하는 관광 명소다.

Writer's Pick!

에펠탑을 모델로 하여 세워진

페트린 타워 Petřínská rozhledna

1891년 프라하 국제박람회를 기념하여 만들어진 페트린 타워는 파리의 에펠탑을 모델로 하여 설계되었다. 크기는 에펠탑의 약 5분의 1로 키는 62m이다. 그러나 언덕 꼭대기에 세워져 있기 때문에 언덕 높이를 포함하면 실제 에펠탑과 높이가 거의 같아진다. 페트린 타워 1층에는 식당과 작은 기념품숍이 있고, 지하에는 페트린 언덕과 타워에 관한 영구 전시가 열린다. 299개의 나선형 계단을 올라야 탑 정상에 도달할 수 있다. 탑 아래로는 프라하 시내가 한눈에 들어올 뿐 아니라 맑은 날에는 프라하에서 150km나 떨어져 있는 스네즈카Snezka도 보인다.

스네즈카는 체코에서 가장 높은 지역이다. 길이 경사진 편이지만 올라가는 데 어려움은 없다. 나무와 꽃이 우거진 산책로를 걷는 것은 힐링 그 자체이다. 페트린 타워에서 사진을 찍을 때 유의할 점은 삼각대를 이용하면 비용을 지불해야 한다는 것. 삼각대 사용만 아니면 사진 촬영은 무료다.

Data **Map** 218p-A
Access 메트로 A선 타고 Malostranská역 하차, 도보 5분 거리의 Újezd역에서 푸니쿨라 탑승, Petřín역 하차
Add Petřínské sady, 118 00 Praha 1 **Tel** 257-320-112 **Open** 11~2월 10:00~18:00, 3·10월 10:00~20:00, 4~9월 10:00~22:00 **Cost** 성인 150코루나, 6~26세 학생·65세 이상 100코루나, 가족(성인 2명, 15세 이하 최대 4명) 350코루나, 5세 미만 무료, 프라하 카드 소지자 무료 **Web** petrinska-rozhledna.cz

천문학과 관련된 자연과학의 대중화를 위한
슈테파닉 관측소 Štefánikova hvězdárna

14세기 카를 4세 집권 당시 만들어진 배고픔의 벽Hladová zeď을 따라 걷노라면 커다랗고 둥근 돔이 보인다. 1928년 개관한 이 관측소는 1976년 다시 대중을 위해 재개방되었고, 그때부터 프라하의 '별을 보는 곳'으로 사랑받고 있다. 프라하대학에서 천문학을 공부하고 천문학에 큰 기여를 한 과학자 겸 천문학자인 체코슬로바키아 출신 밀란 슈테파닉Milan R. Štefánik의 이름을 땄다. 관측소는 3개의 돔(서쪽, 동쪽, 메인)과 하나의 관측대로 이루어졌다. 1976년부터 막수토프-카세그레인Maksutov-Cassegrain 유리 망원경을 사용하는 서쪽 돔에서는 약 80~330배 확대하여 하늘을 관측할 수 있으며, 메인 돔에서는 자이스Zeiss의 이중 천체 항법도를 이용하여 별자리를 파악한다. 40cm

미드Meade 유리 망원경을 장착한 동쪽 돔은 1999년부터 과학 연구와 관측을 위해 이용되고 있다. 또한, 기초를 잘 설명해 놓은 영구 전시를 통해 천문학에 대해 아무것도 모르는 사람도 하늘을 올려다보기 전 약간의 지식을 얻어 갈 수 있도록 한다.

Data **Map** 218p-B
Access 메트로 A선 타고 Malostranská역 하차, 도보 5분 거리의 Újezd역에서 푸니쿨라 탑승, Petřín역 하차
Add Štefánikova hvězdárna Petřín 205, 118 46 Praha 1 **Tel** 257-320-540
Open 3·10월 화~금 19:00~21:00, 토·일 11:00~18:00, 19:00~21:00 / 4·5월 화~금 14:00~19:00, 21:00~23:00, 토·일 11:00~19:00, 21:00~23:00 / 6월 화~금 14:00~19:00, 21:00~23:00, 토·일 11:00~19:00, 21:00~23:00 / 7·8월 월 11:00~19:00, 21:00~23:00, 화~금 14:00~19:00, 21:00~23:00, 토·일 11:00~19:00, 21:00~23:00 / 9월 월 14:00~18:00, 20:00~22:00, 화~금 14:00~18:00, 20:00~22:00, 토·일 11:00~18:00, 20:00~22:00 / 11~2월 화~금 18:00~20:00, 토·일 11:00~20:00
Cost 성인 179코루나, 15세 미만 어린이, 65세 이상 노인, 학생증 소지자, 장애인 139코루나
Web www.observatory.cz

EAT

벨벳맥주를 마시고 싶다면
우 말레호 글레나 U malého Glena

부드러운 식감의 맥주로 거품이 마치 벨벳처럼 부드러워 벨벳맥주라 부른다. 체코에서는 오래전부터 우 말레호 글레나에서 만들어 판매하고 있다. 'VELVET'이라 쓰인 맥주잔에 담긴 흰 거품이 크림처럼 부드러워 마시기가 아까울 정도. 가장 잘 팔리는 안주 메뉴는 BBQ립. 프라하에서 가장 맛있는 립이라 자부한다. 립 외에도 여러 종류의 수제버거가 있다. 한국인 관광객이 입소문을 많이 낸 탓인지 메뉴판에 한국어도 기재해 놓아 주문이 쉽다. 우 말레호 글레나는 재즈와 블루스 공연으로도 유명하다. 홈페이지에서 공연 스케줄을 확인하자. 대부분 매일 공연을 한다 (21:30~새벽까지). 레스토랑에서 저녁 식사 후 공연이 열리는 쪽으로 자리를 옮겨 라이브 음악을 감상하면 좋다. 맥주만 마시고 갈 수 있도록 바와 레스토랑 자리가 구분되어 있다. 밤 시간에 벨벳맥주와 함께 하는 라이브 음악은 무척 감미롭다.

Data **Map** 218p-B
Access 메트로 A선 타고 Malostranská역 하차, 도보 15분 **Add** Karmelitská 374/23, 118 00 Praha 1
Tel 257-531-717 **Open** 레스토랑 11:00~00:00, 바 월~금 11:00~02:00, 토·일 11:00~03:00
Cost BBQ립 245코루나, 치즈버거 265코루나, 벨벳맥주 0.5L 59코루나 **Web** malyglen.cz/en

버거에 진심인 수제버거 맛집
로키 버거 Loki Burgers

고객의 입맛을 사로잡는 고품격 수제버거를 만드는 레스토랑. 수제버거지만 비싸지 않고 크기도 어마어마하다. 시설도 무척 쾌적하며, 종업원들이 영어를 아주 잘 해서 의사소통에 문제가 없을 뿐만 아니라 친절하기까지 하다. 야외 테이블도 마련되어 있어 유럽의 도시 감성을 느끼며 식사할 수 있다. 이곳은 버거 종류만 13가지인데 채식주의자를 위한 버거도 있다. 그러나 버거 전문점이다 보니 다른 음식은 많지 않다. 버거 이외에 샐러드 정도. 하지만 감자튀김과 버거는 국룰! 여러 종류의 감자 튀김이 준비되어 있으니 골라 먹는 즐거움을 느껴보자.

Data **Map** 218p-F
Access 트램역 Újezd역에서 하차 도보 1분 **Add** Vítězná 419/15,
150 00 Malá Strana Praha 1 **Tel** +420 608 348 065
Open 월~금 11:00~22:00, 토·일 12:00~22:00
Cost 버거 269~319코루나, 감자튀김 69~129코루나,
부드바르 맥주 0.4L 49코루나 **Web** www.lokiburgers.cz

화려한 인테리어와 경쾌한 분위기
루카 루 Luka Lu

'루 항만'이라는 뜻을 가지고 있는 이 식당에는 여러 종류의 관악기와 늑대와 갓난아기의 사진이 벽에 걸려 있고 천장에는 의자가 거꾸로 매달려 있다. 종잡을 수 없는 독특한 매력의 분위기에 압도되어 잠시 잊고 있던 허기는 메뉴판을 보는 순간 돌아오니 걱정하지 않아도 된다. 다진 고기를 섬세하게 양념한 소시지 세밥치치 Čevapčiči와 양고기구이, 오픈 햄버거 등이 대표 요리이다. 크로아티아 요리에서 영감을 받은 루카 루의 메뉴는 카프레제 샐러드, 연어 카르파치오, 여러 종류의 생선구이 등 지중해풍 요리를 포함하고 있다. 루카 루의 유쾌하고 친절한 종업원들이 원하는 메뉴를 적절히 고를 수 있도록 도와줄 것이다. 메인메뉴 외에도 사이드 메뉴가 다양하며, 칵테일 등 알코올 종류가 많다. 매월 화가, 사진가의 작품을 전시하며 때때로 공연도 주최한다.

Data **Map** 218p-B
Access 메트로 A선 타고 Malostranská역 하차, 도보 15분
Add Ujezd 33, 118 00 Praha 1
Tel 257-212-388
Open 11:00~00:00
Cost 부야베스 385코루나, 알리오 올리오 파스타 225코루나, 그릴드 소시지 200g 265코루나
Web www.lukalu.cz

다양한 종류의 와인을 구비해 놓은
아틀리에 레드&와인 Atelier Red&Wine

흰색과 붉은색으로 깔끔하게 꾸며 놓은 모던한 와인바 겸 레스토랑. 입구에 들어서면 바로 보이는 와인바 구역에는 25개 좌석이, 레스토랑에는 45개 좌석이 준비되어 있다. 캐주얼한 분위기 덕분에 편하게 입고 와 가벼운 마음으로 한 잔 하기 좋다. 가격까지 저렴해 부담이 적다. 여름과 겨울 모두 테라스 분위기가 좋으니, 페트린 언덕을 감상하며 이곳에서 추천하는 와인과 안주를 먹어 보자.

종업원은 프랑스어, 영어에 능통하며 구비하고 있는 다양한 종류의 와인에 대한 지식이 해박하다. 체코뿐 아니라 뉴질랜드 소비뇽 블랑 Sauvignon Blanc, 독일 리슬링 Riesling 등 세계 각국의 와인이 준비되어 있다. 안주로는 렌틸콩과 생강 마요네즈를 곁들인 연어구이, 아스파라거스 벨루테와 타르타르, 토끼고기, 프랑스 가정식 요리 포토페유 Pot-au-feu 등 와인의 풍미를 돋우는 메뉴가 마련되어 있다. 양도 푸짐하여 한 끼 식사로도 손색없다.

Data **Map** 218p-F
Access 메트로 A선 타고 Malostranská역 하차, 도보 15분
Add Rošických 4, 150 00 Praha 5
Tel 257-218-277
Open 월 18:00~00:00, 화~토 11:30~00:00
Cost 대구구이 388코루나, 비프 스테이크 424코루나
Web www.atelieratelier.cz

페트린 언덕 위에서 맥주 한 잔
페트린스케 테라시 펍 Petřínské Terasy Pub

높은 곳에 위치해 프라하성을 정면으로 바라볼 수 있다. 낭만적인 프라하 시내를 감상하고 싶다면 이곳이 제격. 여름에는 널찍한 테라스 자리가 마련되어 손님이 더욱 많이 찾아온다. 겨울에는 난로를 피워 실내를 항상 따뜻하게 데워 놓는다. 찬바람 속에서 언덕과 페트린 타워를 구경하고 왔다면 따뜻하고 아늑한 이 펍의 달콤한 핫초콜릿은 그야말로 꿀맛.

식사를 마치고 언덕을 걸어 내려갈 때의 기분도 최고다. 위치도, 음식 맛도 훌륭한데 가격도 합리적이라 프라하 주민들이 추천하는 맛집으로 손꼽힌다. 메뉴는 다양하지만 주력하는 것은 고기 요리. 상대적으로 디저트 메뉴가 약하니 주 요리만 먹고 나와도 상관없다.

Data Map 218p-B
Access 메트로 A선 타고 Malostranská역 하차, 도보 20분
Add Seminarska zahrada 13, 118 00 Praha 1 **Tel** 257-320-688
Open 12:00~23:00
Cost 매운 소시지 120코루나, 타르타르 스테이크 215코루나, 핫초콜릿 65코루나
Web www.petrinsketerasy.cz

콜코브나 페트린 지점
올림피아 Olympia

유명한 체코 요식업 체인인 콜코브나Kolkovna의 페트린 지점으로 2003년 재개업하였다. 1903년 세워져 식당으로만 이용되어온 유서 깊은 곳이다. 20세기 상류층이 금지되었던 바카라 도박을 몰래 하던 장소였다. 훌륭한 품질의 체코 전통 음식을 요리하는 것이 목표인 이곳은 가격대는 높은 편이지만 먹어 보면 돈이 절대 아깝지 않다. 다양한 부위를 요리하여 내놓는 모둠 요리를 추천한다. 양도 푸짐하여 배부른 한 끼 식사를 원하는 사람에게 추천하는 곳이다.

여름에는 거리에 테이블을 펼쳐 놓으니 시원한 필스너 한 병을 반주 삼아 식사를 해 보자. 필스너 우르켈 외에도 여러 종류의 체코 생맥주와 병맥주를 판매한다. 맥주와 잘 어울리는 육류 메뉴가 많고 파스타, 샐러드도 여러 종류 있다.

Data Map 218p-F
Access 메트로 A선 타고 Malostranská역 하차, 도보 15분
Add Vítězná 7, 110 00 Praha 1 **Tel** 251-511-080 **Open** 11:00~00:00 **Cost** 스비치코바 249코루나, 연어 샐러드 239코루나, 매운 BBQ립스 339코루나 **Web** www.kolkovna.cz

격조 높은 서비스가 돋보이는
카페 사보이 Café Savoy

Writer's Pick!

네오르네상스풍의 화려하고 높은 천장과 대형 창문이 고풍스러운 카페 사보이. 조명을 받은 수많은 와인병들이 예뻐서 방문객들은 꼭 사진으로 남긴다. 훌륭한 인테리어에 걸맞게 요리와 서비스도 훌륭하다. 모든 베이커리류는 직접 반죽해 굽는데, 아침 식사와 브런치로 인기가 많다. 주말 브런치는 예약을 해야 좋은 자리에 앉을 수 있다.

메이플시럽을 곁들인 토스트, 소시지와 프렌치프라이, 프라하 햄과 삶은 달걀, 블루 프랑스 치즈, 크루아상 등으로 구성된 프렌치, 베이컨, 소시지, 토마토, 구운 콩, 토스트 등으로 구성된 잉글리시, 토스트, 유기농 에멘탈 치즈, 삶은 달걀, 직접 구운 빵, 농장 버터 등으로 구성된 컨티넨털, 프라하 햄, 에멘탈 치즈, 홈메이드 잼 등으로 구성된 사보이, 뮤즐리, 해바라기와 호박씨, 과일, 요거트, 곡물빵 등으로 구성된 건강 브랙퍼스트 등의 아침 메뉴를 비롯하여 수많은 사이드 메뉴를 갖추고 있다. 사보이의 아침 식사 메뉴와 어울리는 음료로 인기가 좋은 것은 초콜릿과 시나몬으로 만드는 사보이 카페 올레다.

Data Map 218p-F
Access 메트로 A선 타고 Malostranská역 하차, 도보 15분
Add Vítězná 124/5, 150 00 Praha 5 **Tel** 257-311-562 **Open** 월~금 08:00~22:30, 토·일 09:00~22:30
Cost 사보이 브랙퍼스트 398코루나, 사보이 케이크 138코루나 **Web** cafesavoy.ambi.cz

까다로운 미식가도 만족시킬
캄파 파크 Kampa Park

이곳에 들어서는 순간 특별한 식사를 하게 될 것을 직감하게 된다. 영화배우 톰 크루즈, 다니엘 크레이그의 프라하 단골 식당이기도 하다. 우아한 실내 장식과 흠잡을 곳 없는 서비스, 작은 장식 하나에도 신경을 썼다. 50명을 수용할 수 있는 메인 레스토랑 테이블 자리 외에도 카를교가 보이는 겨울 테라스 자리와 강가 테라스 자리, 체르토브카가 보이는 테라스 자리 하섹Hasek, 베네치아 발코니 자리가 마련되어 있어 올 때마다 다른 곳에 앉아 매번 다른 경관을 감상하며 식사하는 재미가 있다. 채식주의자를 위한 메뉴와 고기 메뉴도 있지만 주력하는 것은 생선 요리. 캄파 파크의 맛있는 해산물 요리와 잘 어울리는 150종이 넘는 와인도 구비하고 있다.

Data Map 218p-C
Access 메트로 A선 타고 Malostranská역 하차, 도보 15분
Add Na Kampě 8b, 118 00 Praha 1 **Tel** 257-532-685
Open 11:30~01:00 **Cost** 미소에 절인 연어요리 895코루나,
페퍼 스테이크 1,250코루나, 5코스 데구스타시온 메뉴 3,450코루나 **Web** www.kampagroup.com

PRAHA SUBURBS
By Area

프라하 근교
지역별 가이드

01 **체스키 크룸로프**
02 **플젠**
03 **카를로비 바리**

Praha Suburbs By Area

01

체스키 크룸로프
Český Krumlov

14~16세기에 수공업과 상업으로 번영했던 체스키 크룸로프는 블타바강 상류에 자리잡고 있으며, 프라하 근교 도시 중 가장 유명한 곳이다. 프라하에서 남서쪽으로 약 200km 떨어진 오스트리아와의 국경 근처에 위치한다.
본래 독일어로 구불구불한 모양의 강 옆에 있는 풀밭을 뜻하는 크룸로프라는 이름으로 불렸다가 15세기에 '체코의'를 뜻하는 체스키가 더해져 지금의 이름을 갖게 되었다. 체스키 크룸로프성을 중심으로 중세의 자취를 간직하고 있는 구시가지와 성 요스트 성당이 있는 라트란 지구로 나뉜다.

체스키 크룸로프
미리 보기

낙후된 도시로 주목을 전혀 받지 못하던 체스키 크룸로프는 1992년 도시 전체가 유네스코 세계 문화유산으로 등록되면서 많은 관광객의 이목을 끌게 되었다. 체스키 크룸로프 내 300여 개 이상의 건축물이 문화 유적으로 등록되었다. 대부분 18세기 이전에 지어진 건물로 중세 마을의 특징이 잘 살아 있다. 체스키 크룸로프를 여행하는 내내 동화 속 마을을 거니는 기분이 들 것이다.

SEE

체코에서 두 번째로 큰 체스키 크룸로프성에 올라 셀 수 없이 많은 붉은 지붕이 만들어내는 동화적이고 이국적인 경관을 보자. 성에서 내려와 좁고 작은 골목을 순서 없이 누비며 에곤 실레의 그림을 감상하고, 광장에서 커피 한 잔 마시는 등 계획하지 않았던 소소한 기쁨을 누릴 수 있다. 프라하와는 또 다른 동유럽 소도시의 매력을 느낄 수 있다.

EAT

작은 도시이기 때문에 프라하보다는 레스토랑의 개수가 현저히 적다. 특별히 소문난 맛집은 없지만 어느 동네 식당을 가도 '엄마 손길'이 느껴지는 체코 전통 음식을 맛볼 수 있으니 걱정 말 것.

BUY

체스키 크룸로프의 특산물은 바로 희귀한 유색 보석 몰다바이트moldavite. '몰다우석'이라는 뜻으로, 운석으로도 여겨지는 천연 녹색 유리 모양의 물질이다. 대부분의 생산이 보헤미아와 모라비아 지역에 집중되어 있어 현재 그 지역에 자리 잡은 체스키 크룸로프의 특산물이 되었다. 몰다바이트 전문 상점은 별도로 없고 여러 기념품숍에서 쉽게 찾아볼 수 있다.

어떻게 갈까?

철도 프라하 중앙역 Praha hlavní nádraží에서 기차 타고 체스케 부데요비체České Budějovice역에서 환승하여 체스키 크룸로프 기차역Český Krumlov, Železniční Stanice 도착. 약 3시간 30분 소요. 기차역에서 내려 1.5km 정도 도보로 이동하거나 택시를 타야 한다.

버스 프라하 주변 도시로 이동하는 고속버스 회사 스튜던트 에이전시의 홈페이지(www.studentagency.eu)에서 티켓을 미리 예약한다. 좌석 지정이 가능하고 버스 안에서 기본 음료를 무료로 제공하며 좌석이 무척 편안하다. 성인 왕복 200코루나. 소요 시간 약 3시간. 나 니제치Na Knížecí 버스터미널 탑승. 버스터미널까지는 메트로 B선의 안델Andel역에서 도보로 5~10분 정도 소요.

어떻게 다닐까?

체스키 크룸로프는 워낙 작아 따로 대중교통을 이용하지 않아도 된다. 반나절이면 거뜬히 모든 골목들을 돌아볼 수 있으니 쫓기지 말고 차근차근 체스키 모든 곳에 발자국을 남기고 오자.

SEE

Writer's Pick! 도시의 역사만큼 나이를 먹은
체스키 크룸로프성 Státní hrad a zámek Český Krumlov

무려 6세기에 걸쳐 건축한 이 성은 프라하성 다음으로 크다. 5개의 넓은 정원과 여러 궁전, 박물관과 탑을 포함하고 있다. 13세기 중반, 체스키 크룸로프의 대지주였던 비텍 백작이 블타바강이 내려다보이는 돌산 위에 고딕 양식으로 건축하였다. 이 성이 세워진 후 체스키 크룸로프라는 도시가 시작되어 그 의미가 남다르다. 14~17세기에 걸쳐 증축, 개축을 하며 르네상스 양식이 가미되었고, 이때 둥근 지붕이 덮인 탑과 회랑이 만들어졌다. 1680년대에 증축한 원기둥 형태의 성 '망루'는 육교 형식으로 건설되었다. 도시 전체를 내려다볼 수 있는 훌륭한 포토 스폿이라 사진 촬영을 하려는 여행객들로 붐빈다. 성 안에는 영주가 살던 궁전, 예배당, 조폐소, 아름다운 풍경화로 장식해 놓은 로코코 양식의 '가면의 방' 등 여러 박물관이 있다. 종종 바로크 시대의 악기를 연주하는 음악회와 18세기 귀족들의 차림을 하고 참여하는 가면 무도회도 열린다.

Data Map 238p-A
Access 버스정류장에서 도보 10분 **Add** Zámek 59, 381 01 Český Krumlov **Tel** 380-704-721
Open 박물관, 탑 1~3월, 11~12월 화~일 09:00~16:00 / 4·5월 09:00~17:00 / 6~8월 09:00~18:00 / 9~10월 화~일 09:00~17:00(박물관 폐관 45분 전, 탑 30분 전까지 입장 가능) / 12월 말~1월 초 휴관 **Cost** 성 박물관+탑 성인 180코루나, 어린이 6~18세 50코루나, 청소년 18~25세 학생 140코루나, 65세 이상, 장애인 140코루나, 마굿간 성인 50코루나, 어린이 6~18세 50코루나, 청소년 18~25세 학생 50코루나, 65세 이상, 장애인 50코루나
Web www.zamek-ceskykrumlov.cz/en/plan-your-visit/tours

> **Tip** 체스키 크룸로프 인포메이션 센터
> **Map** 238p-C **Access** 스보르노스티 광장 한가운데 위치
> **Add** náměstí Svornosti 2, 381 18 Český Krumlov **Tel** 380-766-111 **Open** 7·8월 09:00~20:00 / 6·9월 09:00~19:00 / 4·5·10월 09:00~18:00 / 11~3월 09:00~17:00 **Web** www.ckrumlov.info

프라하의 것과 이름이 똑같은
성 비투스 성당 Kostel sv. Víta

체스키 크룸로프에도 성 비투스 성당이 있다. 검은 지붕에 8각 첨탑의 외관이 하늘을 찌를 듯해 보여 경외심을 안고 입장하게 된다. 후기 고딕 양식의 체스키 크룸로프의 성 비투스 성당은 1309년 착공되었고, 그 역사가 600년 이상 되었다. 내부는 3단 나베nave(교회 건축에서 좌우의 측랑 사이에 끼인 중심부로 성당 내에서 가장 넓은 부분)로 되어 있고, 중앙의 설교단은 성모 마리아의 대관식을 묘사한다.
성당 내에는 성 얀 네포무츠키를 기념하는 예배소, 그물 모양의 금고, 바로크 양식의 제단, 1908년 만들어 설치된 네오고딕 양식의 오르간 등이 있다. 외관의 후기 고딕 양식, 제단의 바로크 양식, 오르간의 네오고딕 양식에서 볼 수 있듯 여러 건축 양식들이 혼재되어 다양한 매력을 풍긴다.

Data Map 238p-C
Access 버스정류장에서 도보 18분. 스보르노스티 광장에서 도보 3분 **Add** Horní 156, 381 01 Český Krumlov
Tel 380-711-336

체스키 크룸로프의 심장부
스보르노스티 광장 Náměstí Svornosti

이곳에서 여러 방향으로 뻗어 나가는 길들이 파생된다. 따라서 이 도시를 여행하는 중 여러 번 되돌아오게 될 중요한 거점 역할을 해 주는 곳이다. 광장을 둘러싼 건물로는 르네상스 프리즈(방이나 건물의 윗부분에 그림이나 조각으로 띠 모양의 장식을 한 것)와 고딕 아케이드가 돋보이는 4층 건물의 시청사와 경찰서, 레스토랑이 있다. 광장 중앙의 기둥은 페스트의 공포에서 살아남은 것을 기념하기 위해 1715년 추수감사절에 마투스 자켈Matous Jackel에 의해 세워진 마리아 기둥 Mariánský morový sloup이다. 마을을 지켜 준 성모에게 감사하기 위해 지은 것이다. 기둥 위에는 기도하는 마리아상이 있고, 주변에는 8명의 수호성인이 서 있다. 스보르노스티 광장의 특징 중 하나는 패스트푸드 식당이 하나도 없다는 것! 시에서 절대 허가를 내주지 않기 때문이다. 맥도날드가 세 번이나 시도했으나 번번이 거절당해 끝내 지점을 만들지 못했다.

Data Map 238p-C
Access 버스정류장에서 도보 15분 **Add** Náměstí Svornosti, 381 01 Český Krumlov

천재적인 화가의 작품 세계가 깃든
에곤 실레 미술관 Egon Schiele Art Centrum

Writer's Pick!

　　　　 1890년 오스트리아에서 태어난 실레는 일찍부터 화가의 길을 걷기 시작해 어머니의 고향인 이곳 체스키 크룸로프로 이주하여 약 2년간 활동했다. 동네 사람들이 실레가 10대 여자아이의 누드화를 그린 것을 알고 화가 나 실레를 떠나도록 했다. 실레는 '에로틱한 작품에도 신성함은 있다'라는 말을 남기고 미련 없이 체스키 크룸로프에서의 생활을 접었다고 한다.

실레가 체스키에 머물던 시절 그린 그림 위주로 영구 전시를 준비하여 박물관을 열었다. 그림뿐 아니라 어렸을 때 실레의 사진이나 그의 인생에서 중요했던 인물에 관한 자료도 찾아볼 수 있다. 체스키에 머물 때 스튜디오에서 실제 사용한 가구와 커리어 초반의 습작 스케치 등 실레의 팬이라면 화가의 상세한 발자취를 느낄 수 있는 전시품을 원 없이 감상할 수 있을 것이다. 실레의 삶과 작품 세계뿐 아니라 그가 활동하던 오스트리아, 헝가리 제국 시대의 체스키 크룸로프의 모습도 엿볼 수 있는 전시가 마련되어 있다. 상설 전시 외에도 특별 전시가 종종 열리며, 1층에는 갤러리 기념품점과 무선 인터넷 사용이 가능한 카페가 있다. 무료로 이용할 수 있는 로커도 있다.

Data Map 238p-C
Access 버스정류장에서 도보 18분. 스보르노스티 광장에서 도보 3분 **Add** Široká 71, 381 01 Český Krumlov
Tel 380-704-011 **Open** 10:00~18:00 **Cost** 성인 200코루나, 학생(학생증 소지자)·장애인 100코루나, 65세 이상 150코루나 6~15세 50코루나, 가족 티켓(성인 2명+최대 5명 어린이) 450코루나, 6세 미만 무료
Web www.esac.cz/en/egon_schiele_art_centrum/

라트란 지구의 아름다운
성 요스트 성당 Kostel sv. Jošta

14세기에 건설하여 16세기에 개축한 성 요스트 성당은 마치 오래된 농가 같은 전원적이고 소박한 모양을 하고 있어 성당인지 아닌지 한눈에 알아보기가 쉽지 않다. 이 동네 백작의 후손인 얀 브룬탈스키Jan Bruntálský가 성모 마리아의 자비로 인해서 흑사병을 물리쳤다고 믿어 이를 찬양하는 보티프 성당Votive Church으로 세웠다가 시간이 지나며 묘지 성당으로 목적을 달리하였다. 요세프 2세 집권 당시 위생의 이유로 시내 한가운데에 묘지를 만들 수 없다는 법이 생겨 성 요스트 성당의 묘지에 주민들이 묻히게 된 것이다. 현재는 그 자리에 공원이 들어서 있다.

Data **Map** 238p-C
Access 버스정류장에서 도보 18분. 스보르노스티 광장에서 도보 3분 **Add** Latrán 6, 381 01 Český Krumlov
Tel 380-711-175

비극적인 이야기가 서려 있는
라제브니키교 Lazebnicky most

옛 시가지에서 라트란 지구로 이어지는 이 다리는 '이발소의 다리'라고도 불린다. 다리 근처 라트란 1번가에 있던 이발소 집 딸에 대한 이야기가 전해진다. 당시 체스키 크룸로프를 지배하던 루돌프 2세의 아들은 심한 정신병을 앓고 있었다. 루돌프 2세는 동네에서 예쁘기로 소문난 이발소 집 딸과 아들을 맺어 주었다. 그러던 어느 날 이발소 집 딸이 목이 졸려 죽은 채로 발견이 되고, 정신이 온전치 않은 루돌프 2세의 아들은 본인이 죽였을지도 모르는 아내의 살인범을 잡겠다며 범인이 자백하기 전까지 마을 사람들을 차례로 죽였다. 이를 더 이상 지켜볼 수 없던 이발사는 자신이 딸을 죽였다는 허위 자백을 하고 마을의 비극을 멈추었다.

섬뜩한 이야기로 유명한 다리지만 모르고 올라서면 경치에 감탄하게 된다. 오른쪽에는 그리스도상, 왼쪽에는 카를교에서 순교하여 카를교에도 동상이 있는 성 얀 네포무츠키Jan Nepomucky의 상이 있다.

Data **Map** 238p-C
Access 버스정류장에서 도보 13분. 스보르노스티 광장에서 도보 3분
Add Lazebnicky most, 38101 Český Krumlov

EAT

체스키 크룸로프의 소문난 맛집
투 메리스 The 2 Marys

동네에서도 유명한 식당 투 메리스. 중세 시대부터 내려오는 보헤미아 요리 레시피를 그대로 사용한다. 실제 이곳의 주인은 대학에서 중세 시대 음식을 공부했고, 학문적으로 정통한 기술을 이용하여 요리한다. 특히 감자, 바게트와 함께 먹는 배추수프가 일품이다. 강변에 위치하여 강가 정원 자리에서 보는 풍경도 아름답다. 닭, 토끼, 꿩 중 하나를 골라 다양한 보헤미아 요리와 함께 먹는 모둠 요리 보헤미안 피스트가 대표 메뉴다. 짜지 않고 담백하여 우리 입맛에도 딱 맞는다.

Data **Map** 238p-C
Access 버스정류장에서 도보 13분. 스보르노스티 광장에서 도보 3분
Add Parkán no. 104, 381 01 Český Krumlov
Tel 380-717-228 **Open** 11:00~23:00
Cost 배추수프 68코루나, 보헤미안 피스트 닭고기 240코루나, 토끼고기 255코루나, 꿩고기 265코루나 **Web** www.2marie.cz

진짜배기 이탈리아 음식
파파스 리빙 레스토랑 Papa's Living Restaurant

육즙이 많고 육질이 부드러우며 잘 구워진 고기 요리를 원한다면 이곳으로 가 보자. 레스토랑 이름처럼 아빠가 해 주는 음식을 먹는 듯 편안한 식당이다. 푸근한 인상의 직원들은 와인에 대한 지식도 풍부하다. 요리와 찰떡궁합을 자랑하는 와인이 필요하다면 그들에게 맡겨라. 딱 알맞은 반주를 추천해 준다. 대표 메뉴는 립 요리. 정통 이탈리아 레스토랑답게 홈메이드 파스타 종류도 다양하다. 디저트로는 티라미수가 가장 인기가 많다. 촉촉한 마스카포네 치즈와 커피 향이 완벽하게 어우러진다. 어느 한 메뉴를 대표로 꼽기 어렵다. 각 테이블의 손님들은 저마다 모두 다른 요리를 먹고 있을 정도.

Data **Map** 238p-C
Access 버스정류장에서 도보 13분. 스보르노스티 광장에서 도보 3분
Add Latrán 13, 381 01 Český Krumlov
Tel 380-711-583 **Open** 월~목·일 11:00~22:00, 금·토 11:00~23:00
Cost 치킨 시저 샐러드 259코루나, 파파스 버거 369코루나,
파파스 슈니첼 299코루나, 티라미수 119코루나 **Web** www.papas.cz

Praha Suburbs By Area

02

플젠
Plzeň

작지만 알찬 도시, 플젠. 체코를 대표하는 맥주 브랜드 필스너 우르켈의 고향으로 가장 잘 알려져 있다. 맥주 외에도 볼 것이 많아 당일치기 여행지로 손색없는 곳이다.

플젠
미리 보기

플젠에서는 고개를 여러 번 치켜들게 된다. 맥주잔을 들어올려 '원샷'을 해야 하고, 높고 웅장한 건축물도 바라봐야 하기 때문이다. 성당, 탑, 시나고그를 돌아보며 맥주를 연거푸 마시다 보면 눈이 팽팽 돌지도 모르니 주의할 것!

SEE

목이 타는 여름에 찾아야 제격인 플젠. 따뜻한 날씨에 여행하는 사람들에게 추천한다. 해마다 8월 말에서 9월 초에 '필스너 페스트'라는 축제가 열리니 축제 기간 동안 플젠을 찾는다면 몇 배는 즐거운 여행이 될 것이다.

EAT

물 대신 맥주, 음식은 맥줏집에서 추천하는 안주라면 뭐든지 OK. 체코의 어느 도시를 가도 맛 좋은 맥주를 마실 수 있지만 특히 플젠에 온 이상 최고의 퀄리티를 만날 수 있으니 기회를 놓치지 말자. 필스너 외에도 감브리누스 양조장도 플젠에 있다. 다양한 브랜드의 체코 맥주를 두루 섭렵해 본다면 당신은 행운아!

BUY

맥주의 도시에 온 만큼 필스너 우르켈 양조장 투어에서 기념이 될 만한 것들을 구입해 보자. 특히 주변의 주당 친구들에게 양조장 기념품을 선물한다면 무척 좋아할 것이다.

어떻게 갈까?

기차 프라하 중앙역 Praha hlavní nádraží에서 플젠 중앙역Plzeň hlavní nádraží으로 이동하는 기차는 거의 매시간 있다. 약 1시간 30분 소요. 기차역에서 플젠 시가지도 가깝다.
버스 프라하 주변 도시로 이동하는 고속버스 회사 스튜던트 에이전시 홈페이지(www.student-agency.eu)에서 티켓을 미리 예약한다. 좌석 지정이 가능하고 버스 안에서 기본 음료를 무료로 제공하며 좌석이 무척 편안하다. 성인 왕복 티켓 100코루나, 소요 시간 약 1시간. 즐리친Zličín 버스터미널 탑승. 버스터미널까지는 메트로 B선 안델Andel역 하차, 도보 10분 내외.

어떻게 다닐까?

소도시인 플젠에는 메트로가 없으니 열심히 걸어 다니자. 플젠에 도착해 시가지를 한 바퀴 돌고 양조장 구경 후 다시 정류장으로 돌아오면 된다. 지도를 보고 혼자 걸어 다녀도 어렵지 않을 만큼 쉬운 구조로 되어 있다.
플젠의 교통수단인 트램을 경험 삼아 타 보고 싶다면 일정을 정한 후 트램 노선표(246p 참고)를 확인하자. 티켓값은 트램에 탑승하여 기사에게 구매하면 1회권 30코루나(환승 불가), 신문 가판대 또는 인포메이션 센터에서 구매하면 18코루나이다.

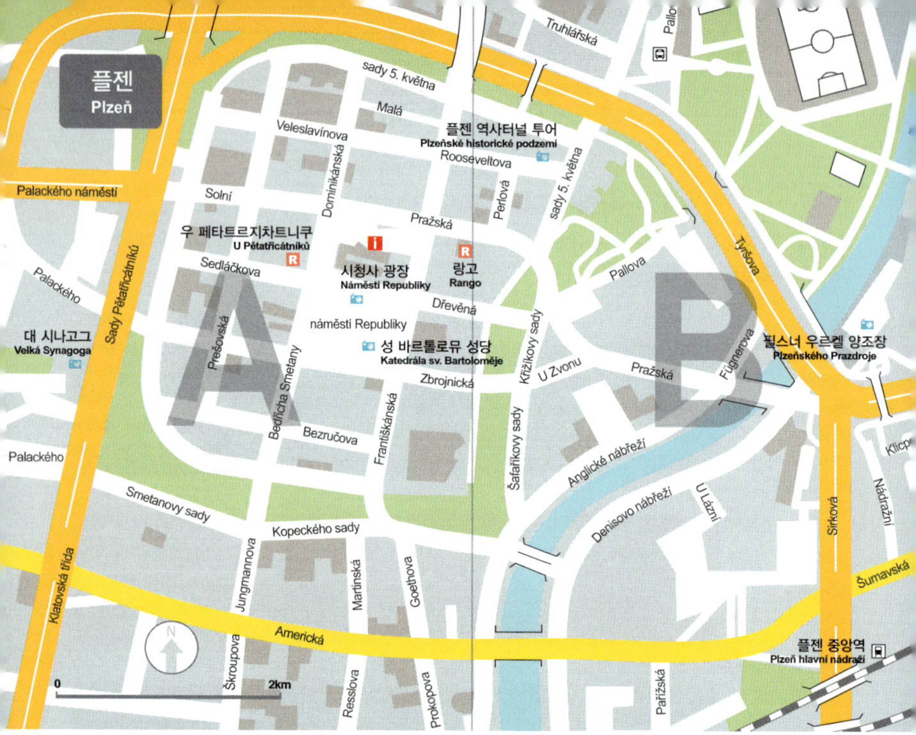

플젠
Plzeň
sadý 5. května
Truhlářská
Malá
Veleslavínova
Dominikánská
플젠 역사터널 투어
Plzeňské historické podzemí
Rooseveltova
Palackého náměstí
Solní
Perlová
sady 5. května
Pražská
우 페타트르지차트니쿠
U Pětatřicátníků
Sedláčkova
시청사 광장
Náměstí Republiky
랑고
Rango
Pallova
Tyršova
Palackého
Dřevěná
náměstí Republiky
Křižíkovy sady
대 시나고그
Velká Synagoga
Sady Pětatřicátníků
Prešovská
성 바르톨로뮤 성당
Katedrála sv. Bartoloměje
U Zvonu
Pražská
Fügnerova
필스너 우르켈 양조장
Plzeňského Prazdroje
Zbrojnická
Bedřicha Smetany
Františkánská
Bezručova
Šafaříkovy sady
Anglické nábřeží
Klicp
Palackého
Nádražní
Smetanovy sady
Denisovo nábřeží
U Lázní
Sirková
Kopeckého sady
Klatovská třída
Jungmannova
Martinská
Goethova
Šumavská
Americká
플젠 중앙역
Plzeň hlavní nádraží
N
0
2km
Škroupova
Resslova
Prokopova
Pařížská

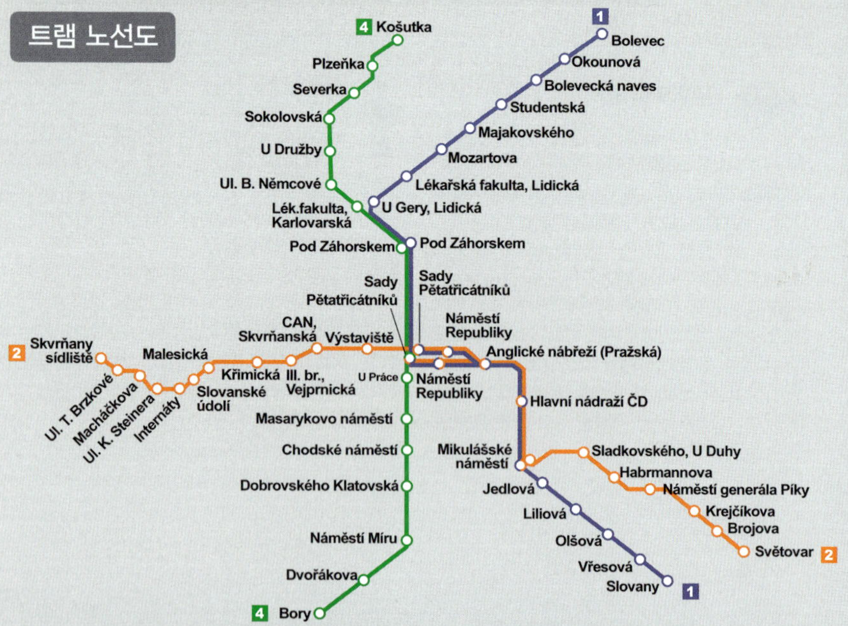

트램 노선도
4 Košutka
Plzeňka
Severka
Sokolovská
U Družby
Ul. B. Němcové
Lék.fakulta, Karlovarská
Pod Záhorskem
1 Bolevec
Okounová
Bolevecká naves
Studentská
Majakovského
Mozartova
Lékařská fakulta, Lidická
U Gery, Lidická
Pod Záhorskem
Sady Pětatřicátníků
Sady Pětatřicátníků
Náměstí Republiky
2 Skvrňany sídliště
Malesická
CAN, Skvrňanská
Výstaviště
Anglické nábřeží (Pražská)
Křimická
III. br., Vejprnická
U Práce
Náměstí Republiky
Ul. T. Brzkové
Macháčkova
Ul. K. Steinera
Internáty
Slovanské údolí
Hlavní nádraží ČD
Masarykovo náměstí
Chodské náměstí
Mikulášské náměstí
Sladkovského, U Duhy
Habrmannova
Dobrovského Klatovská
Jedlová
Náměstí generála Píky
Liliová
Krejčíkova
Brojova
Náměstí Míru
Olšová
Světovar 2
Vřesová
Dvořákova
Slovany 1
4 Bory

SEE

플젠을 대표하는 건축물

 성 바르톨로뮤 성당 Katedrála sv. Bartoloměje

약 102m의 높이를 자랑한다. 체코에서 가장 높은 탑으로 플젠을 가장 잘 감상할 수 있는 전망 포인트이기도 하다. 13세기 후반 도시가 처음 만들어질 때 공사를 시작하여 16세기 초반 완성되었다. 1993년 교황 요한 바오로 2세의 명에 따라 플젠은 주교 관할권이 되었고, 성 바르톨로뮤는 '교회'에서 '성당'이라는 명칭을 쓸 수 있도록 하며 그 권위가 더욱 높아졌다. 16세기 중반 만들어진 스턴베르크 Šternberk 예배당이 성당의 여러 부분 중 특히 아름답다.

국가 보물로 지정된 성 바르톨로뮤 성당 안 제단에는 아름답기로 유명한 '플젠의 마돈나' 조각상이 있다. 이 상은 고딕 양식이 만연하던 시기의 가장 아름다운 조각 스타일을 대표하는 작품으로 일컬어진다. 성당의 높은 탑에서는 플젠 시가지와 그 너머의 주변 지역까지 감상할 수 있다. 탁 트인 경관을 보기 위한 방문자들로 늘 붐비는 장소. 성당 외관의 동쪽에 위치한 여러 조각상은 올리브밭에 오른 예수와 그를 보호하는 천사들을 나타낸다. 이들 앞에서 소원을 빌면 아무리 어려운 것이라도 반드시 이루어진다는 전설이 있다.

Data Map 246p-A
Access 시가지 중앙. 트램 타고 Náměstí Republiky 정류장 하차
Add náměstí Republiky, 301 00 Plzeň
Tel 377-226-098
Open 성당 4~9월 수~토 10:00~16:00, 10~12월 수~금 10:00~16:00, 탑 10:00~18:00
Web nove.katedralaplzen.org

> **Tip 플젠 인포메이션 센터**
> **Map** 246p-A
> **Access** 성 바르톨로뮤 성당 맞은편 **Add** nam. Republiky 41, 301 16 Plzen
> **Tel** 378-035-330 **Open** 4~9월 09:00~19:00, 10~3월 09:00~18:00 **Web** www.pilsen.eu/en

Writer's Pick!
플젠 여행의 하이라이트!
필스너 우르켈 양조장 Plzeňského Prazdroje

필스너 우르켈 양조장은 플젠에 왔다면 반드시 보고 가야 할 필수 코스. 19세기 플젠에서 처음 시도된 필스너 우르켈 양조 방법을 고수하고 있는 세계적인 맥주 브랜드의 본거지를 찾아가자. 1842년부터 이용해 온 양조장 투어 프로그램을 통해 저온 살균되지 않은 필스너 맥주를 마시며 수많은 오크통에 담긴 맥주가 보관된 셀러, 1시간당 12만 개의 병을 만드는 현대식 공장을 자세한 설명과 함께 둘러볼 수 있다. 곧 맥주로 재탄생될 물이 담긴 거대한 물탑, 원료로 쓰이는 보리 등 맥주 애호가라면 열광할 양조의 모든 과정과 시설들이 흥미롭다.

정기적으로 진행하는 그룹 투어를 예약하지 않고 개인 투어를 원하는 경우에는 양조장 스케줄상 변경, 취소가 될 수 있으니 홈페이지에 안내된 전화번호 또는 이메일을 통해 미리 꼭 확인하자. 플젠 투어리스트 센터에 가서 확인을 요청해도 좋다. 프라하로 돌아가는 버스 시간이 너무 촉박하지 않도록 투어는 여유 있게 끝내는 게 좋다. 또 성수기에는 투어 예약이 조기에 마감될 수 있다는 점도 유의하자. 짐을 보관할 수 있는 로커도 마련되어 있다. 필스너 우르켈 로고가 진하게 박힌 각종 기념품을 구매할 수도 있다. 기념품숍과 연결되어 쉽게 찾을 수 있는 레스토랑 나 스필체Na spilce도 추천.

Data Map 246p-B
Access 플젠 기차역에서 도보 10분
Add Prazdroje 7, 304 97 Plzeň
Tel 377-062-888
Open 영어, 체코어, 독일어 투어를 하루 1~4회 운영하며, 그때그때 시간이 다르니 홈페이지 예약 페이지 참고
Cost 양조장 투어 380코루나, 박물관 투어 150코루나
Web www.prazdrojvisit.cz/en

플젠의 모든 역사를 함께한 흔적
플젠 역사터널 투어 Plzeňské historické podzemí

플젠이라는 도시가 처음 생겨날 때부터 있던 지하 터널을 살펴보는 투어. 약 20km에 달하는 이 지하 터널은 동유럽에서 가장 긴 터널 중 하나로 꼽힌다. 이 중 일부 구간이 대중에게 개방되었다. 깊이 약 12m, 길이 약 750m에 이른다. 양조장 박물관 건물에서 투어를 시작한다. 본래 경제, 기술적인 목적으로 만들어진 여러 개의 방과 복도가 복잡한 미로같이 되어 있어 탐험을 하는 것처럼 들뜨게 된다.

얼음 저장고, 중세 시대 인쇄기, 체코 수차(물레방아나 맷돌 등에 쓰인 동력 장치)의 시초라 할 수 있는 전시품도 볼 수 있다. 한국어 진행은 없지만 옛날 플젠 사람들의 생활상에 대한 이야기가 무척 재미있어 플젠을 더욱 깊이 있게 여행하고 싶은 사람에게 추천한다. 18세 이상의 투어 참가자에게는 맥주 스탬프를 찍어 주는데 필스너 우르켈 양조장의 레스토랑에서 맥주 한 잔과 교환할 수 있다.

Data **Map** 246p-B
Access 트램 타고 Na Rychtářce 정류장 하차, 맞은편
Add Veleslavínova 6, 301 14 Plzeň
Tel 377-235-574 **Open** 10~3월 10:00~17:00, 4~9월 10:00~18:00 (언어별 투어 시간이 상이하니 홈페이지 반드시 확인) **Cost** 입장료 190코루나
투어는 가이드 동반시에만 가능, 외국인은 영어 또는 독일어 지원이 가능한 SmartGuide 어플리케이션을 다운로드 받아야 한다.
Web www.plzenskepodzemi.cz/en/cena-prohlidky

도시의 심장부
시청사 광장 Náměstí Republiky

만들어질 당시 유럽에서 가장 큰 광장 중 하나였다. 여러 번의 개조를 통해 현재의 모습에 이른 것. 플젠시의 문양인 천사, 낙타와 그레이하운드를 새겨 놓은 3개의 분수가 새로 들어서 전경이 무척 예쁘다. 시청사 광장에서 가장 인상 깊은 건물은 북측에 위치한 르네상스 양식의 시청사. 1496년 당시 플젠 시민들이 도시에서 가장 큰 건물을 구입해 시청사로 꾸몄다. 이 건물은 1507년 대형 화재로 소실되었으나 플젠에 거주하던 이탈리아 석공과 벽돌공이 이탈리아 건축가 지오반니 데 스타티아Giovanni de Statia를 초빙하여 지금의 건물을 새로 세웠다. 무료로 입장이 가능하다. 시청사 앞에 세워진 기둥은 1681년 전염병으로부터 도시를 보호하고자 세워진 것. 꼭대기에는 마돈나 상이 있다. 도시의 다양한 행사와 축제가 모두 이 광장을 중심으로 열린다.

Data **Map** 246p-A
Access 시가지 중앙. 트램 타고 Náměstí Republiky 정류장 하차 **Add** Náměstí Republiky Plzeň

Data Map 246p-A
Access 시가지 중앙. 트램 타고 U Synagogy 정류장 하차
Add Sady Pětatřicátníků 35/11, 301 37 Plzeň
Tel 377-235-749
Open 4~10월 일~금 10:00~18:00(11~3월은 홈페이지를 통해 미리 연락해야 입장 가능)
Web www.zoplzen.cz

유럽에서 두 번째로 큰 시나고그
대 시나고그 Velká Synagoga

영어로는 'Great Synagogue'라 불리는 이 대규모의 유대교 예배당은 부다페스트의 도하니 시나고그Dohány Utcai Zsinagóga 다음으로 크다. 유럽에서는 두 번째고, 세계에서는 세 번째로 큰 규모. 1888~1893년 동안 무어 로마네스크 양식으로 지어진 이 시나고그는 당시 약 2,000명으로 구성되어 있던 플젠의 유대인 커뮤니티의 번영 시기를 그대로 반영하고 있다.

정면을 보고 있는 2개의 탑은 마치 아라비안나이트에 나올 법한 건물을 연상케 한다. 본래 이 탑은 65m로 설계가 되었으나 근처에 있는 성 바르톨로뮤 성당의 경관을 해치지 않을까 우려해 높이를 수정하여 현재에 이르고 있다. 외관의 적갈색과 러시아 정교 성당의 양파 모양 돔, 아라비아 스타일의 천장과 인도풍의 장식을 모두 사용하여 신비로운 느낌을 더한다. 1995년부터 약 3년간 6,300만 코루나를 들여 대대적인 보수 공사를 하였고, 지금은 말끔한 모습을 뽐내고 있다. 종종 콘서트와 전시가 열린다.

🍴 EAT

언제나 흥겹고 즐거운
우 페타트르지차트니쿠 U Pětatřicátníků

필스너 맥주와 어울릴 만한 체코 전통 음식을 맛볼 수 있는 곳. 20세기 오스트리아, 헝가리 왕조 시대의 요리를 전문으로 한다. 품질 좋은 신선한 재료만을 사용해 전통적인 요리법으로 요리하는 것을 원칙으로 하며, 전문적인 서비스를 제공해 깔끔하고 믿음이 가는 식당이다. 2층 자리는 대규모 손님이 주로 이용하며, 결혼식이나 졸업 파티 등 동네 사람들이 특별한 날 많이 찾는 곳이다. 밝고 즐거운 분위기가 인상적이나 조용한 식사를 원한다면 바쁜 식사 시간대는 피하도록 하자. 일주일 메뉴를 모두 다르게 준비하며, 메뉴는 홈페이지에 정기적으로 업데이트된다. 가격은 물가가 싼 동유럽 식당 중에서도 특히 저렴한 편에 속한다. 여름에는 정원 자리 80석을 추가로 오픈한다.

Data Map 246p-A
Access 시가지 중앙. 트램 타고 Náměstí Republiky 정류장 하차, 성 바르톨로뮤 성당 바로 옆
Add Riegrova 12, 301 00 Plzeň **Tel** 377-970-404
Open 월~목 10:30~23:00, 금 10:30~00:00, 토 11:00~00:00, 일 11:00~22:00
Cost 비프 립 329코루나, 안심 스테이크 479코루나, 돼지고기 지젝(돈까스) 219코루나
Web www.svejkplzen.cz

신선한 파스타가 일품인
랑고 Rango

스타일리시하고 낭만적인 분위기로 여성의 마음을 뺏는 곳. 16세기 건물을 사용하는 랑고는 플젠 시가지 한가운데 위치하여 접근성도 훌륭하다. 우아한 벨 에포크 시대의 인테리어와 어울리면서도 입에 착착 감기는 이탈리아, 지중해풍 요리를 선보인다. 주문을 받은 직후 만드는 피자와 파스타를 추천한다.

이탈리아뿐 아니라 유럽 각국에서 엄선한 와인도 다양한 가격대로 상당수 보유하고 있다. 평일 점심 시간에는 메뉴 가격을 더욱 할인하여 준다. 섬세한 서비스도 나무랄 데 없다. 거의 모든 테이블이 매일 밤 꽉 차기 때문에 성수기 저녁 시간에는 예약을 권한다. 밤이 되면 촛불을 켜 놓아 분위기가 더욱 고조된다.

Data Map 246p-A
Access 시가지 중앙. 트램 타고 Náměstí Republiky 정류장 하차, 도보 3분 **Add** Pražská 10, 301 00 Plzeň **Tel** 377-329-969
Open 월~금 11:00~23:00, 토·일 12:00~23:00
Cost 라자냐 285코루나, 마르게리타 피자 199코루나
Web www.rango.cz

Praha Suburbs By Area

03

카를로비 바리
Karlovy Vary

1349년 보헤미아 왕 카를 4세가 창설한 도시. 한때 오스트리아의 지배를 받을 때에는 칼스바트라 불렸다. 체코어와 독일어 명칭 모두 '카를 왕의 온천'이라는 뜻이다. 14세기 중반 카를 4세가 보헤미아 숲에서 사냥을 하다가 몸을 다친 사슴이 이 지역의 온천에 들어가 상처를 치유하는 것을 본 후 온천 도시가 되었다. 악성 베토벤과 독일의 대문호 괴테도 요양을 위해 카를로비 바리를 자주 찾은 것으로 유명하다.

카를로비 바리
미리보기

온천물에 꼭 발을 담그지 않고 작은 컵에 담아 마시는 것만으로도 충분히 몸이 정화되는 기분이 든다. 이번이 아니면 또 언제 마실 수 있을지 모를 영양소 가득한 건강한 물은 걸음을 자주 멈추어 한 잔 한 잔 모두 마셔 보자. 반나절이면 다 볼 수 있는 카를로비 바리 역시 작은 소도시 특유의 아기자기한 매력을 가지고 있다. 좁고 긴 타원형으로 조성된 도시는 영화 세트장 같은 분위기가 풍긴다.

SEE
카를로비 바리는 인구 밀도가 매우 낮은 도시다. 성수기에 온천수가 나오는 수도꼭지 앞을 찾아가도 한산하고, 어느 식당을 찾아도 기다리지 않고 식사를 할 수 있다. 몸과 마음 모두 '힐링'하기에는 최적의 장소가 될 것이다. 카를로비 바리는 복잡하지 않아서 지도 없이도 웬만한 온천수 수도꼭지를 찾을 수 있다.

EAT
카를로비 바리의 온천수에서 끌어온 미네랄워터 마토니Mattoni와 술 베헤로브카Becherovka가 대표적인 기념품으로 판매되고 있다. 카를로비 바리에서는 맥주 대신 이것을 마셔 보자. 베헤로브카 맛은 액상 소화제와 비슷하다.

BUY
온천수와 관련된 다양한 기념품이 카를로비 바리의 주력 상품이다. 온천 모양이 새겨진 넓고 얇은 둥그런 모양의 과자 웨이퍼wafer를 철제 상자에 담아 판매한다. 거리의 가판이나 상점에서 판매하니 쉽게 살 수 있다. 카를로비 바리의 다양한 풍경을 그려 넣은 아기자기하고 가벼운 법랑컵은 사지 않고 못 배길 정도다.

어떻게 갈까?

기차 프라하 중앙역 Praha Hlavni Nadrazi에서 직행열차를 타고 호무토프Chomutov를 거쳐 카를로비 바리역 하차. 3시간 30분 소요.
버스 프라하 주변 도시로 이동하는 고속버스 회사 스튜던트 에이전시의 홈페이지(www.student-agency.eu)에서 티켓을 미리 예약하자. 좌석 지정이 가능하고 버스 안에서 기본 음료를 무료로 제공하며 좌석이 무척 편안하다. 2시간 10분 소요, 성인 왕복 160코루나. 메트로 B, C선 Florenc역 옆에 위치한 플로렌츠ÚAN Florenc 버스정류장에서 탑승한다. 내리는 정류장과 프라하로 돌아가는 버스를 타는 정류장의 위치가 다르니 유의한다.

어떻게 다닐까?

긴 원형 모양으로 되어 있는 카를로비 바리는 한쪽 길을 이용하여 끝까지 올라갔다가 반대편 길을 이용해 내려오는 코스다. 한 바퀴를 돌며 도시 전체를 돌아볼 수 있게 된다. 여러 번 멈추어 서서 온천수를 마시게 되니 컵은 가방에 넣지 말고 들고 다니자. 이곳에서 판매하는 컵을 사지 않고 본인의 텀블러나 생수통을 이용해도 된다.

SEE

체코의 자랑스러운 유리브랜드
모세르 비지터 센터 Moser Visitor Centre

전 세계 왕가가 주문하여 사용한다는 명성 높은 체코 유리 브랜드. 모세르 제품은 카를로비 바리의 물과 모래를 조합해 모세르만의 독창적인 세공법을 이용하여 100% 수공업으로 만들어진다. 150년간의 역사를 아우르는 대대적인 전시를 볼 수 있어 프라하에서 보았던 모세르 상점과는 차별성이 있다. 모세르 브랜드와 대표 상품뿐 아니라 유리 공예에 대한 정보를 얻을 수 있는 곳이다. 약 2,000개의 전시품이 이곳에 보관 및 전시된다. 비지터 센터 내 박물관에서는 6개의 언어로 된 7편의 다큐멘터리도 상영한다. 모세르 소유주 가문에 대한 이야기, 모세르 유리 생산 과정, 오랫동안 이곳에서 일해 온 유리 장인들에 대한 자세한 설명을 해 주는 유익한 투어도 신청하여 참가할 수 있다. 유리 공예품을 만들 때 사용하는 나무로 된 틀을 볼 수 있다. 투어는 체코어, 영어, 독일어, 러시아어로 진행되며 전화 또는 이메일로 예약해야 한다.

박물관을 돌아본 후 팩토리 상점에서 완성품을 구매할 수 있다. 깨지지 않게 단단히 포장해 준다. 박물관에서 모세르 카페도 함께 운영하고 있다. 시내에서 조금 떨어져 있어 버스를 타고 이동해야 한다. 시내에도 모세르 상점이 있으니(Tržiště 28/7, 360 01) 전시 구경을 원하지 않고 상품만 쇼핑하고 싶다면 번거롭지 않게 이곳으로 향하자.

Data Map 254p-A
Access 모세르 비지터 센터 정류장에서 1, 2, 22번 버스 탑승 후 Sklářská Glassworks 정류장 하차. 6 정거장, 약 12분 소요
Add Kpt. Jaroše 46/19, 360 06 Karlovy Vary **Tel** 353-416-112
Open 박물관 09:00~17:00, 유리 전시 09:00~14:30(연말, 연초에는 휴관하는 날이 많으니 홈페이지에서 일정을 확인하자)
Cost 박물관 성인 150코루나, 가족 티켓 300코루나(성인 2명+최대 어린이 3명), 유리공장 투어 성인 350코루나, 가족 티켓 750코루나(성인 2명+최대 어린이 3명)
Web www.moser-glass.com

> **Tip** 카를로비 바리 인포메이션 센터
> **Map** 254p-A, 254p-D
> **Access** 카를로비 바리에 도착하여 도시에 들어서면 바로 보인다
> **Add** T.G. Masaryka 53, 360 01 Karlovy Vary **Tel** 355-321-171
> **Open** 월~금 09:30~17:30, 토·일·공휴일 09:00~17:00(13:00~13:30 점심시간) **Web** www.karlovy-vary.cz/en/

카를로비 바리 255

|Theme|
카를로비 바리의 온천, 콜로나다 kolonáda

체코 온천수는 몸을 담그는 데만 사용하는 것이 아니라 음용을 하기도 한다.
그중 카를로비 바리의 온천수는 위장병, 소화기계 질환, 간 질환, 당뇨 등에 효과가 있다.
미네랄 맛이 강하게 나는데, 특별히 아픈 곳이 없는 사람이라도 마셔 보길 추천한다.
시장, 궁전, 물레방아, 공원 콜로나다가 특히 유명하다.

카를로비 바리를 온천 도시로 만든
시장 콜로나다 Tržní kolonáda

흰 스위스풍 목조 건물 안에 위치한 콜로나다. 카를로비 바리의 여러 건물을 설계한 오스트리아 빈 출신 펠너Fellner와 헬머Helmer의 작품. 금세 철거를 하려 했으나 카렐 4세가 방문하면서 원래 건물을 지금과 같은 모습으로 보수하여 보존해 왔다. 시장이 열리는 곳 바로 앞에 위치하여 시장 콜로나다라 부른다. 레이스 모양으로 나무를 조각하여 꾸며 놓아 멀리서도 눈에 띈다. 62℃ 두 종류의 시장 샘과 카를 4세 샘이 있다.

Data Map 254p-F Access 버스정류장에서 도보 25분 Add Tržiště, 360 01 Karlovy Vary

Data Map 254p-F
Access 버스정류장에서 도보 27분
Add Divadelní náměstí, 360 01 Karlovy Vary
Open 월~금 09:00~17:00, 토·일 10:00~17:00

카를로비 바리의 목욕물의 근원
온천 콜로나다 Vřídelní kolonáda

16세기부터 뜨거운 온천수를 뿜어낸 이곳은 바로크 양식의 건물에 위치한다. 72℃의 간헐온천물은 1분당 2,000ℓ의 미네랄워터를 뿜어낸다. 현재 수량이 급격히 줄어들고 있지만 카를로비 바리에서 목욕물로 쓰이는 물은 이곳에서 나는 것만 사용한다. 물을 분류하여 온도를 낮추어 보관한다. 압력 때문에 12m까지 솟아오르기도 한다. 콜로나다 지하에 물을 펌프 시키고 분류하는 장치를 살펴볼 수 있는 투어가 마련되어 있다. 물의 정수 과정을 자세히 알아볼 수 있는 이 투어는 5~9월 동안만 진행한다. 나머지 기간에는 미리 예약한 단체 손님에게만 투어를 제공한다. 카를로비 바리 영화제가 열리는 기간에는 특별히 야간 투어(20:00~22:00)를 진행한다. 티켓은 로비에서 판매한다.

카를로비 바리에서 가장 큰 규모의
물레방아 콜로나다 Mlýnská kolonáda

요세프 지텍Josef Zítek이 설계한 콜로나다. 네오르네상스 건축물에 자리한 이 콜로나다는 124개의 기둥 사이에 위치한 샘(암석 샘 53°C, 리뷰제 샘 62°C, 바츨라프 왕자 2세 샘 58°C, 물레방아 샘 56°C, 루살카 샘 암석 샘 53°C, 리뷰제 샘 62°C, 바츨라프 왕자 1세 샘 65°C, 바츨라프 왕자 2세 샘 58°C, 물레방아 샘 60°C)으로 구성되었다. 수많은 기둥 사이에서 솟아나는 샘의 모습이 경이롭다. 일 년 열두 달을 나타내는 12개의 조각상이 옥상 테라스를 장식한다.

Data Map 254p-D
Access 버스정류장에서 도보 23분
Add Mlýnské nábřeží, 260 01 Karlovy Vary

Data Map 254p-D
Access 버스정류장에서 도보 23분
Add Zámecký vrch, 360 01 Karlovy Vary

2개의 부분으로 이루어진
궁전 콜로나다 Zámecká kolonáda

시장 콜로나다 바로 위에 위치한 궁전 콜로나다는 두 개의 부분으로 이루어져 있다. 대중에게 개방된 위쪽의 콜로나다(50°C)와 캐슬 스파Castle Spa 고객만 사용 가능한 아래쪽의 콜로나다(55°C)이다. 두 곳의 이산화탄소 함유량 등 온도 외에도 물 자체의 구성원이 다르다. 카를로비 바리에 요양 목적으로 캐슬 스파에 숙박을 하며 머무르는 손님이라면 이용해 보자. 본래 콜로나다 전체가 이용할 수 없었으나, 2001년 리노베이션을 거친 후 재개방되었다.

넓은 공원 안에 만들어 놓은
공원 콜로나다 Sadová kolonáda

시장 콜로나다와 마찬가지로 오스트리아 빈 출신 펠너Fellner와 헬머Helmer가 19세기 말 설계하였다. 함께 지어졌던 파빌리온은 60년대에 무너졌고, 콜로나다만 살아남아 2002년 보수 공사를 거쳤다. 옆에 위치한 드보르작 공원Dvořákovy sady을 꾸며 주는 아름다운 철제 구조 속 3개의 샘이 있다. 뱀의 입에서 물이 나오는 뱀 샘(30°C), 아침 6시부터 저녁 6시 30분까지만 사용 가능한 공원 샘(47.4°C), 그리고 자유의 샘(60°C)이다.

Data Map 254p-D
Access 버스정류장에서 도보 20분
Add Mlýnské nábřeží 507/5, 260 01 Karlovy Vary

베헤로브카의 모든 것
얀 베헤르 박물관 Jan Becher Museum

맥주를 제외하고 체코에서 가장 유명한 알코올인 베헤로브카 Becherovka에 헌정된 박물관. 한때는 도시 한가운데에서 베헤로브카를 만들었지만 현재는 다른 곳에서 만든다. 대신 원료 공급지인 카를로비 바리에 상징성 짙은 박물관을 세웠다. 이곳에서는 베헤로브카의 역사와 제조 과정, 보관법 등에 대한 모든 것을 알 수 있다. 1807년 카를로비 바리의 한 약국에서 처음 만들어진 이래로 현재까지 이 술의 레시피를 알고 있는 사람은 전 세계에 딱 2명뿐이다.

3종류의 베헤로브카 시음도 박물관 입장료에 포함되어 있다. 얀 베헤르 주류 회사가 만드는 다른 음료도 마셔 볼 수 있다. 18세 미만 방문자에게는 오렌지주스를 제공한다. 기념품숍에서는 다양한 종류와 크기의 베헤로브카를 구입하자. 인기 있는 아이템은 뜨겁게 마시는 베헤로브카를 위한 철제 컵. 박물관은 개별 투어도 진행한다. 체코어뿐 아니라 영어, 독일어, 러시아어로 투어를 진행하며 웹사이트나 전화, 현장 방문으로 투어 예약을 받는다.

Data Map 254p-A
Access 버스정류장에서 도보 5분
Add Tomáše Garrigue Masaryka 57, 360 01 Karlovy Vary **Tel** 359-578-142
Open 화~일 10:00~12:30, 13:00~18:00 **Cost** Basic 투어 성인 250코루나, 학생 190코루나, 어린이 60코루나, 가족 티켓 500코루나(성인 2명+어린이 2명) **Web** www.becherovka.cz

바흐, 마리아 테레지아도 묵었던
그랜드 호텔 푸프 Grand Hotel Pupp

1781년 세워진, 역사가 오래된 이 건물은 페이스트리 셰프이자 기업가인 푸프 J.G. Pupp의 것이다. 푸프는 이 자리에 원래 세워져 있었던 두 개의 홀을 구입하여 하나로 합쳐 화려한 건물을 짓고자 하였다. 생을 마감하기 전까지 호텔을 마무리하지 못하였으며, 약 100년에 걸쳐 1893년에 마침내 그의 후손이 호텔을 완성시켰다.

럭셔리한 스파 체험을 할 수 있는 카를로비 바리의 일류 호텔로 이름이 널리 알려졌다. 여러 번의 보수 공사와 리모델링을 거쳐 어느 대도시 호텔과 견주어도 손색이 없다. 2006년 호텔 푸프의 레스토랑 및 몇몇 장소에서 영화 〈007 카지노 로열〉을 촬영한 것으로도 유명하다. 온천 휴양을 즐기고 싶다면 숙소로도 추천한다.

Data Map 254p-F
Access 버스정류장에서 도보 30분
Add Mírové náměstí 316/2, 360 01 Karlovy Vary **Tel** 353-109-111 **Web** www.pupp.cz

EAT

Writer's Pick! 카를로비 바리 최초의 카페
레푸블리카 커피 Republica Coffee

커피 전문가들이 엄격하게 선별하며 특별 등급으로 분류한 커피만 취급하는 카페이다. 커피 품질에 대한 자부심이 대단한 바리스타는 예술가라는 마음가짐으로 커피를 만들어낸다. 이곳에서 직접 로스팅한 콩도 판매한다. '죽은 사람도 살려내는 커피'라는 문구는 지나가는 사람들이 볼 수 있도록 대로변을 향해 걸려 있어 커피 애호가들의 흥미를 끈다. 시럽도 직접 만들고, 커피와 함께 먹는 스낵도 신선한 재료를 사용하여 매일 새롭게 내놓는다. 영어가 가능한 바리스타와 종업원은 무척 친절하여 처음 이곳을 찾는 낯선 여행객도 단골처럼 대해 준다. 급하지 않다면 2층에 여유롭게 자리를 잡고 앉아 커피 맛을 찬찬히 음미해 보도록 하자. 세련된 분위기의 레푸블리카 커피는 깔끔하면서도 아늑하고 포근하다.

Data Map 254p-A
Access 버스정류장에서 도보 5분
Add T.G. Masarika 894, 360 01 Karlovy Vary **Tel** 720-347-166
Open 월~금 07:00~19:00, 토·일 08:00~19:00 **Cost** 카푸치노 60코루나 **Web** www.facebook.com/republica-coffee

현지인들이 추천하는
르 마르쉐 Le Marche

프랑스풍 요리를 선보이는 르 마르쉐. 프랑스의 오래된 성 같은 분위기로 멋지게 꾸며 놓아 잊을 수 없는 식사를 할 수 있도록 돕는다. 르 마르쉐의 총 주방장 얀 라체Jan Lace는 먹기 좋고 어렵지 않은 요리를 하는 것을 철칙으로 한다. 지역에서 난 신선한 식재료를 사용하므로 메뉴가 매일 바뀐다. 자주 볼 수 있는 메뉴로는 푸아그라, 오리 콩퓌, 참치회 등이 있다. 와인 리스트도 훌륭하다. 테이블 수가 그리 많지 않아 성수기 저녁 식사 시간에는 예약하는 것을 추천한다.

Data Map 254p-F
Access 버스정류장에서 도보 35분
Add Mariánskolázeňská 4, 360 01 Karlovy Vary
Tel 730-133-695
Open 월~토 11:00~23:00
Cost 점심 메뉴 520코루나, 저녁 메뉴 890코루나, 6코스 데구스타시온 메뉴 1,390코루나
Web www.le-marche.cz

여행 준비 컨설팅

철저한 준비가 양질의 여행을 만든다. 쫓기듯 떠나는 무방비 상태의 여행과 열심히 준비하여 떠나는 여행은 확실히 다르다. 꿈꿔 왔던 프라하의 모습이 눈앞에 펼쳐지기 전까지 차근차근 한 걸음씩 알찬 여행을 준비해 보자.

D-80
MISSION 1 여행 일정을 계획하자

1. 여행의 스타일을 결정하자
프라하 여행은 누구와 가느냐, 어떤 곳을 보고 어떤 활동을 할 것이냐에 따라 광장히 달라진다. 액티비티를 모두 배제하고 관광과 맥줏집 탐방이 주가 되는 여행을 해도 좋고, 박물관에 관심이 없다면 프라하에서의 일정은 간소화하고 주변 소도시를 돌아보는 일정이 좋을 것이다. 연인과 함께 떠나는지, 친구와 가는지, 부모님을 모시고 가는 것인지에 따라 하루 일정을 결정하는 변수가 되니 바라는 여행의 스타일과 동행자의 성격도 모두 고려하도록 한다. 또, 패키지 여행으로 갈지, 자유 여행으로 갈지도 결정하자.

2. 출발일을 정하자
프라하는 인기 있는 유럽 여행지 중 하나로 성수기와 비성수기의 분위기가 매우 다르다. 떠날 수 있는 날짜와 어떤 모습의 프라하를 보고 싶은지를 모두 고려하여 결정하자. 여름 휴가철과 겨울 크리스마스 성수기에는 북적대는 유쾌함이, 비성수기에는 고요하고 평온함이 만연하다. 〈프라하 홀리데이〉에서 소개하는 프라하의 연중 축제 일정을 참고하는 것도 도움이 될 것이다. 언제가 가장 좋다고 꼽지 못할 정도로 크리스마스 마켓이 성대하게 열리는 겨울의 프라하와 스메타나의 음악이 흘러나오는 프라하의 봄 모두 아름답다.
또 성수기, 비성수기 여행은 분위기도, 예산도 차이가 나지만 도시 간의 이동, 소도시 여행 등 교통편 예약을 미리 해야 하는지의 여부도 다르다. 성수기에는 소도시에도 여행객들이 많기 때문에 도시 간 이동 수단 티켓도 미리 예약을 하는 편이 좋다.

3. 여행 기간을 결정하자
프라하 도시 자체는 그리 크지 않으나 볼 것, 할 것, 먹을 것이 많기 때문에 개인적으로 보고 싶은 곳들을 책에서 골라 보고 이에 따라 여행 기간을 정하면 된다. 근교 여행을 제외하고 프라하만 보는 일정이라면 보통 2박 3일이면 적당하다. 근교 여행을 원하는 경우 한 도시당 하루로 계산한다. 프라하 시내와 근교 도시 한 곳씩을 돌아본다면 5박 6일이 적절하다.

D-70
MISSION 2 여행 예산을 짜자

1. 항공권은 얼마나 들까?

항공권 가격은 성수기와 비성수기에 따라 차이가 난다. 또 직항 노선이 있는 국내 항공편인지, 혹은 경유하여 비행하는 외항사인지에 따라 다르다. 여름과 겨울 휴가철에는 110만 원부터 시작하는 것이 보통이다. 휴가철에 임박하여 표를 구입하려면 150만 원까지도 예상해야 한다. 요즘은 루프트한자, 에어프랑스, KLM네덜란드항공, 핀에어 등 유럽 국적 항공사들이 자주 프로모션을 한다. 여행을 마음먹은 후부터는 항공사들의 SNS 계정을 팔로우 하거나 뉴스레터를 구독하여 특가 행사 알림을 받아 보도록 하자.

2. 숙박비는 얼마나 들까?

호텔 별 개수에 따라, 호스텔 도미토리의 침대 개수에 따라 숙박비는 천차만별이다. 그러나 다른 유럽 도시에 비교해 보았을 때 같은 크기의 방이면 훨씬 더 저렴한 가격에 묵을 수 있다. 1박에 7만 원 정도면 깔끔하고 좋은 위치의 2~3성급 호텔에서 묵을 수 있고, 호스텔에서의 숙박은 1박에 2만 원 정도가 평균가이다. 가격에 비해 청결하고 시설이 훌륭하다.

3. 식비는 얼마나 들까?

물가가 싸기로 소문난 동유럽. 유명 관광 도시라 해도 바가지 쓸 일이 없어 예산에 있어서는 이보다 더 좋은 여행지가 없다. 메인과 디저트, 음료를 식당에서 주문해도 1만 원이 넘지 않는다. 마트에서의 가격은 더 저렴해 맥주 한 캔도, 샌드위치도 1,000원 정도의 가격에 살 수 있다. 최저 예산으로 여행하는 배낭여행자에게도 전혀 부담이 없다.

4. 교통비는 얼마나 들까?

프라하 시내에서만 머무른다면 공항에서 숙소까지, 숙소에서 공항까지 이동하는 교통편 외에 크게 지출할 교통비가 없다. 프라하는 걸어서도 모두 돌아볼 수 있는 크기의 도시이기 때문이다. 교통권과 프라하 관광 명소들의 입장을 모두 포함하는 프라하 카드는 2일에 약 7만 원, 교통권만 구입하는 경우 24시간 권이 110코루나로 5천 원 남짓이다.

5. 입장료는 얼마나 들까?

프라하 카드(www.praguecard.com)를 구입하면 교통과 함께 대부분의 관광 명소에 무료 입장이 가능하다. 학생증 소지자에게 할인되는 곳들이 많으니 학생이라면 국제학생증을 만들어 가도록 하자. 물론 박물관이나 프라하성 등 학생증이 필요한 명소에 가지 않을 계획이라면 굳이 돈을 들여 국제학생증을 만들어 갈 필요는 없다.

6. 비상금은 얼마나 필요할까?

어떤 여행이든 지갑을 도둑맞거나 분실할 위험이 있어, 여행 경비를 한 곳에만 보관하는 것은 좋지 않다. 갑자기 병원을 가야 한다거나 유레일패스를 분실하여 재구매하는 일도 자주 있다. 현금 인출을 위한 카드는 하나 이상 가져가고, 현금은 전체 예산보다 10~20% 넉넉하게 준비해 나누어서 보관하도록 한다.

D-60
MISSION 3 항공권을 확보하자

1. 어떻게 살까?

항공사, 여행사마다 가격이 다르고, 언제 구입하느냐에 따라서도 가격 차이가 난다. 여행사 홈페이지나 비행기 티켓을 판매하는 홈페이지, 항공사 홈페이지 등을 돌아보며 최저가를 찾거나, 마일리지를 적립할 수 있는 항공사 위주로 찾아보자. 약 두 달 전쯤에는 항공권을 구입하길 추천한다. 성수기에는 표가 없거나 이착륙이 불편한 시간의 표만 남을 수 있으니 유의하자.

2. 어떤 표를 살까?

가장 단순하고 편리한 노선은 직항편이다. 현재 인천 국제공항과 프라하를 바로 연결하는 직항편은 대한항공과 체코항공이 있다. 아시아나항공을 비롯하여 여러 항공사가 경유하여 프라하 편 항공편을 운행한다.

3. 표를 살 때 주의할 점은?

티켓의 조건을 확인하자
스톱오버의 여부, 마일리지 적립 가능 여부, 항공사마다 허용하는 짐의 무게, 취소/변경 수수료 등 발권 관련한 여러 사항을 꼼꼼히 읽어 보도록 한다.

공항세TAX를 확인하자
2014년 하반기부터는 여행 상품 가격에 비행기 유류할증료를 포함하는 것이 의무화되었다. 항공권이나 여행 상품에 유류할증료 및 공항 시설 사용료 등 실제 소비자가 지불해야 하는 총 금액을 표시하도록 되어 있어 어렵지 않게 세금을 확인할 수 있다.

경유지에서의 체류 시간을 확인하자
항공사에 따라서는 당일 연결이 어려운 경우도 있다. 이때 경유지에서의 숙박비와 공항 이동 비용 등을 항공권 가격과 비교해 보도록 하자. 직항을 이용하는 것이 오히려 더 득일 수도 있다.

발권일을 지키자
예약을 해 두었어도 발권하지 않으면 내 표가 아니다. 특히 좌석이 넉넉하지 않은 성수기에는 발권을 미루다가 좌석 예약이 취소될 수도 있으니 주의하자. 유류할증료 또한 발권일에 따라 결정된다.

좌석 확약을 받았는지 확인하자
좌석 확약이 안 된 상태로 출국하면 돌아오는 항공편을 구하기가 어려울 수 있다. 항공권의 'Status'란에 OK라고 표시되어 있는지 확인하고 미심쩍으면 해당 항공사에 전화해 좌석 확약 여부를 확인하자.

할인 항공권 취급 업체
인터파크 투어 air.interpark.com
와이페이모어 www.whypaymore.co.kr
웹투어 www.webtour.com
온라인 투어 www.onlinetour.co.kr

D-50
MISSION 4 여권을 확인하자

1. 어디에서 만들까?
서울에서는 외교통상부를 포함한 대부분의 구청에서, 광역시를 비롯한 지방에서는 도청이나 시청에 설치되어 있는 여권과에서 편리하게 발급받을 수 있다.

2. 어떻게 만들까?
전자여권은 타인이나 여행사의 발급 대행이 불가능하기 때문에 본인이 신분증을 지참하고 신청해야 한다. 단, 18세 미만의 신청은 대행이 가능하다. 여권은 접수 후 발급까지 3~7일이 소요된다.

여권 발급 신청 준비물
- 여권 발급 신청서
- 여권용 사진 2매
- 주민등록등본 1통
- 신분증(주민등록증이나 운전면허증)
- 발급 수수료(10년) 53,000원

3. 여권을 잃어버렸거나 기간이 만료됐다면?
재발급 절차는 여권 발급 때와 비슷하지만 재발급 사유를 적는 신청서가 추가된다. 분실했을 경우에는 분실 신고서를 구비해야 한다. 신여권 제도 시행으로 여권의 유효기간이 만료되면 연장하지 못하고 갱신해야 한다는 점도 숙지하고 있도록 한다.

4. 군대 안 다녀온 사람은?
25세 이상의 군 미필자는 병무청 홈페이지에서 신청서를 작성하면 신청 2일 후 국외 여행 허가서와 국외 여행 허가 증명서를 출력할 수 있다. 원하는 경우 복수여권 발급도 가능하다. 국외여행 허가서는 여권 발급 신청 시 제출하고, 국외 여행 허가 증명서는 출국할 때 공항에 있는 병역신고센터에 제출한 후 출국 신고를 마치면 된다.

5. 어린 아이들은?
만 18세 미만의 미성년자는 부모의 동의하에 여권을 만들 수 있다. 일반인 제출 서류에 가족관계증명서를 지참하면 부모나 친권자, 후견인 등이 신청할 수 있다. 만 12세 이상은 본인이 직접 신청할 수도 있다. 그럴 경우 부모나 친권자의 여권 발급 동의서와 인감증명서, 학생증을 지참해야 한다.

D-40
MISSION 5 숙소를 예약하자

1. 프라하에는 어떤 숙소가 있나?
프라하 전역에 2~3성급 호텔이 고루 분포되어 있다. 가격대도 저렴하여 성수기가 아니라면 괜찮은 숙소를 여럿 발견할 수 있을 것이다. 허니문이나 특별한 여행이라 좋은 호텔을 예약하고 싶다면 여행 일정이 정해지는 대로 일찌감치 호텔을 찾아보도록 하자. 호스텔도 호텔 못지않은 시설을 갖추고 있다. 다른 유럽 도시들에 비해 가성비가 훌륭하니 부담 없이 골라 보자. 김치 없이는 하루도 견딜 수 없는 사람이라면 친절하고 경제적인 한인 민박도 있으니 걱정하지 말 것.

2. 어떻게 예약할까?
호텔 예약 사이트를 이용하는 것이 가장 좋다. 비수기에는 다양한 할인 프로모션 행사를 진행하기도 한다. 투숙일과 투숙객 수, 원하는 지역, 원하는 서비스(무선 인터넷, 주차장, 욕조, 금연실 등)를 지정하여 검색해 보자. 투숙객들의 솔직한 후기를 볼 수 있다.

숙소 예약 사이트
부킹닷컴 booking.com
호텔스닷컴 hotels.com
아고다 agoda.com

MISSION 6 여행 정보를 수집하자

1. 책을 펴자
〈프라하 홀리데이〉를 통해 프라하 여행에 대한 기본적인 그림을 그려 보자. 책에 표기된 물가보다는 여유 있게 예산을 잡는 것이 현명하다. 추가로 다른 서적을 찾아보는 것도 좋다.

2. 인터넷을 켜자
인터넷은 본인이 직접 체험한 프라하에 대한 생각과 느낌을 전해 들을 수 있어서 생생한 정보를 얻기에 최적이다. 단, 개인 블로그의 경우 특성상 지극히 주관적인 생각이나 선입견에 기반을 둔 후기가 많다. 여행사에서 운영하는 홈페이지나 카페에도 좋은 정보가 많다.

유용한 사이트
트립어드바이저 www.tripadvisor.com
체코관광청 www.czechtourism.com
프라하관광청 www.prague.eu/en

3. 사람을 만나자
미리 체험한 이들의 조언도 무시할 수 없다. 책이나 인터넷으로 상상하는 것과는 또 다른 차원의 프라하를 알 수 있다. 친한 사람들에게서 얻는 조언은 비슷한 취향과 관점을 가진 사람의 조언일 가능성이 크다. 가장 최근에 다녀온 사람일수록 생생한 정보가 많은 것은 당연한 일. 놓치기 쉬운 준비 사항을 즐겁게 대화하며 발견해 보자.

D-10

MISSION 7 여행자 보험을 가입하자

1. 여행자 보험은 왜 들까?
낯선 곳에서 여행을 하며 어떤 일을 겪게 될지는 누구도 예상할 수 없다. 다치거나, 아파서 병원에 가거나, 귀중품을 도난당할 수도 있다. 이런 사고에 대비해 여행자 보험을 가입하자.

2. 보상 내역을 꼼꼼하게 따져 보자
패키지 여행 상품을 신청하면 보통 '1억 원 여행자 보험'이 포함된다. 얼핏 보면 대단해 보이지만 사망할 경우 1억 원을 보상한다는 뜻일 뿐이다. 대부분의 여행자가 겪게 되는 일은 도난이나 상해가 일반적이니, 이 부분의 보장이 얼마나 잘 되어 있는지 꼼꼼하게 확인하자.

3. 보험 가입은 미리 하자
여행자 보험은 인터넷, 여행사에서 신청할 수 있다. 은행에서도 가능하고, 출발 직전 공항에 있는 보험사 데스크에서 가입할 수도 있지만, 공항에서 드는 보험이 가장 비싸다. 미리 여유 있게 가입하면 한푼이라도 아낄 수 있다. 보험사 정책에 따라 보험 혜택이 불가능한 항목들(고위험 액티비티 등)도 있으니 미리 확인하자.

4. 증빙 서류는 똑똑하게 챙기자
보험 증서와 비상 연락처는 여행 가방 안에 잘 챙겨 두자. 도난이나 사고를 당했을 시 경찰서나 병원에서 받은 증명서와 영수증 등은 잘 보관해야 한다. 특히, 도난 사고를 당했다면 가장 먼저 경찰서에 가서 도난 증명서를 꼭 받을 것!

5. 보상금 신청은 제대로 하자
보험 회사에 제반 서류를 보내고 보상금 신청 절차를 밟는다. 병원 진단서와 병원비 및 약품 구입 영수증 등을 모두 첨부할 것. 도난 시에는 도난 증명서를 제출하되, 도난 물품의 가격을 증명할 수 있는 쇼핑 영수증도 첨부할 수 있다면 좋다.

D-5

MISSION 8 알뜰하게 환전하자

현금 Cash

한국에서 코루나로 환전할 수 있는 은행이 많지 않아 미리 전화를 해 보고 찾아가야 한다. 한국에서의 환전은 환율이 비싼 편으로 한국에서 유로로 환전을 하고 유로를 가져가 현지에서 코루나로 환전을 하는 편을 추천한다. 프라하 시내에는 환전소가 굉장히 많아 편하게 돈을 바꿀 수 있으나 환전소마다 수수료와 적용하는 환율이 다르다.

신용 카드 Credit card

현금에 비해 안전하고 부피도 작다. 단, 해외에서의 신용 카드 사용은 복제의 위험에 노출되기 쉽다. 환율 상승 시에는 내가 쓴 금액보다 더 많은 금액이 원화로 청구되기도 한다. 여행 시에는 해외에서 사용할 수 있는 카드(VISA, MASTER, AMEX 등)로 준비하자. 현지에서 도난, 분실하는 경우에는 바로 해당 카드사에 신고해야 불상사를 막을 수 있다.

현금 카드 Debit card

내 통장에 있는 현금을 현지 은행 ATM에서 화폐로 바로 인출할 수 있다. 단점은 현금 인출기를 이용하는 경우 현지 은행 수수료를 물게 되는 경우도 있기 때문에 ATM 스크린에 표시되는 인출 금액을 확인하여 수수료가 많지 않은지 따져 봐야 한다. 핸드폰에 환율 애플리케이션을 설치하고 가면 ATM 기계나 환전소 앞에서 바로 계산해 볼 수 있다. 또 출금 시점의 환율이 적용되기 때문에 여행 도중 환율이 오르면 미리 환전해 놓지 않은 것을 후회할 수도 있다.

해외에서 사용할 수 있는 Union Pay나 Plus, Cirrus 등의 마크가 있는 국제 현금 카드를 준비하도록 한다. 마그네틱 선이 손상되거나 비밀번호 입력 오류로 정지될 수 있으니 2장 이상의 카드를 준비하자.

D-1
MISSION 9 완벽하게 짐을 꾸리자

꼭 가져가야 하는 필수품

여권 여권 없이는 출국 자체가 불가하다. 여행 중 여권을 분실할 수 있는 상황을 대비하여 여권 사본과 여권 사진을 챙긴다.

항공권 이메일로 받게 되는 전자 티켓을 출력해 가져가면 된다. 출국할 때는 여권만 제출해도 발권을 하는 경우가 대부분이나 입국 심사에서 출국일과 여행 일정 등을 확인하며 보여 달라고 할 수 있다. 만약 깜빡했다면 출국 수속을 밟고 나서 공항에 있는 인터넷 라운지에서 출력하면 된다.

여행 경비 현금, 신용 카드, 현금 카드 등 빠짐없이 준비한다.

각종증명서 국제운전면허증, 국제학생증, 여행자 보험 등.

의류&신발 여름에 여행을 하더라도 밤공기가 찰 수 있으니 얇은 가디건을 챙기자. 에어컨을 가동하는 실내에서 유용하다. 동유럽의 거리들은 포장도로가 아닌 돌길! 많이 걸어 다닐 것을 생각하여 편한 신발로 준비한다.

가방 시내에서 메고 다닐 가방은 가능하면 지퍼가 달린 크로스백으로 준비한다. 프라하 치안은 좋은 편이지만 타깃이 되지 않도록 소매치기의 가능성이 높은 백팩이나 잠금장치가 없는 에코백 등은 권하지 않는다.

우산&모자&선글라스 휴대하기 가벼운 접이식 우산을 가져가도록 한다. 미리 일기 예보를 확인하면 근 한 달간의 날씨는 미리 알 수 있으나 변수가 있으니 비나 눈을 대비하는 것이다. 여름철 여행객이라면 뜨거운 태양을 가려 줄 모자와 선글라스는 필수.

자물쇠 호스텔 도미토리를 이용할 배낭여행자라면 꼭 필요하다. 여권과 현금을 숙소 사물함에 보관하기에는 100% 안전하지 않다. 사물함에 채울 수 있는 자물쇠를 꼭 챙기자. 잊고 챙기지 못했다면 인천 국제공항에서 구입할 수 있으며 현지 호스텔에서도 대부분 판매한다. 그러나 가격이 한국보다 훨씬 비싸다.

세면도구 호텔에서 묵는다면 샴푸, 비누 등은 제공되니 칫솔과 치약만 챙겨 가도록 한다.

화장품 필요한 만큼만 공병에 덜어 가져가는 편이 좋다.

비상약품 모기약, 감기약, 소화제, 진통제, 지사제, 반창고, 연고, 파스 등 기본적인 비상약을 준비한다.

생리용품 평소 본인이 사용하는 것을 프라하에서 찾기 어려울 수 있다.

카메라 충전기나 보조 배터리, 메모리 카드와 리더기도 잊지 않고 챙겨 가도록 한다. 프라하의 멋진 야경을 찍고 싶다면 삼각대도 유용하다.

가이드북 프라하 어디에서든, 어떤 상황에서든 도움이 될 《프라하 홀리데이》를 반드시 챙기자. 긴 비행 중 지루할 때, 환승을 기다릴 때 읽으며 든든한 여행 동반자와 친해져 보자.

휴대전화 통신사의 자동 로밍은 가격이 비싼 편이다. 여행 전 미리 한국에서 말톡, 도시락 같은 사이트에서 유럽 통합 유심을 구입하는 게 좋다. 현지에 도착해서 유심칩을 갈아 끼우면 된다. 최근에는 디지털 유심인 이심(eSIM)을 사용하기도 한다. 이심은 유심칩을 갈아 끼울 필요도 없어 편리하다.

가져가면 편리한 준비물

지퍼백 빨아야 할 옷이나 남은 음식 보관 등 용도는 무궁무진하다.
손톱깎이&면봉 없으면 꽤나 아쉽다.
물티슈 작은 것으로 준비하면 급할 때 쓸 일이 생긴다.
반짇고리 단추가 떨어지거나 가방이 망가졌을 때 유용하다.

> **Tip** 짐을 다 싸고 나면 반드시 체중계에 무게를 달아 보도록 하자. 허용된 수하물 무게를 초과하면 오버된 무게에 해당하는 추가 요금을 지불해야 하기 때문이다. 수하물 무게 규정은 항공권을 구입할 때 확인하면 된다. 여행용 손저울을 하나 구입하면 짐 무게를 잴 때 편리하다.

D-day

MISSION 10 프라하로 입국하자

인천 국제공항에서 출국하기

1. 항공사 카운터 확인
출발 2시간 전까지 공항에 도착해 출국장인 3층으로 간다. 운항 정보 안내 모니터를 보면 해당 항공사 체크인 카운터를 확인할 수 있다.

2. 탑승 수속
자신이 타는 항공사의 카운터로 가서 여권과 항공권을 제출하고 보딩 패스Boarding Pass를 받는다. 카운터는 이코노미 클래스와 비즈니스 클래스, 퍼스트 클래스 등으로 구분되어 있다. 원하는 좌석이 있다면 수속 시 문의 후 요청한다.

3. 짐 부치기
일반적인 이코노미 클래스의 항공 수하물은 보통 20kg까지 허용한다(저가 항공은 별도 비용). 칼, 송곳, 면도기, 발화 물질, 100ml가 넘는 액체, 젤 등 기내에 들고 탈 수 없는 물건들은 미리 구분하여 항공 수하물 안에 넣도록 한다.

4. 보안 검색
여권과 보딩 패스가 있는 사람만 출국장 안으로 들어갈 수 있다. 보석이나 고가의 물건을 휴대하고 있다면 세관에 미리 신고하자. 들고 있던 짐은 엑스레이를, 여행자는 문형 탐지기를 통과한다.

5. 출국 수속
출국 심사대에서 여권과 보딩 패스를 보여 주면 심사 후 통과할 수 있다. 출국 심사를 받을 때에는 모자와 선글라스 등을 벗어야 한다. 자동 출입국 심사 신청은 공항에서 할 수 있다. 인천 국제공항 출입국 시 심사대를 거치지 않고 여권과 지문만 심사 기계에 체크 후 통과할 수 있다.

6. 탑승
탑승구에는 아무리 늦어도 출발 30분 전에는 도착해야 한다. 면세 쇼핑을 하거나 인터넷으로 구입한 면세 물품을 찾을 경우 이에 필요한 시간을 계산하여 더 일찍 출국 수속을 밟아야 한다. 성수기의 경우 면세품을 찾는 것만 30분이 걸리기도 한다. 외항사의 경우 모노레일을 타고 별도의 청사로 이동해야 하니 주의할 것. 모노레일은 5분 간격으로 운행되며 별도의 청사에도 면세점이 있다.

주소와 연락처, 여행자 개인 번호 등을 반드시 알려준다.

> **Tip 인천 국제공항 터미널을 확인하자!**
> 인천 국제공항의 터미널은 제1터미널과 제2터미널로 나뉘어 운영된다. 두 터미널의 거리가 꽤 떨어져 있는 데다가, 각각 취항 항공사가 다르므로 출발 전 어느 터미널로 가야 하는지 꼭 확인해야 한다. 자칫 터미널을 잘못 찾을 경우 비행기를 놓칠 수도 있다.
> 대한항공, 델타항공, 에어프랑스, KLM네덜란드항공을 이용하는 경우에는 제2터미널로, 그 외 항공사를 이용하는 경우에는 제1터미널로 가야 한다. 터미널 간 이동은 무료 순환버스(5분 간격 운행)를 이용할 수 있다. 제1터미널 3층 중앙 8번 출구, 제2터미널 3층 중앙 4~5번 출구 사이에서 출발하며 15~20분 소요된다.

프라하로 입국하기

프라하를 직항으로 갈 수 있는 아시아 국가는 대한민국뿐이다. 그래서 그런지 프라하 공항의 안내 표시에는 영어, 체코어와 함께 한글이 적혀 있어 길을 찾는 것이 무척 쉽다.

1. 공항 도착

공항에 비행기가 무사히 도착하면 짐을 챙겨서 내린다. 잊고 내리는 물건이 없는지 다시 한 번 확인하자.

2. 입국 심사

NON-EU 또는 ALL(EU 소속이 아닌 국가의 여행자를 위한 창구, 구분 없이 모든 입국자를 심사하는 창구)이라 표시된 입국 심사대를 통과한다. 2019년 3월 1일부터 한국인들은 NON-EU 국가로는 최초로 자동 입국 심사를 받을 수 있어 입국 절차가 아주 간소화되었다.

3. 수하물 찾기

짐 찾는 곳 화살표를 따라 가면 항공편에 따라 수하물이 나오는 레일 번호가 표시된다. 마지막까지 기다렸는데 짐이 나오지 않는다면 배기지 클레임 티켓을 가지고 탑승했던 항공사로 수하물 분실 신고를 한다. 짐을 찾게 되면 숙소로 보내주니 숙소

> **Tip 자동 입국 심사 E-gate 제도**
> 2019년 3월 1일부터 프라하 공항에서 한국 국적의 여권 소지자는 예전처럼 대면 심사(유인 심사) 없이 전자여권 전용 게이트를 이용할 수 있게 되었다. EU를 제외하고는 한국과 최초로 시행하는 제도로, 연간 42만 명이나 되는 한국인들이 체코를 안전하게 여행해 온 것에 대한 보답이라 할 수 있겠다.
> 인천-프라하 직항 노선을 통해 입국해야 하고, 만 15세 이상 전자 여권 소지자가 조건이며, 여권 스캔과 안면 인식 등의 간단한 절차를 거쳐 최소 12초, 최대 30분으로 신속하게 프라하 입성이 가능하다.
>
> **STEP 1**
> 비행기 착륙 후 'Arrival' 표지판을 따라 입국 심사대로 이동한다
> **STEP 2**
> '만 15세 이상 한국인'이라고 한글로 기재된 전자 여권 전용 게이트로 이동한다
> **STEP 3**
> 기계에 여권을 스캔하고, 안면 인식, 입국 날인 등 절차를 통과한다. 사전 등록은 필요 없다
> **STEP 4**
> 심사가 끝나면 수화물을 찾는다
> **STEP 5**
> 세관 검사를 하고 입국장으로 나가면 된다

꼭 알아야 할 체코 필수 정보

정식 명칭
체코공화국 Czech Republic

수도
프라하

위치
폴란드, 독일, 오스트리아, 슬로바키아와 국경을 맞대고 있다. 북위 48°~51°, 동경 12°~19°

면적
7만 8,867㎢로 한반도의 약 1/3

인구
1,049만 명(2023년 기준)

행정구역
13개의 주 kraj, 1개 특별시 Hlavni mesto

공식어
체코어 (상용어: 영어, 독어)

종교
무응답 44.7%, 무교 34.5%, 가톨릭 10.5%, 개신교 1%

민족 구성
체코인 95%, 슬로바키아인 3%

통화
체코 코루나로, 1 코루나 = 59.17원(2023년 3월 기준)

시차
10월 말~3월 말에는 한국보다 8시간 늦고, 3월 말~10월 말은 한국보다 7시간 늦다.

전압
220V, 50Hz로 우리나라에서 사용하는 가전제품을 그대로 사용할 수 있다.

기후
여름에 덥고 겨울에 추운, 일교차와 연교차가 큰 대륙성 기후. 연평균 기온 프라하 기준으로 10.4℃, 연평균 강수량 456.5mm

주체코 한국 대사관
Add Pelléova 15, 160 00 Praha 6-Bubenec, Czech Republic
Tel (+420)234-090-411, (+420)725-352-420(사건, 사고 등 긴급 상황 시)
Fax (+420)234-090-450
E-mail czech@mofa.go.kr
Open 월~금 09:00~12:00, 13:00~17:00
(토·일, 체코 공휴일, 3·1절, 제헌절, 광복절, 개천절 등 한국의 4대 국경일 휴무)
Web overseas.mofa.go.kr/cz-ko/index.do

대한민국 외교부 영사콜센터
Open 24시간
Tel (+82)2-3210-0404(해외에서 이용 시/유료)
스마트폰에 무료 전화 앱 설치 이용 시 무료

INDEX

📷 SEE

거울 미로	226
공산주의 박물관	128
공산주의 희생자 추모비	225
공원 콜로나다	257
구 유대인 묘지	179
구 황궁	203
구시가 광장	121
구시청사 천문시계	122
국립극장	126
국립마리오네트극장	126
국립박물관 본관	154
국립박물관 신관	155
국립오페라하우스	156
궁전 콜로나다	257
그랜드 호텔 푸프	258
높은 시나고그	182
달리보르 탑	204
대 시나고그	250
대주교 궁전	206
댄싱 하우스	157
라제브니키교	242
레텐스케 공원	184
로레타 성당	208
로젠버그 궁전	203
롭코비츠 궁전	209
루돌피눔	183
루체르나	156
마이셀 시나고그	180
모세르 비지터 센터	255
무하 박물관	124
물레방아 콜로나다	257
바츨라프 광장	152
발렌슈타인 궁전	206
브르트보브스카 정원	225
브셰흐라드 묘지	159
블랙 라이트 시어터 타 판타스티카	129
사랑의 자물쇠 다리	224
성 니콜라스 성당	123
성 미쿨라셰 성당	207
성 바르톨로뮤 성당	247
성 비투스 대성당	202
성 비투스 성당	240
성 요스트 성당	242
성 조지 성당 & 성 조지 수도원	203
세레모니얼 홀	181
슈바르첸베르크 궁전	206
슈테파닉 관측소	228
스메타나 박물관	125
스보르노스티 광장	240
스타보브스케 극장	125
스트라호프 수도원	224
스페인 시나고그	180
승리의 성모 성당	222
시민회관	128
시장 콜로나다	256
시청사 광장	249
신구 시나고그	182
신시청사	158
얀 베헤르 박물관	258
에곤 실레 미술관	241
에마우지 수도원	158
온천 콜로나다	256
유대인 박물관	178
유대인 시청사	177
재즈 보트	185
제1정원	204
존 레논 벽	223
체르닌 궁전	207
체르토브카	221
체스키 크룸로프 성	239
카를교	199
카를로비 라즈니	130
카프카 기념비	183
캄파 미술관	221
캄파섬	220
클라우스 시나고그	179
클럽 라브카	130
클레멘티눔	127
틴 성당	123
페트린 타워	227
프라하성	200
프란츠 카프카 박물관	208
플젠 역사터널 투어	249
핀카스 시나고그	181
필스너 우르켈 양조장	248
화약탑	129
황금소로	205

🍽 EAT

EMA 에스프레소 바	189
그랑 카페 오리엔트	136
글로브	164
노스트레스	188

라 데구스타시온 보엠	
부르즈와즈	190
랑고	251
레푸블리카 커피	259
로키 버거	229
로컬	187
루카 루	230
르 마르쉐	259
믈리넥	134
베이크 숍	186
빌라 크라바	165
성 바츨라프의 포도밭과 빌라 리히터	211
스타로메스카 레스토라스	132
스타벅스	211
아이 니드 커피!	161
아틀리에 레드&와인	231
알크론	163
압생테리	135
올림피아	232
우 말레호 글레나	229
우 메드비쿠	131
우 즐라테호 티그라	133
우 크로카	165
우 페타트르지차트니쿠	251
우 플레쿠	160
우 핀카수	133
원십 커피	189
진저&프레드	163
카페 노이스타트	162
카페 드 파리	210
카페 루브르	161
카페 모차르트	132
카페 사보이	233
카페 슬라비아	162
카페 임페리얼	187
캄파 파크	233
크루스타	137
테라사 우 프린스	131
투 메리스	243
파파스 리빙 레스토랑	243
페트린스케 테라시 펍	232
헤밍웨이 바	136

🛒 BUY

데벤햄스	169
마누팍투라	139
밴 그라프	168
보타니쿠스	139
테스코	169
파르지주스카	191
팔라디움	138
프리코프가	166
하벨 시장	138

🛌 SLEEP

1박 2일 프라하	145
골든 웰	213
도브리 프라하	145
레드 체어 호텔	140
로레타 호텔	212
매드하우스 프라하	144
모자이크 하우스	170
미스 소피스	170
보트 호텔 마틸다	170
부다 바 호텔 프라하	141
슬기로운 프라하	171
아리아	212
아호이 호스텔	143
엠블럼	142
예스 프라하	171
융그만 호텔	142
이비스 프라하 올드타운	141
찰스 브리지 이코노믹 호스텔	213
프라하 십삼월	171
프라하 우리집 민박	193
햇살 가득 프라하	145
호스텔 원 프라하	143
호스텔 원 홈	144
호텔 다르	140
호텔 살바토르	192
호텔 요세프	193

• MEMO •

• MEMO •

꿈의 여행지로 안내하는 친절한 길잡이

최고의 휴가는 **홀리데이 가이드북 시리즈**와 함께~